古典文獻研究輯刊

八 編

潘美月・杜潔祥 主編

第 7 冊

《五經大全》纂修研究

陳 恆 嵩 著

國家圖書館出版品預行編目資料

《五經大全》纂修研究／陳恆嵩 著 — 初版 — 台北縣永和市：
花木蘭文化出版社，2009〔民98〕

目 2+250 面；19×26 公分
（古典文獻研究輯刊 八編；第 7 冊）
ISBN：978-986-6528-37-8（精裝）
1. 五經 2. 研究考訂
091.2 97025804

ISBN - 978-986-6528-37-8

9 789866 528378

古典文獻研究輯刊
八 編 第 七 冊 ISBN：978-986-6528-37-8

《五經大全》纂修研究

作　　者　陳恆嵩
主　　編　潘美月　杜潔祥
總 編 輯　杜潔祥
企劃出版　北京大學文化資源研究中心
出　　版　花木蘭文化出版社
發 行 所　花木蘭文化出版社
發 行 人　高小娟
聯絡地址　台北縣永和市中正路五九五號七樓之三
　　　　　電話：02-2923-1455／傳真：02-2923-1452
網　　址　http://www.huamulan.tw 信箱 sut81518@ms59.hinet.net
印　　刷　普羅文化出版廣告事業
初　　版　2009 年 3 月
定　　價　八編 20 冊（精裝）新台幣 31,000 元

《五經大全》纂修研究

陳恆嵩　著

作者簡介

陳恆嵩（1960～），生於台灣省雲林縣。東吳大學中國文學研究所博士。曾任亞東工專講師、副教授，現任東吳大學中國文學系副教授。主要從事《尚書》學、經學史、圖書文獻學研究。著有《明人疑經改經考》、《五經大全纂修研究》等。編輯有《經學研究論著目錄（1912～1987）》、《經學研究論著目錄（1993～1997）》、《四庫全書藝術類索引》；校點有《國立中央圖書館善本序跋集錄（經部）》、《經義考點校補正》等。近年來陸續主持國科會補助之專題研究計畫有：「詩經著述現存版本目錄」、「三禮著述現存版本目錄」、「春秋三傳著述現存版本目錄」、「四書著述現存版本目錄」、「宋代《尚書》帝王學研究——宋代經筵《尚書》講義之研究」、「明代《尚書》帝王學——《尚書》經筵講義之研究」等案。

提　要

　　明成祖藉「靖難」奪取政權，大肆殺戮反對者，造成士子惶懼不安，為求安撫其心理，遂效法唐太宗、宋太宗之故技，藉纂修典籍以博取「稽古右文」的美名，亦藉此消除士人對其篡位之舉的普遍反感心理。《五經大全》即為當時特殊政治目的而編輯的卷帙龐大的典籍之一。明成祖於永樂十二年十一月命儒臣胡廣等採集《五經》的傳注彙為一書，《五經大全》（《周易傳義大全》、《書傳大全》、《詩傳大全》、《禮記集說大全》、《春秋集傳大全》），係參考宋、元儒者的舊有經籍編輯而成。並將其作為士子科舉考試的標準範本，影響明代學術甚鉅。然前人屢言其書係「就前儒成編，雜為抄錄，而去其姓名」而已，「雖奉旨纂修，實未纂修也」，迭遭學者們嚴厲批評。為求瞭解《五經大全》纂修時的取材來源，及其對明代學術風氣的影響，探究其編纂取材資料與宋元儒者經學著作的關係，唯有徹底核實比對纂修相關文獻才能釐清勦襲的實際情形。根據實際核對統計得知，《周易傳義大全》編纂是以董真卿的《周易會通》為底本，而輔以胡炳文的《周易本義通釋》一書而成。《書傳大全》取材主要是以董鼎《書蔡氏傳輯錄纂註》為參考底本，另兼採陳櫟《書蔡氏傳纂疏》、吳澄《書纂言》等書經說資料作輔助。未嘗參考元人陳師凱《書蔡氏傳旁通》的資料，前人指抄襲陳師凱《書蔡氏傳旁通》一書的講法，實際是錯誤的。《詩傳大全》則以劉瑾的《詩傳通釋》為參考底本，《禮記集說大全》係以宋人衛湜《禮記集說》一書為本進行刪削損益而成，前人認係抄襲元人陳澔《禮記集說》一書及宋元儒者四十二家的說法，實際上是未經檢證的錯誤說法。《春秋集傳大全》以元人汪克寬的《春秋胡氏傳附錄纂疏》為底本進行刪飾而成。前代學者如顧炎武、朱彝尊、《四庫全書總目》等所有的說法，都不甚完全，有需要加以修正。《五經大全》的係博采宋、元儒者的經說，「集諸家傳注而為《大全》」，成為宋、元諸儒經注的彙編，搜羅廣博，資料宏富，宋、元儒者的經說資料，因被《五經大全》的採錄而被保存，其採錄的經說內容可提供後世學者輯佚及校勘之用。《五經大全》的出現，標幟朱學統治時代的來臨，藉此也反映出朱子學術在明、清兩代發展的面貌。由此而言，《五經大全》在學術發展上仍然有其相當的價值存在。

目次

第一章 緒 論

第一節 研究動機

　　經學是中國傳統文化的根源，也是傳統文化的主體。中國的經學，源遠流長，自先秦、西漢以迄清代，在兩千多年的變遷發展過程中，明代經學是中國經學史的一個必要階段，也是組成二千餘年經學學術發展不可或缺的一個重要環節。然而因明太祖定鼎天下後，制定八股取士的科舉定式，稍後明成祖敕纂《五經、四書大全》作爲科舉考試的標準範本，士子不得不熟讀《五經大全》和《四書大全》，導致有明一代士子皆於八股制度中討生活，可說皆係生長於斯，學習於斯。八股爲文體之一，與《五經大全》之關係密切，與明人的生活也息息相關，雖說如此，明代卻也是中國經學歷史上受到抨擊最多、嘲諷最烈的時代。我們只要稍爲翻閱一下近代以來所出版的各種中國經學史、思想史或學術史的著作，就可以很清楚的看到作者在書中連篇累牘、肆無忌憚的批評攻擊明人經學的荒疏淺漏、不學無術的奇特現象，眞可謂惡評如潮，罵聲連連。對此種現象，林慶彰（1948～ ）先生就曾明白指出說：

> 傳統觀念裏，明代是經學最衰落的時代。各種著作中，貶抑明代經
> 學的言論可說俯拾即是。〔註1〕

林先生並同時舉《明史・儒林傳》、《四庫全書總目》及皮錫瑞（1850～1908）《經學歷史》三書中一段話作爲例證，以明其說不誣。稍後楊晉龍先生更在其《明代詩經學研究》中，詳細列舉出自明代談遷（1594～1657）以至清末

〔註1〕 參見林慶彰先生撰：〈晚明的經學復興運動〉，收入《明代經學研究論集》（臺
　　　　北：文史哲出版社，1994年5月），頁79。

民初王國維（1877～1927）等十四位學者對明代經學的連番抨擊詬詈，誠可謂貶斥苛責至極點矣。〔註2〕及至近代梁啓超（1873～1929）也說：

明朝以八股取士，一般士子除了永樂皇帝欽定的《性理大全》外，幾乎一書不讀，學術界本身，本來就像貧血症的人衰弱得可憐。〔註3〕

梁氏將明代學者視爲除《性理大全》外，「幾乎一書不讀」的衰弱「貧血症的人」，其個人觀點之偏激，意見之荒謬，實已至令人感到駭異吃驚的地步。梁氏深受前輩學者之影響，主觀上已認定「明朝人不喜讀書，已成習慣」，〔註4〕此種印象已經深植腦海中，以致在評論明代學術時，會出現此種偏頗的觀點也就不足爲奇了。

明代經學在他們的眼中已變成貧血症而無絲毫價值的作品，當然也就沒有研究的價值。究其所以然，前人皆係歸因於《五經大全》和《四書大全》的編纂時，其內容取材係完全是勦襲而來。諸人指陳明人好言道理，然而內容卻往往武斷穿鑿，空疏淺漏，諸人以其學術上的崇高聲望，對明代經學作如此嚴厲的詬詈舉措，以致後代學者受顧炎武等人說法所影響，都有先入爲主的惡感，由內心深處厭惡明人，遑論會關注到明人的經學著作，對明代經學毫無研究的興趣也就不足爲奇，導致明代經學長期遭到漠視與誤解，因而對明代經學實際的內容與發展情形，就因缺乏研究而無法清楚的爲世人所了解。

筆者於就讀碩士班期間，爲徹底瞭解前人斥責明人好以己意變易經傳文字的詳細情況，嘗以《明人疑經改經考》爲題，探討明代學者對於群經注疏的懷疑及改動現象，瞭解明代經學的疑改風氣實承襲自宋儒而來，其治學企求獨立思考的精神亦沿襲宋儒。明代經學發展所以步趨宋儒，實根源於明成祖修纂降頒的《五經、四書大全》，後人抨擊明儒學術空疏亦導因於《五經大

〔註2〕 楊晉龍氏在所撰的《明代詩經學研究》中，詳細列舉出自明代談遷（1594～1657）、清顧炎武（1613～1682）、邵廷采（1648～1711）、全祖望（1705～1755）、王鳴盛（1722～1797）、錢大昕（1728～1804）、章學誠（1738～1801）、崔述（1740～1816）、江藩（1761～1831）、龔自珍（1792～1841）、陳澧（1810～1882）、李慈銘（1830～1894）、王先謙（1842～1917）、羅振玉（1866～1940）、王國維（1877～1927）等人對明代經學的連番抨擊貶抑，誠可謂連篇累牘，實不爲過。參見楊氏撰：《明代詩經學研究》（臺北：臺灣大學中國文學研究所博士論文，1997年6月），頁3～7。

〔註3〕 見梁啓超撰：《中國近三百年學術史》（臺北：臺灣中華書局，1978年9月），頁3。

〔註4〕 見梁啓超撰：《中國近三百年學術史》，頁9。

全》和《四書大全》以勦襲代替編纂，爲進一步瞭解《五經大全》的纂修取材勦襲情形及其對明代經學的深遠影響，尋根探源，因而選定《五經大全纂修研究》作爲研究論題來撰寫，至於《四書大全》則因論題及時間所限，唯有俟諸異日再作進一步的探討。

第二節　研究方法

　　孔子說：「工欲善其事，必先利其器。」（《論語‧衛靈公》）治學當有方法步驟，是人所周知者，《孟子》亦云：「大匠誨人，必以規矩，學者亦必以規矩。」即在強調爲學須有方法，蓋方法若運用得當，則可收事半功倍之效；反之，則必致事倍而功半，徒然枉費精神氣力。爲了對明代《五經大全》的纂修，作一比較全面而完整的研究。因之，本論文在撰寫之際，擬採取下列幾點步驟，以作爲從事研究工作時的準繩依據：

一、盡量搜集相關資料

　　從事學術研究工作，資料的搜集是關係到往後研究結論的論述與判斷，因而資料採集是多多益善，且貴在不遺不漏。《五經大全》是明成祖永樂年間詔命胡廣等儒臣所纂輯的《五經、四書、性理大全書》（二百二十九卷）三部《大全》之中的一部，然而《五經大全》雖名爲一書，實際上卻包括《周易傳義大全》、《書傳大全》、《詩傳大全》、《禮記集說大全》、《春秋集傳大全》等五部《大全》經籍，全書總共有一百二十一卷，本身的卷帙數量即相當龐大。再者《五經大全》纂修時，係參考宋、元儒者的舊有經籍編輯而成。除此之外，編者纂輯之際，鑒於底本之不足，或義理闡發的需要，往往再自行從宋、元學者的經學典籍書中增補援引所需的先儒經說，合計所徵引參考的經學典籍，其總數更是高達數百家，全部均須一一加以鈔輯蒐集。另外正史傳記、地方志書、學術筆記，以及宋、元、明、清相關的文集資料中，也要廣事搜求，一併輯採，充分利用，以期能夠盡量做到資料不遺漏，不浮濫，博觀約取，臻於完備。

二、與宋、元儒者經籍之異同比較

　　明、清兩代以來的學者，屢屢批評《五經大全》書上的全部經說疏文，完全是抄襲自元人的經學著作，僅僅更易元儒的姓名爲胡廣等人而已，實際

上並無絲毫編修之功，纂輯之勞，尸位素餐，徒然浪費國家的俸祿。明太宗纂修《五經大全》的目的，本意在「使天下之人獲睹經書之全，探見聖賢之蘊」，與唐太宗修纂《五經正義》的目的基本上並無不同，皆係意在集前代經說注疏之大成。《五經正義》纂修時之注疏是採集魏晉南北朝的經說義疏典籍。同樣的，《五經大全》的經說資料也是採錄自宋、元儒者的經學典籍，為明瞭其書與宋、元儒者經注之間的密切關係到底為何，有必要將明、清學者所指出的元儒經籍一一拿來與《五經大全》作核對，統計資料引用情形，比勘兩者資料間之關係，使問題的結論較具有可靠性，以確實解決前人異說紛紜的取材抄襲說。

三、評論得失，並解析其意義

經過前面資料搜集、經籍核對兩種步驟，《五經大全》各部經籍書上的說解疏文與元儒經籍上的疏文資料，其抄襲增補、疑改刪潤的情形可清楚顯現，取材資料來源既經考明，則可進一步討論核對資料所呈現的現象，及其所彰顯的意義，並可進一步檢討顧炎武、朱彝尊、《四庫全書總目》等權威學者對《五經大全》評論意見的是非得失。

第三節　前人研究成果之檢討

明代的經學，繼承宋、元經學而來，它將宋學中的程、朱理學定為儒學正宗，予以官學化，使得「庠序之所教，制舉之所取」，無非宋儒程、朱理學，是宋儒學術得以在中國學術史上發揚光大，影響後世五六百年，使其學術地位成為能與漢儒並稱的最主要關鍵時代。然明人傳承宋學之功雖鉅，後人非但毫不領情，甚者更以詆毀明人為樂。清儒皮錫瑞《經學歷史》就逕稱明代經學為我國「經學積衰時代」，認為「明時所謂經學，不過蒙存淺達之流，即自成一書者，亦如顧炎武所云：明人之書，無非盜竊。」「五經掃地，至此而極」，既然被批評的毫無價值，學者當然沒有進一步去研究的興趣。其後明代經學雖經劉師培（1884～1919）、章太炎（1868～1936）的推崇稱讚，〔註5〕

〔註5〕劉師培說：「近儒之學多賴明儒植其基，若轉斥明學為空疏，夫亦忘本之甚矣！」劉氏之言，參見劉氏撰：《國學發微》（臺北：廣文書局，1986 年 1 月），頁 50 下。章太炎也說：「儀徵劉光漢贈余《字詁》、《義府》，明黃生作也。其言精確，或出近世諸師之上。夫偽古文之符證，發於梅鷟；周秦古音

卻並無多大起色，後學依舊不相信明學有何可貴之處，這種現象只要稍爲翻閱一下林慶彰先生所編纂的《經學研究論著目錄（1912～1987）》及《經學研究論著目錄續編（1988～1992）》即可很清楚瞭解情況。影響明代經學最鉅者，當推《五經大全》和《四書大全》的纂修頒降，然它卻被後人刻意的忽略，罕見學者撰述探討，試檢閱前人有關《五經大全》的相關論述，可約分爲專著、單篇論文兩類，專著部分有下列數篇，茲具錄如下：

1. 馬宗霍撰：〈元明之經學〉，《中國經學史》（臺北：臺灣商務印書館，1979 年 9 月），頁 127～138。

2. 本田成之撰、孫俍工譯：〈元明底經學〉，《中國經學史》（臺北：古亭書屋，1975 年 4 月），頁 252～260。

3. 小柳司氣太撰、連清吉譯：〈明代經學概觀〉，《經學史》（臺北：萬卷樓圖書公司，1996 年 10 月），頁 182～195。

4. 陳登原撰：〈明人經學〉，《國史舊聞》下冊（臺北：明文出版社，1984 年 3 月），頁 1446～1447。

5. 侯外廬等撰：〈明初朱學統治的確立──論三部《大全》〉，《宋明理學史》（北京：人民出版社，1987 年 6 月），下卷，頁 7～54。

6. 劉起釪撰：〈元明奉行宋學、獨尊蔡傳及繼續疑辨〉，《尚書源流及傳本考》（瀋陽：遼寧大學出版社，1987 年 8 月），頁 82～96。

7. 劉起釪撰：〈宋學統治下元明兩代的尚書學〉，《尚書學史》（北京：中華書局，1989 年 6 月），頁 285～333。

8. 趙吉惠等主編：〈元至明初程朱理學的一統局面〉，《中國儒學史》（鄭州：中州古籍出版社，1991 年 6 月），頁 642～672。

9. 沈玉成、劉寧撰：〈元明兩代以胡傳爲中心的春秋經傳學〉，《春秋左傳學史稿》（南京：江蘇古籍出版社，1992 年 6 月），頁 246～256。

10. 夏傳才撰：〈元明學術的空疏和僞傳〉，《詩經研究史概要》（臺北：萬卷樓圖書公司，1993 年 7 月），頁 187～197。

11. 何耿鏞撰：〈元明經學〉，《經學簡史》（廈門：廈門大學出版社，1993 年 12 月），頁 213～218。

12. 林葉連撰：〈明代詩經學〉，《中國歷代詩經史》（臺北：臺灣學生書

之例，造端於陳第。惟小學亦自黃氏發之，孰謂明無人乎？顧獨唱而寡和耳。」章氏之言見所撰：《章氏遺書》，下冊，《太炎文錄初編》，卷 1，頁 117。

局，1993 年 3 月），頁 327～331。

13. 陳天倪撰：〈心學末流〉，《六藝後論》，收入《尊聞室賸稿》（北京：中華書局，1997 年 6 月），頁 174～181。

14. 楊晉龍撰：《明代詩經學研究》（臺北：國立臺灣大學中國文學研究所博士論文，1997 年 6 月）

在這十四種專著中，馬宗霍、本田成之、小柳司氣太、趙吉惠、何耿鏞等人的五種著作是總論中國經學發展歷史的專書，而陳天倪的《六藝後論》為賡續皮錫瑞《經學通論》而作，屬於論議經學流變的入門書。劉起釪、沈玉成、夏傳才、林葉連五種專著屬單一經書的經學史。陳登原之論，僅是就平日讀書所摘抄的箚記資料立論，態度及立場並不盡客觀，且主要針對明人之經學，而非《五經大全》。侯外廬等人的文章，用五十二頁的篇幅討論《五經大全》、《四書大全》、《性理大全》三部《大全》的纂修經過、目的及其旨趣，其中涉及《五經大全》的共有十二頁，皆在論述各經的編纂體例和取材來源。而楊晉龍的論文旨在探討明代《詩經》的演變過程及其原因，因已另撰文討論《詩傳大全》的經說資料來源問題，論文中對《詩傳大全》遂著墨不多。綜合諸家的研究來看，幾乎所有討論評述《五經大全》經說疏文資料的抄襲來源依據，均係在重覆敘述顧炎武、朱彝尊、《四庫全書總目》的說辭，並無自己的研究心得及見解，可取者甚少。

至於前人撰寫有關《五經大全》的單篇論文之相關論述，亦列舉如下：

1. 邵元沖撰：〈朝鮮銅字本《四書五經大全》考〉，《東方雜誌》第 24 卷第 4 期（1927 年 2 月），頁 77～81。

2. 劉百閔撰：〈四書五經大全和新十三經注疏〉，《經子肄言》（臺北：遠東圖書公司，1964 年 6 月），頁 84～88。

3. 蔡信發撰：〈明代的經學〉，《孔孟月刊》第 27 卷 12 期（1989 年 8 月），頁 24～26。

4. 阮廷焯撰：〈朝鮮舊抄本《詩集傳》考索——兼論《詩傳大全》流傳於朝鮮之概況〉，《大陸雜誌》第 82 卷第 3 期（1991 年 3 月），頁 114～127。

5. 林慶彰師撰：〈《五經大全》之修纂及其相關問題探究〉，《明代經學研究論集》（臺北：文史哲出版社，1994 年 5 月），頁 33～59。

6. 楊晉龍撰：〈論《詩傳大全》與《詩傳通釋》的差異〉，《中國文哲研究

集刊》第 8 期（1996 年 3 月），頁 105～143。

7. 楊晉龍撰：〈《詩傳大全》來源問題探究〉，《明代經學國際研討會論文集》（臺北：中央研究院中國文哲研究所籌備處，1996 年 6 月），頁 317～346。

8. 陳恆嵩撰：〈《五經大全》修纂人考述〉，《經學研究論叢》第 3 輯（臺北：聖環圖書有限公司，1995 年 4 月），頁 1～36。

9. 陳恆嵩撰：〈《書傳大全》取材來源探究〉，《明代經學國際研討會論文集》（臺北：中央研究院中國文哲研究所籌備處，1996 年 6 月），頁 295～317。

10. 陳恆嵩撰：〈《禮記集說大全》修纂取材來源探究〉，《東吳中文研究集刊》第 4 期，（1996 年 6 月），頁 1～24。

11. 曾貽芬撰：〈明代官修《大全》散論〉，《史學史研究》1996 年第 2 期，1996 年 6 月，頁 52～59。

邵元沖之文述及所得朝鮮銅活字本《四書、五經大全》的經過，兼及朝鮮印行該書的情形，劉氏已能認識到「本書內容有研究之價值」，唯限於文章體例，不能作深入的論述。劉百閔的文章，對《四書、五經大全》的經說資料依然是承襲顧炎武等人的抄襲元人著作說，並無新意。蔡信發氏以全文三千字左右的文章談論有明一代三百年的經學，以「官修之書，草率成編」、「明代經學，至為衰微」、「五經掃地，至此而極」等辭句形容明代經學是歷代成績最差，對明成祖所敕纂的《五經大全》，編採經說資料是「存蕪去精」，認定該書毫無價值，明人的經學「幾乎都沒有可取之處」。由林慶彰先生、曾貽芬的文章來看，學者已注意到《五經大全》長期以來，受到種種誤解，遭受到嚴厲抨擊，指責它是『皆攘竊成書，以罔其上』，實有失偏頗，企圖藉由重新檢討前人對《五經大全》的誤解，以引起學術界對該書的重視，還其在學術史上應有的地位。至於楊晉龍、陳恆嵩的文章，則是以具體行動針對《詩傳大全》、《書傳大全》、《禮記集說大全》作細密的比對及研究，來回應林慶彰先生重視《五經大全》呼籲的成果。

　　總觀上面的專著與單篇論文兩類的論述，可知清代以來的學者，深受顧炎武等人對《五經大全》那種浮面而偏激觀念的影響，普遍抱持著明人之著作無非剽竊的看法，不願平心靜氣好好研究《五經大全》這部影響有明近三百年的經學著作，因而對於《五經大全》各經的經說疏文內容為何？其疏文

取材來源如何？全書經說資料纂輯引用情形？該書的研究價值、得失，及其對後世學術之影響，更是無暇去關照顧及，此即是吾人想要深層去探討瞭解的課題所在。

第二章　明初以前學術背景析論

第一節　群經注疏傳統之形成

　　後世傳誦不朽的《易》、《書》、《詩》、《禮》、《春秋》五部經書，在先秦時代，由歷代史料典籍組織而成，本為史官所纂輯、保管，是古代長期政治思想、社會狀況、言行舉止和人生經驗累積的記錄。孔子將它刪節整編成《易》、《詩》、《書》、《禮》、《春秋》五經，賦予人文精神，並作為自己傳授弟子講學設教的教本。秦始皇併吞六國，統一天下，鑑於當時學術思想百家爭鳴，儒士往往以所學批評朝政，或學古以非今。秦始皇遂在三十四年（西元前 213）接受李斯的建議，下令禁止天下人私藏圖書，凡「醫、藥、卜筮、種樹之書」以外，皆在焚燒之列，有敢偶語詩書者棄市，並進一步坑殺儒生。儒家《詩》、《書》等經籍，皆是被焚燒的主要對象，再加上秦末的戰亂，項羽入咸陽，焚燒秦宮室，又將宮中收藏的書籍，一把火燒盡。連年的焚書戰亂，導致留傳典籍的殘佚，儒家其他經籍也有頗多的亡佚殘缺。〔註1〕

　　漢興以後，民間依然懾於「挾書律」的嚴格限制，不敢將書籍捐獻出來。漢惠帝即位後，下令廢止挾書禁律，並極力鼓勵民間獻書，各種經籍才逐漸出現流傳。朝廷除廣開獻書之路，也徵求能通五經的碩學博士，如傳《尚書》的伏生，《詩經》的魯申公、燕韓嬰、齊轅固生，《春秋》的胡母生、董仲舒等，然因經秦火後，經籍多殘缺不全，《尚書》為伏生所傳授，僅存二十九篇；

〔註1〕 有關秦始皇焚書坑儒的記載，請參見司馬遷撰《史記》（臺北：宏業書局，1978
　　　　年8月），卷6，〈始皇本紀〉，頁255。

《禮》為高堂生所傳，只有《士禮》十七篇。《春秋》中的《公羊傳》、《穀梁傳》原本為口說傳授，至漢代才用當時文字記錄成書。各經在漢代傳授，均以當時通行的隸書書寫，因而後來被稱為今文經。

西漢在今文經學之外，又有古文經學。古文經因為全是使用先秦以前文字書寫而成，被稱為古文經。古文經與當時朝廷所設的今文經起先只在文字記載上有所不同。後來則因兩者學術淵源、研究方法、經籍完整及正確性等有差異，導致爭正統、爭政治地位、爭利祿，最後終因彼此的歧異演成兩漢經學的大爭論。之前，北平侯張蒼獻《春秋左氏傳》。景帝時，魯恭王因壞孔子宅，在牆壁中間得到《逸禮》、《書》等古文經書；又河間獻王也從民間得到《周官》、《尚書》、《禮》、《禮記》、《孟子》、《老子》等書，都是使用先秦以前文字書寫而成，被稱為古文經。古文經在劉歆因整理秘府藏書時，發現《春秋左傳》，欲與《毛詩》、《逸禮》、《古文尚書》立於學官，遭到今文經學家的群起反對，因而引起今、古文經學的爭端。

漢武帝時，採董仲舒「諸不在六藝之科孔子之術者，皆絕其道，勿使並進。」「推明孔氏，抑黜百家」的對策，〔註2〕實行所謂「罷黜百家，獨尊儒術」的措施，設五經博士，皆為今文經。當時博士弟子能通一藝者，得補文學掌故缺，經學與利祿開始相結合。今文經學博士為維護既得利益，興起所謂章句之學。且為贏取利祿，往往增飾它的章句，浮辭繁多，致有「說五字之文，至於二三萬言」，秦延君「說《堯典》篇目兩字之說至十餘萬言；但說『曰若稽古』三萬言」，〔註3〕西漢末以來學者逐漸不喜好章句，甚至不遵守章句。刪減章句之舉，開始產生，從《漢書》、《後漢書》的記載，就可得到不少相關資料。東漢以後，古文經學家往往兼通數經，注重文字名物的訓詁考訂，大儒紛紛而出，古文經學逐漸取代今文經學在當時學術界的地位。等到鄭玄博探今古文經說之長，遍注群經，風行一時，今文經學乃逐漸衰亡。

魏晉以後，玄學風氣盛行，士大夫之間流行清談，論道談玄之際，經常是言必稱《周易》、《老子》、《莊子》等三玄之書。而經學家通常也透過此種援道入儒的新方法來重新解釋經學，闡發義理。王弼的《周易注》盡棄漢《易》之象數，用老莊之玄理來注解。何晏的《論語集解》也援引老莊玄理來闡釋

〔註2〕 有關情形參見班固撰：《漢書·董仲舒傳》（臺北：宏業書局，1978年8月），卷56，頁2523、2525。
〔註3〕 有關情形參見《漢書·藝文志》及桓譚《新論》。

《論語》的道理，王、何兩人可說是魏晉用玄理注經的典型代表人物，他們不拘家法、章句，兼採眾家之說，暢義理而疏訓詁，使儒家經學逐漸被玄學化。其間另有杜預注《左傳》、范寧注《穀梁傳》也都不遵守漢儒經說，另造新說。

　　南北朝時，政權更替頻繁，社會動蕩，人心不安，普遍信仰佛教。當時佛教盛行講經義疏，儒士解經時受佛教講經的影響，有群經義疏之學的產生。〔註4〕由於是「講解經典，分疏其義理，筆記以為書」，〔註5〕說經更趨細密。但因南北地域之不同，政治情勢相異，導致南北經學旨趣也有所差異，學術風格也相對迥異。綜而言之，南方注重義理之學，北方注重章句之學。《北史‧儒林傳序》就分析這種情形說：

> 大抵南北所為章句，好尚互有不同。江左，《周易》則王輔嗣，《尚
> 書》則孔安國，《左傳》則杜元凱。河洛，《左傳》則服子慎，《尚書》、
> 《周易》則鄭康成。《詩》並主於毛公，《禮》則同遵於鄭氏。南人
> 約簡，得其英華；北學深蕪，窮其枝葉。〔註6〕

南朝經學，大都偏重玄理，著重義理，經注主王弼、偽孔《傳》、杜預。北朝經學，大都遵守東漢經注，以鄭玄、服虔注為主。北朝義疏之學，如：蔡大寶之《尚書義疏》，沈重之《毛詩義疏》、《禮記義疏》、《周官禮義疏》，熊安生之《禮記義疏》、《周禮義疏》等大都以鄭玄學術為宗，皆能遵守兩漢經學的傳統。而南朝義疏之學，如：劉瓛之《周易義疏》，賀瑒之《禮記新義疏》、褚仲都之《周易講疏》、梁武帝之《周易講疏》，周弘正之《周易義疏》，張譏之《周易講疏》，崔靈恩《三禮義宗》，沈文阿《春秋左氏經傳義略》，皇侃之《禮記講疏》、《禮

〔註4〕　有關群經義疏之學的產生，牟潤孫以為「僧徒之義疏或為講經之記錄，或為
　　　　預撰之講義，儒生既采彼教之儀式，因亦仿之有紀錄有講義，乃製而為疏。
　　　　講經其因，義疏其果也。」見所撰：〈論儒釋兩家之講經與義疏〉，《注史齋叢
　　　　稿》（臺北：臺灣商務印書館，1990 年 6 月），頁 240。而戴君仁先生則不同
　　　　意牟氏的意見，他認為儒家的「義疏雖是從漢人章句、晉人經義衍變而來，
　　　　而亦采用了佛典疏鈔的體製」，儒、佛兩家之書，彼此之間相互影響，很難斷
　　　　言說群經義疏是模仿自佛典講經義疏。詳見戴氏撰：〈經疏的衍成〉及〈皇侃
　　　　論語集解義疏的性質和形式〉二文，收入《梅園論學續集》（臺北：藝文印書
　　　　館，1974 年 11 月），頁 93～128。

〔註5〕　見牟潤孫撰：〈論儒釋兩家之講經與義疏〉，《注史齋叢稿》（臺北：臺灣商務
　　　　印書館，1990 年 6 月），頁 244。

〔註6〕　見《北史》：（唐）李延壽撰（臺北：洪氏出版社，1975 年 1 月），卷 81，頁
　　　　2709。

記義疏》、《論語義疏》、《孝經義疏》，劉瓛之《周易義疏》等書，或偏於玄理，或羽翼杜預《春秋左氏傳》之學，或襲兩漢學風。

隋代的經學家，以劉焯、劉炫爲最著。劉焯的《尚書義疏》、《尚書述義》、《毛詩義疏》，劉炫有《論語述義》、《春秋述義》、《尚書述義》、《毛詩述義》、《孝經述義》等書。二劉的義疏之學，皆非常詳細，但過於繁瑣，雜染有南方經學腴華的毛病。

隋唐之時，其經學係承繼魏晉南北朝而來，諸儒各有異說，又堅持己見，致經義紛雜，繁複瑣碎，莫衷一是。唐太宗即位，崇興儒教，銳意經籍。鑑於經籍版本文字相異，注釋分歧，有礙儒術發展，於是詔命孔穎達等考定五經，《舊唐書・儒學傳序》云：

> 太宗又以經籍去聖久遠，文字多訛謬，詔前中書侍郎顏師古考定五
> 經，頒行天下，命學者習焉。又以儒學多門，章句繁雜，詔國子祭
> 酒孔穎達與諸儒撰定五經義疏，凡一百七十卷，名曰五經正義，令
> 天下習焉。〔註7〕

唐太宗因鑑於南北朝以來《五經》的經籍義疏，博雜而繁多，令士子難以依循，爲求經籍義疏思想的統一，避免駁雜多歧，以利士子的學習，科舉考試時有所依據，遂先令顏師古去考定《五經》文字之正訛，再責令孔穎達等人纂輯《五經》的義疏，孔氏於《周易》取王弼注，《詩經》取毛亨傳、鄭玄箋，《尚書》取孔安國傳，《禮記》取鄭玄注，《春秋》用杜預《左傳》集解。遂本諸舊疏撰成有《周易正義》、《毛詩正義》、《尚書正義》、《禮記正義》及《春秋左傳正義》五部義疏之書。〔註8〕「自《正義》、《定本》頒之國冑，用以取士，天下奉爲圭臬，唐至宋初數百年，士子皆謹守官書，莫敢異議矣」。〔註9〕《五經正義》爲太宗所敕修，係出於官府。之後賈公彥、楊士勛、徐彥等人

〔註7〕 見《舊唐書・儒學傳序》（臺北：鼎文書局，1980 年 3 月），頁 4941。

〔註8〕 孔穎達《五經正義》的修撰，皆據南北朝時的舊疏底本進行刪定，根據張寶三所考，《周易正義》採舊疏刪定而成，《尚書正義》據劉焯《尚書義疏》、劉炫《尚書述義》二疏刪定；《毛詩正義》據劉焯《毛詩義疏》、劉炫《毛詩述義》二疏刪定；《禮記正義》據皇侃《禮記義疏》、熊安生《禮記義疏》二疏刪定；《左傳正義》乃據劉炫《左傳述義》、沈文何《春秋義略》二疏刪定。詳見張寶三撰：《五經正義研究》（國立臺灣大學中國文學研究所博士論文，1992 年 6 月），第三章「五經正義修撰之依據」，頁 47～76。

〔註9〕 見（清）皮錫瑞撰，周予同注釋：《經學歷史》（北京：中華書局，1989 年 9 月），頁 207。

鑑於《五經正義》僅爲《周易》等五部經書作疏解，尚有《周禮》、《儀禮》、《公羊傳》、《穀梁傳》等其他經書未有義疏，於是賡續《五經正義》的體例爲其作疏解，計有賈公彥撰《周禮注疏》、《儀禮注疏》，楊士勛撰《春秋穀梁傳注疏》，徐彥撰《春秋公羊傳注疏》，這四部經典注疏與《五經正義》注疏後來都被收入《十三經注疏》之中。

　　到北宋眞宗咸平年間，經學家邢昺（932～1010）又賡續爲《論語》、《孝經》、《爾雅》三部經籍作新的疏解，《論語》注採用魏代何晏的《論語集解》，《孝經》注採取唐玄宗的御注，《爾雅》注解採用東晉郭璞（276～324）的《爾雅注》，另外宋代又有孫奭（962～1033）以東漢趙岐的《孟子注》爲本，作《孟子正義》十四卷。〔註10〕最初，經文與注疏皆分開刊刻，及至南宋初年，始有人將經文及義疏合刻在一起，以便利閱讀。至於《十三經注疏》全書的刊板行世，則要等到光宗紹熙（1190～1194）年間，由三山黃唐首先合刻《十三經注疏》全書，〔註11〕《十三經注疏》因此成爲二千多年來影響中國人思想文化最爲深遠的一部經學叢書。

第二節　宋代擺脫漢、唐注疏之新學風

　　唐代的經學，在孔穎達奉唐太宗之命修纂《五經正義》，並以之作爲每年科舉考試的範本後，士子皆謹守官書，莫敢有任何異議，從此標誌著漢、唐注疏之學時代的來臨。以後「不論經學、佛學和文學等，都拘限在傳統的典範中，難有突破性的發展。」〔註12〕但在中唐以後，卻因安史之亂的關係，導致宦官弄權、藩鎮割據的形成，政治局勢改變，中央政府權力結構逐漸削弱，爲因應新局勢，重振王權綱紀，對漢魏六朝以來的繁碎解經方式有所不滿，對傳統認定的經學作者、篇章、義理的說法，逐漸不以爲然，各種新的異說也漸漸產生，林師慶彰曾將唐代後期的這種脫離注疏學束縛的經學反動

〔註10〕 參見屈萬里先生撰：〈十三經註疏板刻述略〉，《書傭論學集》（臺北：臺灣開明書店，1990 年 1 月），頁 221～223。及《古籍導讀》（臺北：臺灣開明書店，1978 年 9 月），頁 57～58。

〔註11〕 《四庫全書總目》則認爲「其疏皆敷衍語氣，如鄉塾講章」，因而斷定《孟子正義》並不是出自孫奭之手，乃確然可信之事。見《四庫全書總目》，卷35，經部，四書類，頁 2 上～4 下。

〔註12〕 見林慶彰師撰：〈唐代後期經學的新發展〉，《中國經學史論文選集》（臺北：文史哲出版社，1992 年 10 月），上冊，頁 671。

運動加以分析，歸納為五類，茲依所析分述如下：

（一）懷疑經書的作者：啖助、趙匡以為《左傳》非左丘明所作，柳宗
元以為《論語》是曾子之徒所記。

（二）更動經書的篇章：如唐玄宗命李林甫、陳希烈、徐安貞等將〈月
令〉的篇次由《禮記》的第五改為第一。

（三）更改經書文字：唐玄宗將《尚書·洪範篇》中的「無偏無頗」改
為「無偏無陂」。韓愈作《論語筆解》，則將〈公冶長篇〉：「宰予
晝寢」改為「宰予畫寢」，〈述而篇〉：「子所雅言」改為「子所雅
音」等等。

（四）懷疑經中史事的正確性：劉知幾曾在《史通·疑古篇》中提出十
點疑問，懷疑《尚書》所記史事；《惑經篇》中提出十二點疑問，
懷疑《春秋》有虛妄之處五端。而司空圖也撰有《疑經》一篇文
章，指陳經文：「天王使來求金」、「求車」，係傳聞之誤，非聖人
之辭。

（五）補經書篇章的闕佚：白居易為《尚書》補〈湯征〉；陳黯補〈禹誥〉；
丘光庭為《詩經》補〈新宮〉、〈茅鴟〉；皮日休為《周禮》補〈九
夏歌〉等。〔註13〕

中、晚唐時代，社會動盪，人心思變，導致士子在經學上開始嘗試以己
意說經，甚至疑經改經的風氣已相當普遍。這種擺脫傳統束縛，不再沿襲漢
人經傳成說，解經不復遵守舊注，而講求另尋新意的方式，成為由漢、唐注
疏之學過渡到宋代新經學的先導。

宋代初年，學風尚保持篤實傳統，講經時遵循古義，不憑胸臆，不妄逞
己見，各遵守師傳，猶如漢、唐注疏的統緒。這種淳樸篤實的學風，至宋仁
宗慶曆年間才開始逐漸被打破，從此之後，學風開始轉變。司馬光（1019～
1086）就在〈上論風俗箚子〉一文談論到宋代公卿士大夫喜好新奇之論，以
致懷疑經書成風的情形，對此有無限感慨，他說：

> 近歲公卿大夫，好為高奇之論，……流及科場，亦相習尚。新進後
> 生，未知臧否，傳耳剽，翕然成風。至有讀《易》未識卦爻，已謂
> 〈十翼〉非孔子之言；讀《禮》未識篇數，已謂〈周官〉為戰國之

〔註13〕見林慶彰師撰：〈唐代後期經學的新發展〉，《中國經學史論文選集》，頁 672
～674。

書：讀《詩》未盡〈周南〉、〈召南〉，已謂毛、鄭爲章句之學；讀《春

秋》未知十二公，已謂三傳可束之高閣。循守注疏者，謂之腐儒；

穿鑿臆說者，謂之精義。〔註14〕

南宋陸游（1125～1210）談論到宋代學術風氣的轉變時也說：

唐及國初，學者不敢議孔安國、鄭康成，況聖人乎？自慶曆後諸儒

發明經旨，非前人所及。然排〈繫辭〉，毀《周禮》，疑《孟子》，譏

《書》之〈胤征〉、〈顧命〉，黜《詩》之序，不難於議經，況傳注乎？

〔註15〕

陸游所指的宋儒懷疑經傳，皮錫瑞以爲「排〈繫辭〉謂歐陽修，毀《周禮》

謂修與蘇軾、蘇轍，疑《孟子》謂李覯、司馬光，譏《書》謂蘇軾，黜〈詩

序〉謂晁說之。」〔註16〕宋儒所以懷疑〈繫辭〉等這些經傳，主要是認爲非

孔子的著作，或以爲戰國人的作品，或視爲漢人所作，舉凡他們主觀認爲非

聖人作品者，皆有遭受抨擊毀棄的命運，而且疑經疑傳的流風已遍布科場及

新進後生，可說在當時學術界已經相當普遍。這種風氣雖究始於晚唐的啖助、

趙匡等人，但眞正影響宋人的卻是起於宋仁宗朝時的劉敞。南宋王應麟（1223

～1296）在所撰《困學紀聞》裏，就明白指陳是由北宋仁宗朝的劉敞《七經

小傳》開始的，王氏描述其間演變發展情形說：

自漢儒至於慶曆間，談經者守訓故而不鑿，《七經小傳》出，而稍尚

新奇矣。至《三經義》行，視漢儒之學若土梗。〔註17〕

吳曾引宋代國史之言，也同樣認爲宋人經學風氣的轉變是始於劉敞（1019～

1068）撰《七經小傳》一書，他說：

國史云：慶曆以前，學者尚文辭，多守章句注述之學。至劉原父（敞）

爲《七經小傳》，始異諸儒之說。王荊公修經義，蓋本於原父云。

〔註18〕

劉敞說經開始喜歡崇尙新異，與漢、唐諸儒相異，其後儒者沿波，逐演成當

時疑經改經的學術風氣。因而《四庫全書總目》也認爲「好以己意改經，變

〔註14〕見（宋）司馬光撰：《溫國文正司馬公文集》（四部叢刊本，臺北：臺灣商務
　　　　印書館，1979 年 1 月），卷 45，頁 9 下～10 上。

〔註15〕見（宋）王應麟撰：《困學紀聞》，卷 8，〈經說〉，頁 512～513。

〔註16〕參見（清）皮錫瑞撰，周予同注釋：《經學歷史》，頁 220～221。

〔註17〕見（宋）王應麟撰：《困學紀聞》，卷 8，〈經說〉，頁 512～513。

〔註18〕見（清）吳曾撰：《能改齋漫錄》，卷 2，〈事始〉，頁 28，〈注疏之學〉條引。

先儒淳實之風者，實自敞始。」〔註19〕宋儒對於漢儒所辛苦建立的經學傳統，舉凡他們認爲非孔門作品，皆不遺餘力加以抨擊詆毀，屈萬里先生曾分析宋儒疑經的實際內容，將其分爲三類：（一）懷疑先儒所公認的經書作者；（二）懷疑經義的不合理；（三）懷疑經文的脫簡、錯簡、訛字。宋儒在懷疑經傳時，往往非單方面，有時三類是互相關聯影響的。宋儒既然「視漢儒之學若土梗」，對漢儒所傳的經傳當然有所懷疑，再來當然是進一步去更改漢人所傳的經傳典籍，縱觀所疑改，可謂遍及今傳十三經各部書。〔註20〕

宋儒既對所傳經籍抱持懷疑態度，又對漢、唐注疏多表不滿，因而企圖重新爲諸經籍全部作注解，以期能取代原來的漢、唐舊注疏，如：在《周易》方面，有程頤的《易程傳》、朱震的《漢上易傳》、朱熹的《周易本義》、楊萬里的《誠齋易傳》等書。在《尚書》方面：有蘇軾的《東坡書傳》、林之奇的《尚書全解》、黃倫的《尚書精義》、夏僎的《尚書詳解》、陳經的《尚書詳解》、蔡沈的《書集傳》等書。在《詩經》方面：有歐陽修的《毛詩本義》、蘇轍的《詩集傳》、朱熹的《詩集傳》、呂祖謙的《呂氏家塾讀詩記》、嚴粲的《詩緝》等。在《儀禮》方面：有李如圭的《儀禮集解》、朱熹的《儀禮經傳通解》等。在《禮記》方面：則有衛湜的《禮記集說》等。在《春秋》方面：有劉敞的《春秋傳》、胡安國的《春秋傳》、高閌的《春秋集注》、張洽的《春秋集傳》、《春秋集注》等書。《四書》方面則有朱熹的《四書章句集注》、趙順孫的《四書纂疏》等書。宋儒在各經幾乎都重新爲其作注，宋儒的注解簡潔明暢，不重名物訓詁，好藉題發表議論，專尚發揮義理，與漢、唐注疏有很明顯的差異。由此可見宋儒大體學風在傾全力攻擊漢、唐儒者，以擺脫其所傳的經籍注疏的說法，試圖建立宋儒的新道統，以期用來取代漢儒在經學傳統上的學術地位。

第三節　元人對宋人經注之疏釋

蒙元大將伯顏在宋恭帝德祐二年（1276）率領大軍攻陷南宋首都臨安，劫擄宋恭帝北去，統一全國，將原來的南北阻隔打通，連帶影響著學術文化

〔註19〕參見《四庫全書總目》，卷33，經部，五經總義類，頁9上。
〔註20〕參見屈萬里先生撰：〈宋人的疑經風氣〉，《書傭論學集》（臺北：開明書店，1990 年 1 月），頁238。其後屈氏的學生葉國良秉承師意，更進一步的詳細探討宋儒疑經改經的情形，撰有《宋人疑經改經考》（文史叢刊之五十五，國立臺灣大學出版委員會，1980 年 6 月），可以參看。

得以自由交流，不受任何限制。蒙元在政治上雖然統一南北，掌握政治上的主控權，然而在學術的風氣上卻依然承襲宋學，傳播和發揚宋代學術思想。元人闡釋宋儒的經學著作，對宋儒的程朱理學傳播所作的貢獻，林慶彰先生以爲主要表現在：將朱學官學化及爲宋人經說作注解，以強化宋學傳統的兩點內涵，〔註 21〕其說法相當準確說明元儒在經學傳承上的貢獻所在。本文即依其觀點，分述如下：

一、程朱理學官學化

　　元代本係十三世紀興起於漠北的游牧民族，由成吉思汗及其繼承者依靠長期征服戰爭，相繼滅亡西夏、金、吐蕃、南宋，結束南北分裂，所建立的全國統一政權。蒙古族因馬上打天下，馬上得天下，其草莽性格相當濃厚，要其轉變習俗並非易事。早在元太宗窩闊臺時，耶律楚材（1190～1243）極力推行漢法，考選儒士，然而當時就有近臣中使別迭等竭力反對，甚至說：「雖得漢人亦無所用，不若盡去之，使草木暢茂，以爲牧地。」若非耶律楚材「因時時進說周孔之教，且謂天下雖得之馬上，不可以馬上治。」〔註 22〕其後果真不堪設想。元世祖滅南宋後，儘管同意儒臣接受漢文化的奏疏建議，採行禮樂刑政，宗奉程朱理學，然推行效果卻不彰。

　　元仁宗皇慶二年（1313）六月，才以宋儒周敦頤、程顥、程頤、張載、邵雍、司馬光、朱熹、張拭、呂祖謙以及許衡等一批宋、元理學家從祀孔子廟廷。同年十月中書省奏議行科舉事，以爲「取士之法，經學實修己治人之道，詞賦乃擒章繪句之學，自隋唐以來，專尚詞賦，故士習浮華。今臣等所擬，將律賦省題詩小義皆不用，專立德行明經科，以此取士，庶可得人。」仁宗深表同意，遂於同年十一月下詔定其條制。詔「其以皇慶三年（1314）八月，天下郡縣興其賢能者充賦有司，次年（1315）二月會試京師。」所頒布的考試程式，詳細的規定漢人、南人考試科目及標準參考用書：

> 漢人、南人第一場，明經、經疑二問：《大學》、《論語》、《孟子》《中庸》內出題，並用朱氏《章句集註》，復以己意結之，限三百字以上。

〔註 21〕 參見林慶彰師撰：《清初的群經辨偽學》（臺北：文津出版社，1990 年 3 月），頁 28。

〔註 22〕 參見（元）蘇天爵（1294～1352）輯撰：《元朝名臣事略》（北京：中華書局，1996 年 8 月），卷 5，頁 76，〈中書耶律文正王〉。

經義一道：各治一經，《詩》以朱氏爲主，《尚書》以蔡氏爲主，《周易》以程氏、朱氏爲主。以上三經，兼用古注疏。《春秋》許用三傳及胡氏《傳》，《禮記》用古註疏，限五百字以上，不拘格律。〔註23〕

元仁宗所行科舉，《四書》限定使用朱熹《四書章句集注》，至於《五經》除《禮記》外，也全部使用宋人經注，而且明顯偏重朱學，元人蘇天爵對此種情形，認爲是端正人心，敦緒教化，闡明道術，表彰經學的必要方法，他說：

其程式之法，表章六經。至於《論語》、《大學》、《中庸》、《孟子》，專以周、程、朱子之說爲主，定爲國是，而曲學異說，悉罷黜之。〔註24〕

另外，袁桷以爲仁宗行科舉，所立皆本於朱學，袁氏說：

五經皆本建安，《書》蔡氏爲文公門人，而《春秋傳》則正字胡公（憲）之從父文定公。師友授受，宗於一門，會於一郡。至若訓蒙士、正史統、度積筆錄，悉師於文公。〔註25〕

延祐的科舉考試程式，雖然幾乎全部爲程朱學術，但仍允許兼用古注疏，並未完全廢棄漢、唐人的經說。元人這種將程、朱學術官學化的作法，非但使「非程、朱學不試於有司，於是天下學術，凜然一趨於正」，〔註26〕也使它在學術思想上的統治地位正式被確立。

二、疏解宋儒經說，強化宋學的內涵

元仁宗將朱子學說列爲官學，作爲科舉考試的標準經說後，當時的學士大夫迫於制舉功令的限制，不得已向科舉低頭，轉而專攻宋儒之書，紛紛爲宋人所作的經說，如程頤的《易傳》、朱熹的《四書章句集注》、《周易本義》、《詩集傳》、蔡沈的《書集傳》、胡安國《春秋傳》等書作疏通解釋。元儒在疏解宋儒經注書籍時，或發明其義蘊，或裨補其闕漏，或詳其援據之所自，

〔註23〕 見《元史》，卷31，選舉志一，頁760。

〔註24〕 參見（元）蘇天爵撰：《滋溪文稿》（北京：中華書局，1997年1月），卷5，頁74，〈伊洛淵源錄序〉。

〔註25〕 見（元）袁桷撰：《清容居士集》，《四部叢刊本》（臺北：臺灣商務印書館，1979年1月），卷24，頁15下，〈送朱君美序〉。

〔註26〕 見（元）歐陽玄撰：《圭齋文集》，《四部叢刊本》（臺北：臺灣商務印書館，1979年1月），卷5，頁9下，〈趙忠簡公祠堂記〉。

或備列經文之異同。例如在《周易》方面：有俞琰撰《周易集說》，胡炳文撰《周易本義通釋》，胡一桂撰《周易本義附錄纂註》，董真卿撰《周易經傳集程朱解附錄纂註》等書，皆是用來疏解《易程傳》和《周易本義》的。在《尚書》方面：則有董鼎撰《書蔡氏傳輯錄纂註》，陳櫟撰《書蔡氏傳纂疏》，陳師凱撰《書蔡氏傳旁通》，鄒季友撰《書集傳音釋》，陳雅言撰《書義卓躍》等，全部係纂集諸儒有關的書說來疏解蔡《傳》，二陳之書也都是爲幫助士子閱讀蔡《傳》而寫的書。在《詩經》方面：有劉瑾撰《詩傳通釋》，朱公遷撰《詩經疏義會通》，胡一桂撰《詩集傳附錄纂疏》，羅復撰《詩集傳名物音釋纂輯》等書，書名已明標《詩集傳》，不用說均是爲疏解朱熹《詩集傳》而作。《禮》學方面講典章制度，重實際，不尚玄虛空談，本非宋儒所長，因而宋儒在三禮方面較無發揮餘地，元代科舉《禮記》無宋儒之書可用，僅規定用古註疏，致元儒所撰《禮》類之書也較少，有敖繼公撰《儀禮集說》、汪克寬撰《經禮補逸》，吳澄撰《禮記纂言》、陳澔撰《禮記集說》等幾部書較著。在《春秋》方面：因科舉「許用三傳及《胡氏傳》」，因此元儒所撰有關《春秋》學的書，大別可概分爲以三傳爲主及《胡氏傳》爲宗兩類，有汪克寬撰《春秋胡氏傳附錄纂疏》、吳師道撰《春秋胡傳補說》、俞皋撰《春秋集傳釋義大成》、吳澄撰《春秋纂言》、李廉撰《春秋諸傳會通》、趙汸撰《春秋集傳》、《春秋屬辭》、程端學撰《春秋本義》等書，可知元人的經學基本上是在宋儒經注典範影響下承襲其學術，並進一步發揚宋儒學術傳統內容。

第三章 《五經大全》之纂修及其修纂人

第一節 纂修動機、經過及其目的

一、纂修動機及經過

　　朱元璋懲於前代郡縣制度每每導致不利於皇室，遂仿效漢高祖施行郡國並行制，大封諸子爲藩王，並授予重兵，企圖以藩王夾輔帝室安全。及惠帝即位，由於看到諸藩王權勢日重，恐將來形成尾大不掉之勢，於是採納齊泰、黃子澄的建議，實行削藩政策。明成祖朱棣（1360～1424）見建文帝的削藩政策危及己身利益，遂假藉《皇明祖訓》：「朝無正臣，內有姦惡，必訓兵討之，以清君側之惡。」之言，出兵「靖難」除奸，終於在明惠帝建文四年（1402）攻陷南京，奪位成功，改年號爲「永樂」。即位後，隨即展開其所謂「除奸惡」的工作，對建文朝文武大臣舉凡贊成削藩政策及反對自己者，盡皆實行殘酷無人道的誅戮與屠殺，手段之狠毒，株連面之廣，史所罕見，其屠戮手段有所謂「瓜蔓抄」、「誅十族」等名目，〔註1〕這一幕幕血腥的畫面，使當時的明朝朝廷儼然成爲人間地獄，每個人都人心惶惶，憂懼終日，其中尤以士子爲甚。明成祖知道想要統治天下，非憑恃一己之力可成，仍需依靠知識分子。然而要對付這些士人，除高壓殘殺的威脅恐嚇手段外，尚需利用籠絡利誘的方法，才可竟其全功。因此效法唐太宗、宋太宗之故技，藉纂修典籍來博取「稽古右文」的美名，也可以藉此消除士人對其纂位之舉的普遍反感心理。明中葉時，陸釴（1441～1490）

〔註1〕　參見谷應泰撰：《明史紀事本末》（臺北：三民書局，1969 年 4 月），卷 18，〈壬午殉難〉。

在其所著的《病逸漫記》一書中就已窺知其用意所在，他說：

> 修《永樂大典》亦宋朝修《冊府元龜》之意。〔註2〕

稍後的李日華（1565～1635）也在所著的《紫桃軒又綴》一書中發表類似的意見，他說：

> 號召四方文墨之士，累十餘年而就，亦所以耗磨遜國諸儒不平之氣。
> （卷二）〔註3〕

二家所說雖係針對明成祖纂修《永樂大典》而言，然「成祖好大喜功，編纂圖書務求採摭賅備，以卷帙繁多，內容包羅富有取勝。」〔註4〕《大典》與《大全》，在這點的作用上實際是相同的。明末清初學者孫承澤（1592～1676）也持同樣的看法，他說：

> 靖難之舉，不平之氣，遍於海宇，文皇借文墨以銷壘塊，此實係當
> 日本意也。〔註5〕

委託知識分子修書之舉，既可利用其聰明才智，又可藉此消磨其歲月，消弭心中積壓的不平之氣。如此，不但可以平白獲得「稽古右文」的美名，更可坐收太平盛世之效，「歷代帝王的這種用心，是很深刻而毒狠的。」〔註6〕難怪明成祖樂於承襲前代帝王的作法。

二、纂修目的

明成祖在永樂十二年（1414）十一月甲寅下詔命胡廣等纂修《五經、四書大全》時，曾說明他編纂集大成式經學典籍的用意：

> 《五經》、《四書》皆聖賢精義要道，其傳注之外，諸儒議論，有發
> 明餘蘊者，爾等采其切當之言，增附於下。其周、程、張、朱諸君
> 子性理之言，如《太極》、《通書》、《西銘》、《正蒙》之類，皆六經
> 之羽翼，然各自為書，未有統會，爾等亦別類聚成編。二書務極精

〔註2〕 見（明）陸釴撰：《病逸漫記》，頁6下。

〔註3〕 （明）李日華撰：《紫桃軒又綴》（臺北：莊嚴文化事業公司，1995年9月，《四庫全書存目叢書》影印明末刻清康熙李琚重修本），卷2，頁32上。

〔註4〕 參見朱鴻撰：《明成祖與永樂政治》（臺北：臺灣師範大學歷史研究所專刊十七，1988年2月），頁225。

〔註5〕 見（清）孫承澤撰：《春明夢餘錄》（臺北：大立出版社，1980年10月），卷12，頁6上。

〔註6〕 張舜徽撰：《訒庵學術講論集》（長沙：岳麓書社，1992年5月），頁544，〈崇文辨惑〉。

備，庶幾以垂後世。〔註7〕

胡廣等奉詔後，隨即薦舉「朝臣及在外教官有文學者」四十二位儒士一同參與纂修工作，〔註8〕「開館東華門外，命光祿寺給朝夕饌。」〔註9〕但花費不到一年的時間即將工作完成。《太宗實錄》永樂十三年九月己酉條即記載其修纂完成上呈的情形：

> 《五經、四書大全》及《性理大全》書成。先是上命翰林院學士兼左春坊大學士胡廣等編類是書，既成，廣等以稿進。上覽而嘉之，賜名《五經、四書、性理大全》，親製序於卷首，至是繕寫成帙，計二百二十九卷。廣等上表進，上御奉天殿受之，命禮部刊賜天下。
> 〔註10〕

由明成祖之意，可知《大全》原當作二書，其命儒臣採集《五經》、《四書》的傳注為一書，即《五經、四書大全》。另外再輯錄周、程、張、朱有關性理之類的精粹言論成一編，即《性理大全》。且要求「二書務極精備，庶幾以垂後世。」書成後將它合稱為《五經、四書、性理大全》，全書總共有二百二十九卷。對於完成這樣一部書，明成祖感到相當滿意。他在〈御製序〉裡就認為帝王是以聖人之道來治理天下，而聖人之道保存在六經，六經之道明，則「天地聖人之心可見，而至治之功可成。」六經之道不明，則會產生「人之心術不正，而邪說暴行侵奪蠹害。」的後果，因此想要弘揚聖道，就應該要「編修《五經》、《四書》集諸家傳註而為大成，凡有發明經義者取之，悖於經旨者去之。」如此，將其頒布於天下，則能達到：

> 使家不異政，國不殊俗，大回淳古之風，以紹先王之統，以成熙皞之治。〔註11〕

〔註7〕 見《明太宗實錄》，卷158，頁2上。

〔註8〕 內府刊本《五經、四書大全》及《性理大全》卷首所題纂修儒臣皆同為胡廣等四十二人。唯孫承澤《春明夢餘錄》引董其昌〈薦李惟楨修史疏〉則說：「成祖朝纂修《性理大全》，所聘名流百餘人，不以為濫。」（卷32，頁33下）筆者前曾考諸明人文集及史籍方志，撰《五經大全》修纂人考述，收入《經學研究論叢》第三輯（臺北：聖環圖書公司，1995年4月）得纂修儒臣四十八位，足見當時實際參與《大全》修纂工作者應不僅僅四十二位，董氏之言當非誇大之辭。

〔註9〕 參見《明太宗實錄》，卷158，頁2上。

〔註10〕 見《明太宗實錄》，卷168，頁2上。

〔註11〕 見《明太宗實錄》，卷168，頁3下，〈御製序〉。

陳道潛在代胡廣草擬〈纂修《四書五經性理大全》諸書告成復命表〉時，〔註12〕
也認為《大全》的修纂，可以「恢拓道統之源流」、「合萬途於一軌」，〔註13〕
可以「興教化」、「正人心」，使天下人人皆「由於正路而學不惑於他歧，家孔、
孟而戶程、朱」，達到回復上古淳樸的風尚。深揆其意，我們可知明成祖編修《大
全》之目的，就「是要用這套封建經典來統一這個封建國家的思想」，〔註14〕
然而這一層僅是表面理由，另外尚有如林慶彰師所言，明成祖尚欲「以修書來
承繼道統」、「藉修書來宣示正統地位的作法」〔註15〕的更深一層用意所在。

第二節　《五經大全》纂修人考述

　　《五經、四書大全》歷來均受到後代學者相當激烈的抨擊，近世學者受前
人評論影響，往往不予重視，故研究其書者至今罕見。近年來，這種情況稍有
改善，由大陸學者侯外廬等人主編的《宋明理學史》下卷（北京：人民出版社，
1987 年 6 月），專門用兩章的內容來論述三部《大全》的纂修經過及其目的，
唯內容大都因襲前人的成說，稍嫌浮泛而不深入。稍後，林慶彰師有感於此論
題之重要，卻長期受到學界的忽視，因此特別撰寫〈《五經大全》之修纂及其相
關問題探究〉一文，用專文討論《五經大全》的修纂動機、修纂人、取材問題
及其與明代經學衰微的關係等問題，可說是《五經大全》修纂完成後，迄今所
見最詳細而精闢的研究資料。〔註16〕《五經大全》的修纂人，在各版本《五經
大全》的卷首皆有臚列，包括胡廣等四十二人的職銜姓名。由於林師文章偏重
在探討與《五經大全》相關之修纂問題，限於文章體例而無暇對四十二位修纂
者姓氏、生平仕履及實際修纂人數多所留意，故本文之作，旨在遵循林師文章
中所提出之問題，旁考明代文集、史籍、筆記、方志資料，以嘗試對《五經大

〔註12〕此文收錄於陳道潛撰《淇園編》（清刊本），卷1，頁1～4。篇名下有：「時同
　　　　太學士胡廣、右春坊楊榮、右諭德金幼孜等纂修，書成復命，屬公草稿。」
　　　　可知胡廣的〈進書表〉係由陳道潛所撰寫。
〔註13〕參見明成祖所撰〈《五經四書性理大全》御製序〉及胡廣等撰〈進書表〉。
〔註14〕侯外廬等撰：《宋明理學史》（北京：人民出版社，1987 年 6 月），下冊，頁
　　　　13。
〔註15〕參見林慶彰先生撰：《明代經學研究論集》（臺北：文史哲出版社，1994 年 5
　　　　月），頁38。
〔註16〕參見林慶彰師撰：《五經大全之修纂及其相關問題探究》，《中國文哲研究集刊》
　　　　創刊號（1991 年 3 月），頁364～366。收入《明代經學研究論集》（臺北：文
　　　　史哲出版社，1994 年 5 月），頁33～59。

全》修纂人的生平事跡稍作考述，以彌補林師文章不及論述的地方。

一、修纂人考述

　　《五經大全》的修纂工作，《明太宗實錄》及《明史》雖有記載，卻未詳言參與修纂人之姓名，而見載於《五經大全》、《四書大全》、《性理大全》卷首，明談遷《國榷》及清朱彝尊《經義考》等書內亦有引錄，爲便利文章行文敘述，茲將卷首所列這四十二位修纂人姓名名單抄錄如下：

　　胡　　廣：翰林院學士兼左春坊大學士奉政大夫

　　楊　　榮：奉政大夫右春坊右庶子兼翰林院侍講

　　金幼孜：奉直大夫右春坊右諭德兼翰林院侍講

　　蕭時中：翰林院脩撰承務郎

　　陳　　循：翰林院脩撰承務郎

　　周　　述：翰林院編脩文林郎

　　陳　　全：翰林院編脩文林郎

　　林　　誌：翰林院編脩文林郎

　　李　　貞：翰林院編脩承事郎

　　陳景著：翰林院編脩承事郎

　　余學夔：翰林院檢討從仕郎

　　劉永清：翰林院檢討從仕郎

　　黃壽生：翰林院檢討從仕郎

　　陳　　用：翰林院檢討從仕郎

　　陳　　璲：翰林院檢討從仕郎

　　王　　進：翰林院五經博士迪功郎

　　黃約仲：翰林院典籍脩職佐郎

　　涂　　順：翰林院庶吉士

　　王　　羽：奉議大夫禮部郎中

　　童　　謨：奉議大夫兵部郎中

　　吳　　福：奉訓大夫禮部員外郎

　　吳嘉靜：奉直大夫北京行部員外郎

　　黃　　裳：承直郎禮部主事

　　段　　民：承德郎刑部主事

洪　順：承直郎刑部主事

沈　升：承直郎刑部主事

章　敞：承德郎刑部主事

楊　勉：承德郎刑部主事

周　忱：承德郎刑部主事

吾　紳：承德郎刑部主事

陳道潛：文林郎廣東道監察御史

王　選：承事郎大理寺評事

黃　福：文林郎太常寺博士

趙友同：脩職郎太醫院御醫

王復原：迪功佐郎北京國子監博士

曾　振：泉州府儒學教授

廖思敬：常州府儒學教授

傅　舟：蘄州儒學學正

杜　觀：濟陽縣儒學教諭

顏敬守：善化縣儒學教諭

彭子斐：常州府儒學訓導

留季安：鎮江府儒學訓導

　　這四十二位修纂人，其排列順序與官名職銜，《五經大全》卷首所載和《明太宗實錄》、談遷《國榷》、朱彝尊《經義考》諸書所記載並不盡相同。〔註17〕諸書皆不載修纂人事跡，僅《明史》中記載有胡廣、楊榮、金幼孜、陳循、周述、段民、吾紳、章敞、周忱等九人的傳記，〔註18〕為瞭解諸修纂人的生平事跡，遂廣閱明人傳記及明人文集、明清方志，凡有關於修纂《五經大全》者，均加以收錄，資料積累漸多，發現實際參與修纂人數和《五經大全》卷首所記載的題名名單，有相當大的出入，因將資料略作排比，分為正式題名修纂人及未題名修纂人兩項分別敘述。其中正式題名修纂人依《五經大全》

〔註17〕林慶彰師的文章中將所列四十二位修纂人姓名排列順序與官銜，係依照《明太宗實錄》、談遷《國榷》及朱彝尊《經義考》三書所載，與《五經大全》卷首稍有出入，且姓名亦偶有訛誤，如吳嘉靜作「吳嘉靖」，吾紳作「吳紳」，王復原作「黃復原」。

〔註18〕林慶彰師文章中偶將吾紳漏掉，又誤將山東昌邑縣人之黃福（字如錫）當作福建浦城縣人之黃福（字汝錫）。

卷首的列名順序來排列，未題名修纂人則略依時代先後排列，以方便檢閱。

（一）正式題名修纂人

　　《五經大全》卷首所載修纂人共有四十二位，與《四書大全》、《性理大全》書前所列相同，係正式題名之修纂人，茲依排列先後考述生平事跡如下：

1. 胡　廣（1370～1418）

　　胡廣，字光大，號晃菴，江西吉安府吉水縣人。建文元年（1399）以《詩經》領鄉薦。二年（1400），廷試吳溥等一百一十人，讀卷翰林本擬王艮當第一，建文帝以艮貌寢，不及胡廣，且當時方討伐燕王，而胡廣對策中有『親藩陸梁，人心搖動』之語稱旨，遂親擢廣為進士第一，且賜名為靖，授翰林院修撰，階承直郎。靖難兵至時，廣與周是修、解縉、楊士奇、金幼孜諸人相約死難。及廣歸家，解縉派人偷窺其心意，知其變志。及期，周是修果真自縊於應天府學銀杏樹上，而胡廣則悔約不往。成祖即位，廣反而偕解縉迎附馬首，遂被擢侍講，與解縉、黃淮、胡儼、楊榮、楊士奇、金幼孜等七人同直文淵閣，備顧問，典機密。不久，改侍讀，進承德郎，復名為廣。永樂二年（1404）三月，遷右春坊右庶子，仍兼侍讀。五年（1407），進翰林學士，兼左春坊大學士。成祖北征元人，廣與楊榮、金幼孜均隨從。九年（1411）十月乙巳，重修《高皇帝實錄》，命廣與楊榮、胡儼等為纂修官。十二年（1414）十一月甲寅，奉敕纂修《五經》、《四書》、《性理大全》，皆為總裁。十三年（1415），書成，廣等撰表進呈，上親製序文。十四年（1416）擢為文淵閣大學士，兼職如故。帝徵烏思藏僧作法會，為高帝、高后薦福，言見諸祥異。廣乃獻聖孝瑞應頌。帝綴為佛曲，令宮中歌舞之。禮部郎中周訥請封禪。廣言其不可，遂不許。廣撰〈卻封禪頌〉以進，成祖益加親愛之。十六年（1418）五月寢疾不起，卒於北京官舍，得年四十九。贈資善大夫、禮部尚書，謚文穆。文臣得謚，自廣與姚廣孝始。所著有《晃菴集》、《扈從集》、《胡文穆公集》十九卷等。〔註19〕

〔註19〕　參見：（1）（清）張廷玉等撰：《明史・胡廣傳》，卷147，頁4124～4125。（2）（明）楊士奇撰：〈故文淵閣大學士兼左春坊大學士贈榮祿大夫禮部尚書謚文穆胡公神道碑〉，《東里文集》（臺北：臺灣商務印書館，1986年3月，影印文淵閣四庫全書本），卷12，頁8～13。（3）（明）胡儼撰：〈文淵閣大學士兼左春坊大學士贈資善大夫禮部尚書謚文穆胡公墓誌銘〉，《頤庵文選》，卷上，頁106～109。（4）（明）焦竑撰：《皇明人物考》（臺北：明文書局，1991年1月，《明代傳記叢刊》影印明萬曆間刊本），卷3，頁17。（5）（明）雷禮輯：

2. 楊　榮（1371～1440）

　　楊榮，字勉仁，福建建寧府建安縣人。初名子榮。建文元年（1399）福建鄉試第一，二年（1400）登進士，入翰林爲編修。靖難後，成祖初入京，榮迎謁馬首曰：「殿下先謁陵乎？先即位乎？」成祖馬上趨駕謁陵。自此受成祖所寵信。爲其更名榮，陞修撰階承務郎，被選入文淵閣與解縉等七人參掌機密，而榮年最少，最警敏通練。永樂五年（1407），往甘肅經略軍務，還奏，尋進右庶子。七年（1409），奉命扈從北京。九年（1411）十月，重修《高皇帝實錄》，與胡廣、胡儼、黃淮同被任命爲總裁。十二年（1414）冬十一月，成祖以《五經》、《四書》傳註之外，先儒多所發明，且性理書及諸議論，皆未有統會，詔集儒臣類次成編，又命胡廣與楊榮總其事，仍命薦舉朝臣及在外教官有文學者同修，開館東華門外，命光祿寺給朝繫饌甚豐。十三年（1415）三月庚申，工部建進士題名碑於太學，命榮撰文爲記。九月己酉，所修書成，賜名《五經》、《四書》、《性理大全》，命賜宴於禮部，并賜鈔幣。十四年（1416）四月，與金幼孜俱陞翰林院學士，仍兼春坊庶子。十六年（1418）五月，進《太祖高皇帝實錄》，成祖御奉天殿受之，批閱良久，再三嘉獎曰：「庶幾少副朕心。」不久，賜宴并鈔幣紗衣。適逢胡廣逝世，命榮掌理翰林院事，益受親信。六月，詔修《天下郡邑志》，命榮總裁其事。十八年（1420）進文淵閣大學士，兼翰林院學士階奉政大夫。其後歷仁宗、宣宗、英宗三朝，累官太常卿、謹身殿大學士、工部尚書，重修《太宗》、《仁宗》、《宣宗》三朝實錄，奉敕纂修《歷代臣鑒》、《外戚事鑒》，榮皆爲總裁官。先後賜賚，不可勝計。而在英宗正統五年（1440）七月卒於臨安武林驛，享年七十。所著詩文有《兩京類稿》三十卷、《玉堂遺稿》十二卷、《訓子編》、《北征記》一卷、《文敏公集》二十五卷等書。〔註20〕

《國朝列卿記》（臺北：明文書局，1991 年 1 月，影印明萬曆間刊本），卷 9，頁 25～28。（6）（明）郁袞撰：《革除遺忠錄》（臺北：臺灣學生書局，1969 年 12 月，影印嘉靖刊本），附錄，頁 11～12。（7）（明）余之禎修、王時槐纂：《吉安府志》（臺北：漢學研究資料中心據萬曆十三年刊本景照），卷 21，頁 16。（8）（清）李興元修、歐陽主生等纂：《吉安府志》（臺北：成文出版社，1976 年不著月份，影印清順治十七年刊本），卷 21，頁 16。

〔註20〕 參考：（1）（清）張廷玉等撰：《明史·楊榮傳》，卷 148，頁 4138～4141。（2）（明）楊士奇撰：〈故少師工部尚書兼謹身殿大學士贈特進光祿大夫左柱國太師諡文敏楊公墓誌銘〉，《文敏集》（臺北：臺灣商務印書館，1986 年 3 月，影印文淵閣四庫全書本），附錄，頁 33～41。（3）（明）楊溥撰：〈少師工部尚書

3. 金幼孜（1368～1431）

　　金幼孜，名善，以字行，嘗名其燕處之居曰退菴，因取以爲號，江西臨江府新淦縣人。自幼嗜學問，從聶鉉受《春秋經》，得其微旨。建文二年（1400）登進士，授戶科給事中。靖難後，成祖及位，改授翰林院檢討，與解縉等七人同入直文淵閣，參贊機務，陞侍講。永樂二年（1404），時翰林坊局進講東宮，諸臣分閱經義，解縉《書》、楊士奇《易》、胡廣《詩》、金幼孜《春秋》，因進《春秋要旨》三卷。五年（1407），陞右春坊右諭德，仍兼侍講階奉訓大夫。九年（1411），奉詔參與重修《太祖高皇帝實錄》。十二年（1414），扈從北征，是年冬還京，命與修《五經》、《四書》、《性理大全》，充總裁官，授奉議大夫。十八年（1420），陞文淵閣大學士，仍兼翰林學士。後累官資善大夫太子少保禮部尚書兼武英殿大學士，於宣德六年（1431）十二月卒，享年六十四，諡文靖。著有《春秋直指》三十卷、《春秋要旨》三卷、《北征前錄》一卷、《後錄》一卷、《金文靖公集》十卷等。〔註21〕

兼謹身殿大學士贈特進光祿大夫左柱國太師諡文敏建安楊公神道碑銘〉，《文敏集》，附錄，頁41～45。（4）（明）王直撰：〈少師楊公傳〉，《文敏集》，附錄，頁45～52。（5）（明）江鎡撰：〈少師工部尚書兼謹身殿大學士贈特進光祿大夫左柱國太師諡文敏楊公行實〉，《文敏集》，頁1～33。（6）（明）廖道南撰：《殿閣詞林記》（臺北：臺灣商務印書館，1986年3月，影印文淵閣四庫全書本），卷1，頁14～19。（7）（明）雷禮輯：《國朝列卿記》，卷9，頁49～59。（8）（明）黃仲昭撰：《八閩通志》（明弘治四年刊本），卷64，頁16。（9）（清）陳壽祺等纂：《福建通志》（臺北：華文書局，1968年10月，影印同治十年刊本），卷201，頁2～9。（10）（明）范嵩、汪佃纂修：《建寧府志》（臺北：新文豐出版公司，不著出版年月，影印天一閣藏明嘉靖刊本），卷18，頁40～42。

〔註21〕　參考：（1）（清）張廷玉等撰：《明史・金幼孜傳》，卷147，頁4126～4127。（2）（明）楊士奇撰：〈太子少保禮部尚書兼武英殿大學士贈榮祿大夫少保諡文靖金公墓誌銘〉，《東里文集》，卷20，頁17～21。（3）（明）楊榮撰：〈故資善大夫太子少保禮部尚書兼武英殿大學士贈榮祿大夫少保諡文靖金公神道碑〉，《文敏集》，卷17，頁24～28。（4）（明）廖道南撰：《殿閣詞林記》，卷1，頁19～22。（5）（明）雷禮輯：《國朝列卿記》，卷10，頁2～8。（6）（明）項篤壽撰：《今獻備遺》（臺北：臺灣商務印書館，1986年3月，影印文淵閣四庫全書本），卷7，頁5～6。（7）（明）焦竑撰：《皇明人物考》（臺北：明文書局，1991年1月，《明代傳記叢刊》影印明萬曆間刊本），卷3，頁16～17。（8）（明）過庭訓撰：《本朝分省人物考》，卷62，頁8～11。（9）（明）林庭楖等纂修：《江西通志》（臺北：漢學研究資料中心據明嘉靖四年刊本景照），卷23，頁103。（10）（明）徐顥等纂修：《臨江府志》（明嘉靖十五年刊本），卷8，頁2。（11）（明）管大勳修、劉松等纂：《臨江府志》（臺北：新文豐出版公司，不著出版年月，影印天一閣藏明隆慶刊本），卷12，頁70～72。

4. 蕭時中

蕭時中，名可，以字行，江西吉安府廬陵縣人。與兄不敏相師友，以學行為世人所稱揚。永樂九年（1411），以《詩經》登進士第一，授翰林院修撰。詔纂脩《四書》、《五經》、《性理大全》諸書。時中為人溫厚循謹，貌若不自持，然內守甚堅，雖細務必審檢。曾因奉天殿發生火災，陳言八事，皆能切中時弊，優裕婉引，所以意見均能被採納。不久，時中即因病卒於脩撰官任上。〔註22〕

5. 陳 循（？～1457）

陳循，字德遵，號芳洲，江西吉安府泰和縣人。為魏驥門生。永樂十二年（1414），舉鄉試第一，十三年（1415）會試應當第一，主考官梁潛以同鄉里之故，為避嫌疑，改取林文秸，又以秸字罕見，改取洪英，說：「此洪武中英才也。」而以陳循為第二，及廷試時，又被拔擢為第一，賜進士狀元及第，授翰林院修撰，學習朝廷典故，成祖還特別賜宅第在萬寶坊。後帝幸北京，命循取秘閣書詣行在，遂留侍之。累官侍讀學士、戶部侍郎。曾參與纂修三朝實錄及《五經》、《四書》、《性理大全》諸書。景泰初，嘗率同官集古帝王行事，名曰：《勤政要典》，上獻。又纂修《寰宇通志》，循任總裁，書成，進戶部尚書、文淵閣大學士、兼華蓋殿大學士加少保。立朝四十餘年，所受寵遇最厚，熟習先朝典故，皇帝制命皆出其手。英宗天順改元（1457），卒於家。〔註23〕所著有《芳洲集》十卷、《續集》六卷、《詩集》四卷，又《東行百詠》八卷。〔註24〕

6. 周 述（？～1436）

周述，字崇述，江西吉安府吉水縣人。永樂二年（1404），與從弟孟簡同

〔註22〕 參見：(1)（明）林庭㭿等纂修：《江西通志》，卷29，頁46。(2)（明）余之禎修、王時槐等纂：《吉安府志》（臺北：漢學研究資料中心據明萬曆十三年刊本景照），卷19，頁17。(3)（清）定祥等修、劉繹等纂：《吉安府志》（臺北：成文出版社，1975年不著月份，影印清光緒二年刊本），卷32，頁43。

〔註23〕 參見：(1)（清）張廷玉等撰：《明史·陳循傳》，卷168，頁4513～4515。(2)（明）焦竑編：《國朝獻徵錄》（臺北：臺灣學生書局，1965年1月，影印明萬曆間刊本），卷13，頁1～6。(3)（明）過庭訓撰：《本朝分省人物考》（臺北：明文書局，1991年1月，影印明天啟間原刊本），卷64，頁21～22。(4)（明）雷禮輯：《國朝列卿記》，卷10，頁18～22。(4)（明）余之禎修、王時槐纂：《吉安府志》，卷19，頁20。(5)（清）徐乾撰：《明史列傳》（臺北：臺灣學生書局，1970年12月），卷40，頁1637～1641。

〔註24〕 《明史·藝文志》作：「《芳洲集》十六卷。」（卷59，頁2466）

榜進士及第，成祖特別親閱試策，並且手書周述試卷曰：「瑰瑋之文，充實之學。」手書周孟簡試卷曰：「辭足以達意，學足以明理。」兄弟齊名，成爲文壇佳話。並授翰林院編修，入文淵閣讀中秘書，預修《永樂大典》及《五經》、《四書》、《性理大全》等書。後累官左春坊諭德兼侍讀、左庶子。正統初，卒於官。著有《東墅集》。〔註25〕

7. 陳 全（1359～1424）

陳全，字果之，自號蒙菴，福建福州府長樂縣人。生於元至正十九年（1359）七月，卒於明成祖永樂二十二年（1424）十二月，享年六十六。全自幼以穎悟聰慧見稱，永樂四年（1406）中進士第二，授翰林編脩，預修《永樂大典》，書成，被召赴行在修《性理》及《四書》、《五經大全》諸書，受厚賜。陞侍講，後署翰林院事，多次主持鄉試及會試，克精衡鑑。其爲人謙和篤實，居官愼密公勤，老成持重頗爲當朝學士大夫所稱道。平生所著詩文有《蒙菴集》八卷藏於家。〔註26〕

8. 林 誌（1378～1426）

林誌，字尙默，自號見一居士，又號所居爲蔀齋，福建福州府閩縣人。治《易經》。初生時，其父夢見也梁僧寶誌進入室內，遂取以爲名。誌自幼天資敏慧，四、五歲時，母親嘗口授經書，過耳即能記誦。十歲時能日記數千言。從王偁學，王偁見其極好論辯，鋒芒畢露，曰：「此非所以求益也。」因字之曰尙默。永樂九年（1411）鄉試、十年（1412）會試皆第一，殿試賜進士第二人，時年三十五。授翰林編脩承事郎，十一年（1413）成祖幸北京，十二年（1414），召赴行在預纂《五經》、《四書》、《性理大全》，十四年（1416），預編《歷代名臣奏議》，累官右諭德兼侍讀。宣德元年（1426），預修兩朝實錄，未成而卒。著有《蔀齋集》十五卷、《周易集說》三卷等。〔註27〕

〔註25〕參考：（1）《明史・周述傳》，卷152，頁4192～4193。（2）（明）林庭㭒等纂修：《江西通志》，卷29，頁40。（3）（明）焦竑編：《國朝獻徵錄》，卷19，頁3。（4）（明）余之禎修、王時槐纂：《吉安府志》，卷19，頁13～14。

〔註26〕參見：（1）（明）陳循撰：〈翰林侍講陳先生果之墓誌銘〉，《芳洲文集》（明萬曆二十一年建安陳以躍刊本），卷8，頁19～21。（2）（明）林燫等纂：《福州府志》（臺北：漢學研究資料中心據明萬曆二十四年刊本景照），卷23，頁41。（3）（明）劉則和等修：《長樂縣志》（明弘治十六年刊本），卷5，頁4。（4）（明）夏允彝等修：《長樂縣志》（明崇禎十四年刊本），卷7，頁50。（5）（明）何喬遠撰：《閩書》（明崇禎間刊配補鈔本），卷77，頁27。

〔註27〕參見（1）（明）楊士奇撰：〈故奉訓大夫右春坊右諭德兼翰林侍讀林君墓表〉，

9. 李　貞（1380～？）

　　李貞，字子固，福建漳州府南靖縣人。志行超群，文章振藻。永樂十三年（1415）舉進士，榜眼及第，時年三十六。授翰林院編脩，當時成祖命諸儒臣編輯《四書》、《五經》、《性理大全》，貞均參與其事，書成，受到獎賞。其後因不肯參與佛書修纂工作，貶高州府儒學教授，後卒於任上。〔註28〕

10. 陳景著

　　陳景著，名從，〔註29〕以字行，福建福州府閩縣人。治《春秋》。永樂十三年（1415）進士第三，與陳循、李貞同榜。授翰林院編修，預修《五經》、《四書》、《性理大全》諸書，書成，以母老無子侍養，上言願棄翰林之職，乞求能得近地教官職，以便朝夕奉養其母，成祖憐而嘉許之，遂改授福州府儒學教授。〔註30〕

11. 余學夔（1372～1444）

　　余學夔，字一夔〔註31〕，江西吉安府泰和縣人。生於洪武五年（1372）

　　　　《東里文集》，卷16，頁15～17。（2）（明）楊榮撰：〈故奉訓大夫右春坊右諭德兼翰林侍讀林君墓誌銘〉，《楊文敏集》卷21，頁8～11。（3）（明）黃仲昭等修：《八閩通志》（明弘治四年刊本後代修補本），卷62，頁26。（4）（明）林瀚等纂：《福州府志》（臺北：漢學研究資料中心據明萬曆二十四年刊本景照），卷23，頁13～14。（5）（明）何喬遠撰：《閩書》，卷73，頁25。（6）（清）孫爾準等重修、陳壽祺等纂：《福建通志》（臺北：華文書局，1968年10月，影印清同治七年刊本），卷213，頁3。

〔註28〕參見：（1）（明）周瑛等修：《大明漳州府志》（明正德八年漳州知府陳洪謨刊本），卷26，頁5。（2）（明）羅青霄等修：《漳州府志》（明萬曆元年刊本），卷26，頁9。（3）（明）何喬遠撰：《閩書》，卷120，頁20。（4）（明）袁業泗等纂：《漳州府志》（臺北：漢學研究資料中心據明崇禎元年刊本景照），卷23，頁1。

〔註29〕（明）張弘道、張凝道撰：《皇明三元考》（明刊本，卷2，頁17）、何喬遠《閩書》（卷73，頁17）、（清）李清馥《閩中理學淵源考》（卷41，頁2）均作：「陳景著，名湜，以字行。」

〔註30〕參見：（1）（明）陳循撰：〈送陳教授景著序〉，《芳洲文集》，卷4，頁20～21。（2）（明）黃仲昭《八閩通志》，卷62，頁26。（3）（明）林瀚等纂：《福州府志》，卷23，頁31。（4）（明）張弘道、張凝道同撰：《皇明三元考》，卷2，頁17～19。（5）（明）何喬遠《閩書》，卷73，頁17。（6）（清）李清馥撰：《閩中理學淵源考》（臺北：臺灣商務印書館，1986年3月，影印文淵閣四庫全書本》，卷41，頁2。

〔註31〕余學夔之姓名，王直〈侍講余公墓誌銘〉作：「公諱夔，字一夔。」（《抑庵文集》，卷33，頁27～29）。

十一月，卒於英宗正統九年（1444）十一月，享年七十三。幼年時即勤奮好學，終日手不釋卷，讀書以窮理爲要，聖經賢傳，諸史百家，莫不研究。永樂二年（1404），以《書經》考中進士，成績優異，因而與曾棨、周述、陳敬宗等二十八人被選爲翰林庶吉士，進文淵閣讀中秘書。及修《永樂大典》，徵召天下名儒集於館閣，學夔被任命爲副總裁。書成，陞翰林檢討。嗣後又命纂修《五經》、《四書》、《性理大全》，書成，陞翰林侍講，兼經筵講官修國史。宣宗年間，又預修《太祖》、《太宗》兩朝實錄，書成，當遷，學夔上疏請求辭官歸隱。〔註32〕

12. 劉永清

劉永清，字汝弼，湖廣荊州府石首縣人。永樂七年（1409）進士，被選爲庶吉士，授編修，後以學行兼優總文淵閣，參加纂修《五經、四書、性理大全書》，書成後，改授翰林院檢討，爾後又參與修兩朝實錄，陞侍講。英宗正統丙寅改元之初，陞廣東右布政使，以迄年老退休家居。〔註33〕（丙寅是明英宗正統十一年〔1446〕，正統元年爲1436，此指何年？）

13. 黃壽生

黃壽生，字行中，福建興化府莆田縣人。係黃滔十五世孫，事親至孝。建文初，與兄同舉鄉薦，因爲雙親年老待養，於是求歸侍養雙親於水南。當時諸賢士大夫被他孝友雙全所感動，紛紛前往和他交游學習。等到雙親壽終，永樂六年（1408），壽生入太學，再試京闈第一，九年（1411）登進士第，被選爲翰林庶吉士，預修《五經》、《四書》、《性理大全》諸書，書成後，授檢討，在九年任期將滿時，又被任命主持禮闈考試，不幸得病逝世。

〔註32〕 參見：（1）（明）王直撰：〈侍講余公墓誌銘〉，《抑庵文後集》（臺北：臺灣商務印書館，1986年3月，影印文淵閣四庫全書本），卷33，頁27～29。（2）（明）過庭訓撰：《本朝分省人物考》，卷64，頁24。（3）（明）李賢等修：《大明一統志》（臺北：臺灣商務印書館，1986年3月，影印文淵閣四庫全書本），卷56，頁40～41。（4）（明）余之禎修、王時槐纂：《吉安府志》，卷19，頁17。（5）（清）李興元修、歐陽主生纂：《吉安府志》，卷19，頁17。（6）（清）定祥等修、劉繹等纂：《吉安府志》，卷32，頁41。

〔註33〕 參見：（1）（明）王直撰：〈贈劉侍講詩序〉，《抑菴文後集》，卷15，頁23～25。（2）（清）邁柱等修、夏力恕等纂：《湖廣通志》（臺北：臺灣商務印書館，1986年3月，影印文淵閣四庫全書本），卷49，頁33。（3）（清）張坦等重修、成師呂等纂：《石首縣志》（清乾隆元年刊本），卷2，頁36；卷4，頁1。（4）（清）王維屏修、徐祐彥纂：《石首縣志》（清乾隆六十年刊本），卷7，頁5。

壽生為人不僅事親至孝，而且敦品勤學，博覽群籍，受人敬重。《弘治八閩通志》說：「壽生自幼莊重，篤孝友，勤學問，經史百家，多所通貫，尤邃《詩經》，一時從遊之士，多取高第，為時聞人，而莆之業是經者，壽生實其初祖也。學者因其所居稱為東里先生。」（卷七十一，〈人物志・儒林傳〉，頁二十八）著有《東里文集》十卷。）〔註34〕

14. 陳　用

陳用，字時顯，福建興化府莆田縣人。永樂元年（1403），鄉試第一，九年（1411）進士中第，選授翰林庶吉士。當時正逢成祖開東館徵召天下名儒纂修《五經》、《四書》、《性理大全》諸書，陳用亦在徵選之列。書編纂完成後，陞遷為翰林院檢討。父喪期滿，留守南京。宣德年間，陞修撰。英宗正統時，晉陞翰林院侍講，掌理院事二十餘年。後因母喪歸家，遂病卒於家。〔註35〕著有《陳用文集》四卷。〔註36〕用為人質實醇厚，言行舉止莊重不妄動，死後無子嗣，同鄉後輩將其供祭於鄉社。門生江浦張瑄任巡撫時，曾刻詩摹石：「四十餘年翰墨場，皇明人物漢文章。惜無子姓承宗祀，徒有門生酹酒漿。」

〔註37〕

15. 陳　璲（1384～1465）

陳璲，字廷嘉，號逸庵，浙江臺州臨海縣人。治《毛詩》。永樂六年戊子（1408）浙江鄉試、七年（1409）會試皆第一，當時成祖北征，所有士子橋門等待廷試，與蕭時中等人吟詩唱和，有〈橋門聽雨詩〉。永樂九年（1411）辛卯登進士第。授翰林庶吉士。不久，坐郎中盧信事繫獄，事白後授檢討。預修《五經》、《四書》、《性理大全》等書，參考漢唐先儒之說而折衷之，而

〔註34〕 參見：(1)（明）黃仲昭撰：《八閩通志》，卷71，頁28。(2)（明）過庭訓撰：《本朝分省人物考》，卷74，頁5。(3)（明）何喬遠撰：《閩書》，卷110頁22。(4)（明）康大和等纂：《興化府志》（臺北：漢學研究資料中心據明萬曆三年刊本景照），卷15，頁27。(5)（清）李清馥《閩中理學淵源考》，卷50，頁1～2。(6)（清）宮兆麟修、廖必琦纂：《莆田縣志》（臺北：成文出版社，1968年12月，影印民國15年刊本），卷21，頁8。

〔註35〕 參見：(1)（明）黃仲昭撰：《八閩通志》，卷71，頁28。(2)（明）何喬遠撰：《閩書》，卷110，頁29。(3)（明）康大和等纂：《興化府志》，卷15，頁27～28。(4)（明）過庭訓撰：《本朝分省人物考》，卷74，頁3～4。(5)（清）李清馥《閩中理學淵源考》，卷49，頁6～7。

〔註36〕 見《同治莆田縣志》，卷33，藝文志，頁10。

〔註37〕 見（明）何喬遠撰：《閩書》，卷110，頁29。

一以濂洛諸儒學說爲準，書成，因疾乞歸就醫，杜門十五年，足跡不入公府。正統年間，禮部復聘同考會試，事後，陞廣西按察僉事，敕提督學政。滿三載，即乞求致政退休。憲宗成化元年（1465）正月卒於家，年八十二。著有《逸庵文集》三卷、《學庸圖解》、《橋門聽雨詩》一卷。〔註38〕

16. 王 璡（1355～1426）

　　王璡，字汝嘉，江蘇蘇州府長洲縣人。贊善王璲之弟，少時嘗坐累謫戍五開，後來舉明經，授爲武昌府學訓導，九年後，擢陞大庾縣學教諭。永樂初年（1403），召修《永樂大典》，充副總裁。又召修《四書》、《五經》、《性理大全》，書成，皆受到重賜，遂留陞爲翰林五經博士，授迪功郎，秩滿晉陞侍講，授承直郎。曾主持禮部會試三次，應天府、廣西、廣東鄉試各一次，皆稱公允。洪熙初，建弘文館，命翰林學士楊溥、陳繼及璡等日值其中，甚受禮遇。於宣德元年（1426）三月卒，年七十二。

　　汝嘉爲人敦厚樸實，學問該博，尤熟《詩》、《書》二經，爲文和平寬厚。文章雖不及其兄汝玉，而理致則超過，品行篤厚，深受楊士奇所敬重。〔註39〕

17. 黃約仲

　　黃約仲，名守，以字行，福建興化府莆田縣人。少負才名，其詩語意清婉，得唐人門徑，而且精通書法，曾以楷書被選爲汀州府學教授。焦竑《國朝獻徵錄》之〈翰林院檢討黃約仲傳〉曰：「永樂初，開館徵天下名儒應詔入京，文皇帝試〈上林曉鶯天馬歌〉擢第一，官翰林典籍，預修《永樂大典》、《四書》、《五經》及《性理大全》諸書，書成，進本院檢討。學士曾棨、胡儼更相引重，珥筆西清，扈蹕北伐，俱有著述，在翰苑二十餘年，疏乞終。」

〔註38〕　參見：（1）（明）王璡撰：〈江西按察司僉事陳先生璲墓表〉，《國朝獻徵錄》，卷86，頁107～107。（2）（明）胡宗憲修、薛應旂纂：《浙江通志》（明嘉靖四十年刊本），卷46，頁27。（3）（明）過庭訓撰：《本朝分省人物考》，卷54，頁29。（4）喻長霖等續纂：《臺州府志》（臺北：成文出版社，1970年3月，影印民國25年上海游民勤習所鉛印本），卷101，頁8～9。（5）張寅等修、何奏簧纂：《臨海縣志》（臺北：成文出版社，1975年不著月份，影印民國24年鉛印本），卷19，頁35～36。

〔註39〕　參考：（1）（明）楊士奇撰：〈故翰林侍講承直郎王君墓誌銘〉，《東里文集》，卷18，頁18～20。（2）焦竑《國朝獻徵錄》，卷20，頁73～74。（3）過庭訓《本朝分省人物考》，卷18，頁25～26。（4）（明）王鏊等修：《姑蘇志》（明正德元年刊本），卷52，頁13。（5）（明）張永撰：《吳中人物志》（明隆慶間長洲張鳳翼等校刊本），卷7，頁31。（6）（清）沈世奕纂：《蘇州府志》（臺北：漢學研究資料中心據清康熙二十二年序刊本景照），卷70，頁12～13。

（卷22，頁11）著有《靜齋詩集》四卷行世。〔註40〕

18. 涂 順

涂順，字維貞，江西建昌縣人。涂欽之子。永樂進士，曾通籍讀中秘書籍，與修《五經》、《四書》、《性理大全》。授崇德縣令。順為人好學有文，溫恭謙讓，在縣令任內時，勤政愛民，盡忠職守，縣田有遭海水淹沒者，賦稅皆要由里甲代繳，不勝其苦，順為其具奏蠲除。歷九載後遷陞禮部祠祭司主事。〔註41〕

19. 王 羽

王羽，字儀之，浙江杭州府仁和縣人。年十九歲，舉鄉試第一。洪武二十四年（1391）登進士第，為人端莊穩重，為文根極理要，不事支蔓。預修《五經》、《四書》、《性理大全》。歷官禮部儀制郎中，陞太常少卿。後來以年老上疏乞歸，改餘杭縣學教諭，卒於官。〔註42〕

20. 童 謨

童謨，字尚弘，號履謙，浙江上奧人，一作錢塘人。〔註43〕洪武二十年（1387）領鄉薦授六安縣學正，入朝陳便宜七事，議論精闢，滿朝文武官員莫不驚服，因而被拔擢為番禺縣令，番禺縣平素繁劇，號稱難治，謨以廉謹自持，政平賦均，民安訟息，當時長樂縣令習韶寄詩贈之，有「共誇仙掌露，不羨玉壺冰」之句，人皆以為確論。後轉職方郎中。預修《性理大全》，書竣事，除山東布政使。妖婦唐賽兒之亂，謨預奏請兵，不獲回報，過不久變亂起，下詔逮捕主管官吏，謨竟不自白。等到聽聞皇太子將率兵北伐，莫有勸

〔註40〕 參考：（1）（明）焦竑編：《國朝獻徵錄》，卷22，頁11。（2）（明）何喬遠撰：《閩書》，卷110，頁28。（3）（明）康大和《興化府志》，卷18，頁13～14。（4）（清）李清馥《閩中理學淵源考》，卷49，頁5～6。

〔註41〕 參考（1）（明）趙文華撰：《嘉興府圖記》（明嘉靖二十八年刊本），卷11，頁5。（2）（清）劉昌嶽修、鄧家祺纂：《新城縣志》，卷10，頁5。

〔註42〕 參考：（1）（明）過庭訓《本朝分省人物考》，卷42，頁1。（2）（明）陳善等修：《杭州府志》（明萬曆七年刊本），卷85，頁1。（3）（明）沈朝宣纂：《仁和縣志》（臺北：成文出版社，1975年不著月份，影印清光緒十九年武林丁氏重刊本），卷9，頁5。（4）（清）趙世安纂修：《仁和縣志》（清康熙二十六年刊本），卷18，頁7。

〔註43〕 按：（清）郝玉麟等修、魯曾煜等纂：《廣東通志》（臺北：臺灣商務印書館，1986年3月，影印文淵閣四庫全書本，卷40，頁62）及（清）龔嘉儁等修、吳慶坻重纂：《杭州府志》（臺北：成文出版社，1974年12月，影印民國11年鉛印本，卷133，頁3）皆作：「錢塘人」。

諫者，謨在獄中齧血草疏上奏。成祖歎曰：「此忠臣也。」遂將其釋放出獄，並改調廣西布政使，後卒於官。〔註44〕

21. 吳　福

吳福，字好德，浙江寧波府鄞縣人。治《易經》，登建文二年（1400）進士，授禮科給事中，奉命出使琉球，途中遇颶風，在海中漂泊四十餘日，船上一百餘人盡皆驚嚇得魂飛魄散，不知所措，唯有吳福神色不變，鎮靜的安慰船夫掌穩檣舵。回國後，親王爲酬謝其臨危不亂，拯救全船人性命之功勞，贈送黃金良馬給他，均遭到回絕。與修《永樂大典》。尋拜敕書撫安四川軍民，悉心安撫，蠻夷皆慕義臣服。陞江西按察僉事，平反冤獄二十餘案，救活男女三百餘口。入爲禮部員外郎，與修《五經》、《四書》、《性理大全》，書成，陞陝西布政司右參政，歷九年陞福建右布政使，告老歸隱後，喜愛吳中山水之秀麗，遂移居江蘇，卒葬烏龍山。〔註45〕

22. 吳嘉靜

吳嘉靜，江西臨江府新淦縣人。〔註46〕精通《詩》、《書》二經，洪武末年被推薦爲訓導。以後因年資積功，累官至刑部員外郎。永樂中，預修《五經》、《四書》、《性理大全》等書。〔註47〕

23. 黃　裳

黃裳，字迪吉，廣東番禺人。少從李韡游，明經學，善文詞。洪武二十六年（1393）鄉貢進士，卒業於大學，授福建政和知縣。永樂中，值歲荒，裳勸富民發糧粟賑濟饑民，百姓賴以活命者甚眾。後以母憂去職，服滿，部

〔註44〕 參考：(1)（明）袁應祺纂：《黃巖縣志》（臺北：新文豐出版公司，不著年月，據天一閣藏明萬曆刊本影印），卷5，頁60～61。(2)（清）陳鍾英等修、王詠霓等纂：《黃巖縣志》（臺北：中國地方文獻學會影印清光緒三年刊本，1975年不著月份），卷18，頁9。(3) 喻長霖等續纂：《臺州府志》，卷107，頁8。

〔註45〕 參考：(1)（明）焦竑編：《國朝獻徵錄》，卷90，頁1。(2)（明）楊寔撰：《寧化郡誌》（明成化四年刊本），卷8，頁52～53。(3)（明）王鏊等修：《姑蘇志》，卷57，頁21。(4)（明）周希哲、張時徹纂：《寧波府志》（嘉靖三十九年刊本），卷27，頁39。(5)（明）牛若麟等修：《吳縣志》（明崇禎十五年刊本），卷51，頁23～24。

〔註46〕 （明）管大勳修、劉松纂：《臨江府志》（臺北：新文豐出版公司，據天一閣藏隆慶刊本影印，不著出版年月，卷12，頁31）題作：「峽江人」。

〔註47〕 參考：(1)（明）林庭㭿等纂修：《江西通志》，卷23，頁104。(2)（明）徐顥等纂修：《臨江府志》（明嘉靖十五年刊本），卷8，頁1。(3) 管大勳修、劉松纂：《臨江府志》，卷12，頁31。

使者以文學政事推薦，獲薦陞禮部主事，歷刑部郎中，卒於官。有《黃郎中集》十卷。〔註48〕

24. 段 民（1376～1434）

段民，字時舉，直隸常州府武進縣人。自幼溫重穎敏，好古力學。以《詩經》登永樂二年（1404）進士，被選入翰林為庶吉士，當時太宗皇帝命禮部翰林院準天經之數，選曾棨、章敞等二十八人就文淵閣讀中秘書，使盡其業，期望將來於國家有大用，民亦在選之列。與修《永樂大典》。後除刑部山東清吏司主事，授承直郎，涖官廉潔謹慎，為臣民所信任。踰年，扈從赴北京，召修《四書》、《五經》及《性理大全》，書成，被重賜，復還刑部陞郎中，益精獄議，為尚書以下等所器重，凡重大刑獄及部奏章必要悉經段民審閱過，才上呈刑部。以後累遷山東布政司參政。宣德初，陞南京戶部右侍郎，轉刑部右侍郎。於宣德九年（1434）二月得疾卒，得年五十九。〔註49〕

25. 洪 順

洪順，字遵道，福建福州府懷安縣人。永樂三年（1405）登進士，被選為翰林庶吉士，時初選翰林庶吉士二十八人以比二十八宿，順參與其中。晉見皇帝時，成祖勉勵他立志進學。授刑部主事，持法公正不阿。因小過失，左遷行人，尋命與修《五經》、《四書》、《性理大全》諸書。陞山東按察司僉事，時山東遭唐賽兒之亂，至則理亂除弊，撫循民生凋弊，發生旱蝗災，順馬上發倉儲數萬賑災，不及等待上報。尋擢陞按察使，命令頒下，適值順生病卒。〔註50〕

〔註48〕 參考：（1）（明）黃佐撰：〈刑部郎中黃裳傳〉，《國朝獻徵錄》，卷47，頁34。（2）（明）過庭訓撰：《本朝分省人物考》，卷110，頁18～19。（3）（明）郭棐等纂：《廣東通志》（臺北：漢學研究資料中心據明萬曆三十年刊本景照），卷24，頁18～19。（4）（明）范嵩、汪佃等纂：《建寧府志》（臺北：新文豐出版公司，不著出版年月，影印天一閣藏明嘉靖刊本），卷6，頁20。

〔註49〕 參考：（1）（清）張廷玉等撰：《明史·段民傳》，卷158，頁4314。（2）（明）楊士奇撰：〈故嘉議大夫刑部右侍郎段君墓誌銘〉，《東里文集·續集》，卷37，頁9～12。（3）（明）王直撰：〈刑部右侍郎段公神道碑〉，《抑菴文後集》，卷24，頁13～17。（4）（明）雷禮輯：《國朝列卿記》，卷60，頁7～9。（5）（明）過庭訓撰：《本朝分省人物考》，卷27，頁15～16。（6）（明）聞人詮修、陳沂纂：《南畿志》（明嘉靖間刊本），卷22，頁25。（7）（明）唐鶴徵撰：《武進縣志》（明萬曆三十三年刊本），卷6，頁56～57。

〔註50〕 參考：（1）（明）李賢等修：《大明一統志》（臺北：臺灣商務印書館，1986年3月，影印文淵閣四庫全書本），卷74，頁29。（2）（明）黃仲昭等修：《八

26. 沈　升（1376～1446）

沈升，字志行，浙江杭州府海寧縣人。永樂二年（1404）登進士第，被選入翰林為庶吉士，當時明太宗初即位，有意另外培養一批才智之士，遂命解縉在進士中挑選有學識者入翰林，最後得曾棨、章敞、吾紳等二十八人俱入文淵閣讀書，沈升亦在其中。永樂十年（1412），成祖以刑部刑罰不清，召沈升、章敞、段民、吾紳等十二人，皆授刑部主事。十二年（1414）冬，命其參與修《五經》、《四書》、《性理大全》諸書，書成後受到厚賜。最後累遷至太僕寺少卿，於明英宗正統十一年（1446）二月病逝，享年七十一。

升為人喜好獎勵提拔優秀人才，舉凡同年中有文武才能堪為時用者，均極力上疏推薦，而所薦人才後來都不負所望，時人多佩服其鑒識能力之精。
〔註51〕

27. 章　敞（1376～1437）

章敞，字尚文，號質庵，浙江紹興府會稽縣人。治《詩經》。永樂二年（1404）登進士，選入翰林為庶吉士，偕同狀元曾棨等二十八人續學文淵閣，與修《永樂大典》。永樂十年（1412）冬，擢刑部江西清吏司主事，授承直郎，專心獄事，必求能情理相協。復召至北京，入翰林，同諸儒纂輯《五經》、《四書》、《性理大全》，書成，重膺賜賚。授刑部郎中，屢辯冤獄，人服其公正廉明。後累官至禮部左侍郎。生於洪武九年（1376）十一月，卒於正統二年（1437）十二月，得年六十二。所著有《質庵稿》一卷。〔註52〕

閩通志》，卷62，頁10～11。（3）（清）李清馥撰：《閩中理學淵源考》，卷41，頁3～4。（4）（明）林濂等纂：《福州府志》，卷23，頁1～2。（5）（清）徐景熹修、魯曾煜纂：《福州府志》（臺北：成文出版社，1967年12月，影印清乾隆十九年刊本），卷50，頁23～24。

〔註51〕　參考：（1）（明）李時勉撰：〈大僕寺少卿沈公墓誌銘〉，《古廉文集》（臺北：臺灣商務印書館，1986年3月年，影印文淵閣四庫全書本），卷10，頁17～19。（2）（明）胡宗憲修、薛應旂纂：《浙江通志》，卷46，頁22。（3）（明）陳善等修：《杭州府志》，卷86，頁3。（4）（明）蔡完等修：《海寧縣志》（明嘉靖三十六年刊本），卷8，頁2。

〔註52〕　（1）（清）張廷玉等撰：《明史·章敞傳》，卷158，頁4315。（2）（明）楊士奇撰：〈禮部左侍郎章公墓誌銘〉，《東里文集·續集》，卷28，頁3～8。（3）（明）楊榮撰：〈故嘉議大夫禮部左侍郎章君墓銘〉，《楊文敏集》（臺北：臺灣商務印書館，1986年3月，影印文淵閣四庫全書本），卷24，頁26～30。（4）（明）楊溥撰：〈章尚文傳〉，《明名臣琬琰錄》（臺北：臺灣商務印書館，1986年3月，影印文淵閣四庫全書本），卷22，頁13～15。（5）（明）陳循撰：《芳洲文集》，卷7，頁52～54。（6）（明）胡宗憲修、薛應旂纂：《浙江通志》，

28. 楊 勉

楊勉，字子學，應天府江寧縣人。為人風姿俊偉，有應變才能。永樂二年
（1404）登進士，改授庶吉士，與狀元曾棨等二十八人同讀書於文淵閣，當時
勉年最少，學問日進，博洽能文，所作詩文取法漢唐，各種頌贊歌詞，雍容典
雅，不輸古人。授刑部主事。成祖命學士胡廣等編集《五經》、《四書大全》及
《性理大全》，胡廣推薦楊勉一同參與纂修，當時其部屬參與者僅十二人。十三
年（1415）書成，尋陞行在刑部郎中，十六年（1418）改司丞陞行在刑部右侍
郎。十八年（1420）命署山東左布政使事。仁宗即位，擢陞刑部右侍郎。其後
坐事貶山東右參政、廣東右參政，後卒於官。〔註53〕

29. 周 忱（1381～1453）

周忱，字恂如，號雙崖，江西吉安府吉水縣人。永樂二年（1404）登進
士第，當時成祖命解縉選庶吉士曾棨、楊相等二十八人以應二十八宿，入翰
林讀書，忱自陳年少願進學其間，上欣喜其有志者，命增為二十九人，當時
人稱之為挨宿。與修《永樂大典》。永樂十年（1412），擢刑部主事，預修《五
經》、《四書》、《性理大全》諸書，陞刑部員外郎。北京新建太倉，命忱督運
南北畿郡之賦。忱有經世之才，入仕宦後，卻浮沉郎署幾二十年，人無知者，
獨夏原吉奇之。宣德間，以東南財賦煩敝未理，廷薦陞工部右侍郎，巡撫南
直隸，總督稅糧，創平米法，置餘米、濟農倉，以督理糧儲，會計有方，致
國用充足，民懷其惠。忱在南圻凡二十二年，由右侍郎轉左侍郎，進戶部尚
書，改工部，後致仕。景泰四年（1453）十月卒，年七十三，諡文襄。〔註54〕

卷 46，頁 24。（7）（明）蕭良幹修、張元忭纂：《紹興府志》（明萬曆十四年
刊本），卷41，頁 13。（8）（明）張元忭撰：《會稽縣志》（明萬曆三年刊本），
卷 11，頁 14～15。

〔註53〕參考：（1）（明）雷禮輯：《國朝列卿記》，卷59，頁11。（2）（明）焦竑編：
《國朝獻徵錄》，卷99，頁23。（3）（明）聞人詮修、陳沂纂：《南畿志》，卷
6，頁19。（4）（清）陳開虞等纂：《江寧府志》（臺北：漢學研究資料中心據
清康熙七年序刊本景照），卷21，頁5。

〔註54〕（1）（清）張廷玉等撰：《明史·周忱傳》，卷153，頁4211～4217。（2）（明）
王直撰：〈周文襄公祠堂記〉，《抑菴文後集》（臺北：臺灣商務印書館，1986
年3月，影印文淵閣四庫全書本），卷5，頁33～37。（3）（明）彭韶撰：〈資
政大夫工部尚書諡文襄周公忱傳〉，《國朝獻徵錄》卷60，頁1～11。（4）（明）
雷禮輯：《國朝列卿記》，卷100，頁12～16。（5）（明）項篤壽撰：《今獻備
遺》（臺北：臺灣商務印書館，1986年3頁，影印文淵閣四庫全書本），卷17，
頁5～9。（6）（明）過庭訓撰：《本朝分省人物考》，卷64，頁28～32。（7）

著有《雙崖集》。〔註55〕

30. 吾　紳（1383～1441）

　　吾紳，字叔縉，浙江衢州府開化縣人。風度俊偉，文詞峻潔。登永樂二年（1404）進士，太宗皇帝命自進士四百七十人中，簡選優秀有文者二十八人入閣讀中秘書，而吾紳年最少，改翰林庶吉士。九年（1411），因同列有言理刑之事，爲太宗所聽聞，遂與楊相、段民、沈升等六人俱改授刑部主事。後預修《五經》、《四書》、《性理大全》等書。歷官郎中、禮部右侍郎、廣東參政，終禮部侍郎。正統六年（1441）卒於官，年五十九。仕宦二十餘年，清廉耿介，家無一椽寸土之增加，蕭然如寒士。〔註56〕

31. 陳道潛（1364～1433）

　　陳道潛，字孔昭，福建興化府莆田縣人。世居延興里東陽，故又有題爲東陽人。治《書經》，登建文二年（1400）胡廣榜進士第，時年三十八，授禮科給事中，參與修纂國史，與楊文敏（榮）同年同事。文敏時常稱贊其學行超卓，自以爲不及。永樂初，坐陳繼之事，被貶謫爲湖廣夷陵州判官。後復擢陞監察御史，巡按湖廣，還朝，預修《性理大全》諸書，當時纂修書諸儒，即使爲翰林春坊亦多不得參與，唯有道潛以行己恭愼，學問該博，故得以被選參與其事。後以疾乞歸。歷官三十餘年，清愼廉潔，故致仕歸隱時仍貧窮如初。生於元順帝至正二十四年（1364）五月，卒於明宣宗宣德八年（1433）八月，享壽七十。所著有《拙齋存稿》、《陳道潛文集》〔註57〕、《淇園編》四

　　　　（明）林庭棉等纂修：《江西通志》，卷 29，頁 41。(8)（明）余之禎修、王時槐纂：《吉安府志》，卷 21，頁 16～20。(9)（明）陳善等修：《杭州府志》，卷 62，頁 2。

〔註55〕周忱《雙崖集》，方志不著卷數，黃虞稷《千頃堂書目》（上海：上海古籍出版社，1990 年 5 月）作：「《雙崖集》六卷。」（卷 18，頁 481）而《明史‧藝文志》則作：「《雙崖集》八卷。」（卷 99，頁 2466。）

〔註56〕參考：(1)《明史‧吾紳傳》，卷 158，頁 4315。(2)（明）李時勉撰：〈故禮部右侍郎吾公神道碑〉，《古廉文集》（臺北：臺灣商務印書館，1986 年 3 月，影印文淵閣四庫全書本），卷 10，頁 1～4。(3)（明）胡宗憲修、薛應旂纂：《浙江通志》（明嘉靖四十年刊本），卷 46，頁 23～24。(4)（明）雷禮輯：《國朝列卿記》，卷 60，頁 9。(5)（清）吉祥等纂：《開化縣志》（臺北：漢學研究資料中心據清康熙二十二年修鈔本景照），卷 5，頁 30～31。

〔註57〕陳道潛之著作，《明史‧藝文志》及《千頃堂書目》均未著錄。唯明、清方志中皆提及嘗著有《拙齋存稿》一書，《同治莆田縣志‧藝文志》又著錄有《陳道潛文集》。

卷等。〔註 58〕

32. 王　選

《嘉靖臨江府志》說：「王選，新喻人。洪武初，舉明經、大理評事。永樂中，與修《五經》、《四書》、《性理大全》。」（卷 8，人物志，頁 1）〔註 59〕

33. 黃　福

黃福，字汝錫，福建建寧府浦城縣人。博通經史。建文二年（1400），領鄉薦授杭州府儒學訓導，對於府學生員，循循善誘，勤於教誨。永樂七年（1409）期滿遷陞太常寺博士。後來參與纂修《五經》、《四書》及《性理大全》諸書，書成後不久陞太常寺寺丞，後卒於任。〔註 60〕

34. 趙友同（1364～1418）

趙友同，字彥如，江蘇蘇州府長洲縣人。一作金華人，一作浦江人。〔註 61〕父良仁，工醫。友同承家學習黃帝書，亦精於醫術。爲人沉實溫雅有行誼，自少篤志向學，嘗從金華宋濂先生游，攻古文辭及舉子業。濂嘗屢次對人說：「吾得趙生，意乃暢。」洪武間，胡儼當華亭縣教諭時，薦舉友同爲訓導。永樂初年（1403），滿考當遷，會姚廣孝推薦其深於醫術，遂詔授太醫院御醫。當時適

〔註 58〕參考：（1）（明）陳道潛撰：《淇園編》（清康熙九年家刊本），附雜錄：〈拙齋先生墓誌銘〉，頁 1～4。（2）（明）何喬遠《閩書》，卷 110，頁 27。（3）（清）陳壽祺等纂：《福建通志》（臺北：華文書局，1968 年 10 月）。（4）（清）李清馥《閩中理學淵源考》，卷 49，頁 2～3。（5）（明）康大和纂：《興化府志》，卷 15，頁 25～26。（6）（清）廖必琦、宮兆麟纂修：《莆田縣志》，卷 21，頁 7。

〔註 59〕王選、傅舟、杜觀、顏敬守、彭子斐、留季安等六人在明、清方志中之記載履歷皆陳陳相襲，大同小異，故選錄其刊刻時代最早或記錄較完備之方志全文登錄。

〔註 60〕參考：（1）（明）黃仲昭等修《八閩通志》，卷 65，頁 16。（2）（明）過庭訓《本朝分省人物考》，卷 72，頁 23。（3）（明）夏玉麟修、汪佃等纂：《建寧府志》（臺北：新文豐出版公司，不著年月，影印天一閣藏明嘉靖刊本），卷 18，頁 33。（4）（明）陳善等修：《杭州府志》（明萬曆七年刊本），卷 63，頁 59。（5）（清）翁天祐修、翁朝泰纂：《續修浦城縣志》（臺北：成文出版社，1967 年 12 年，影印清光緒二十六年刊本），卷 18，頁 33。

〔註 61〕（明）張永《吳中人物志》作：「浦江人」，（明）聞人詮《南畿志》、李賢《大明一統志》、（清）馮桂芬等纂《蘇州府志》均作：「金華人」。楊士奇撰：〈御醫趙彥如墓誌銘〉：「彥如系出宋南陽侯仲礦，仲礦生士翮，爲武節大夫，處州兵馬鈐轄，因家處州。士翮生武義郎不玷，官浦江，子孫又徙家焉。曾祖崇僕，祖必俊，父良仁又徙蘇之長洲，故彥如今爲長洲人。」（《東里文集》，卷 18，頁 12）可知作金華、浦江，均係就其所嘗居而言。

逢浙西發生水災，又有言其知水事者，詔從夏原吉志浙西治水，灑水道，利漕渠。其後又有大臣屢次推薦其文學才能，等到纂修《永樂大典》，遂被擢爲副總裁。又與修《五經》、《四書》、《性理大全》書，書成，當遷翰林，以母喪而去職，不久遂於永樂十六年（1418）四月卒於家，享年五十有五。所著有《存齋集》一卷藏於家。〔註62〕

35. 王復原（？～1425）

王復原，字子復，江西吉安府泰和縣人。洪武二十九年（1396）江西鄉試第七名。四年後參加禮部會試選教官第一，被分派至廣東化州當學正，當時嶺南地區，文教不興，學者塾師都不願往教，復原任職後，盡心其職，九年之間，使化州及其附近縣學均能振起學風，浸染儒術，以成績最著，超陞爲北京國子監博士。永樂間，預修《五經》、《性理大全》諸書，書成後受到厚賜。及修《太宗文皇帝實錄》時，館閣本擬推薦子復，適逢子復得風疾，至仁宗洪熙元年（1425）九月卒於官。〔註63〕

36. 曾　振

曾振，浙江臺州人，洪武間擔任泉州府儒學教授，永樂年間，曾參與纂修《五經、四書、性理大全》諸書。〔註64〕

37. 廖思敬

廖思敬，湖南衡陽人。洪武中，以明經擔任衡州府儒學訓導，後轉任直隸常州府儒學教授，成祖下詔纂修《五經、四書、性理大全》時，思敬也被

〔註62〕（1）（明）楊士奇撰：〈御醫趙彥如墓誌銘〉，《東里文集》，卷10，頁10～12。
（2）張永輯：《吳中人物考》（臺北：臺灣學生書局，1969年12月，影印明隆慶間長洲張鳳翼等校刊本），卷7，頁31。（3）（明）聞人詮修、陳沂纂：《南畿志》，卷18，頁19。（4）（明）方岳貢等撰：《松江府志》（臺北：漢學研究資料中心據明崇禎四年刊本景照），卷42，頁13。（5）（清）沈士奕編：《蘇州府志》（臺北：漢學研究資料中心據清康熙二十二年序刊本景照），卷70，頁11～12。

〔註63〕參考：（1）（明）楊士奇撰：〈故國子博士王君墓表〉，《東里文集》，卷15，頁8～10。（2）焦竑《國朝獻徵錄》，卷73，頁58～59。（3）（清）彭貽蓀修、彭步瀛纂：《化州志》（臺北：成文出版社，1974年12月，影印民國31年刊本），卷7，頁46。

〔註64〕參考：（1）（明）陽思謙、黃鳳翔等撰：《泉州府志》（臺北：漢學研究資料中心據明萬曆四十年刊本景照），卷9，頁47。（2）（清）懷蔭布修、黃任等纂：《泉州府志》（臺南市文獻學會影印清同治九年重刊本，1964年），卷26，頁50。

徵召參與《大全》的編纂工作。〔註65〕

38. 傅　舟

《萬曆江西通志》說：「傅舟，字子楫，清江人。洪武末，以舉人授蘄州學正，師範嚴整，足為人法。永樂間，預修《四書、五經、性理大全》。」（卷23，臨江府，頁104）

39. 杜　觀

《隆慶臨江府志》說：「杜觀，字公儼，清江人。嘗痛其父早世，作〈思嚴堂〉以示不忘，廬陵曾棨、同郡金善俱有文記之。永樂元年（1403），以《春秋》領鄉薦任太平府儒學教授，與修《五經、四書、性理大全》。」（卷12，人物志，頁32）

40. 顏敬守

《光緒吉安府志》說：「顏敬守，字曾朴，吉水人。永樂間，以明經薦任永新縣訓導，預修《五經、四書、性理大全》諸書，成，遷善化縣教諭、荊州府教授。」（卷32，人物志・文苑，頁45）〔註66〕

41. 彭子斐

《光緒吉安府志》說：「彭子斐，吉水人。深於經學，弱冠與金幼孜師事清江聶鉉，閉門誦說，晝夜不輟。永樂間，以明經舉授常州府學訓導，與修《五經、四書、性理大全》諸書。」（卷32，人物志・文苑，頁46）

42. 留季安

《光緒處州府志》說：「留季安，青田人。由明經初任新甯伯校書，選入文淵閣纂修《四書、五經、性理大全》，書成，授鎮江府學訓導。」（卷21，人物志・文苑，頁18）

（二）、未題名修纂人

在筆者翻閱蒐集《五經大全》修纂人事跡資料之過程中，往往於明人文

〔註65〕 參考：（1）（明）朱昱撰：《重修毗陵志》（明成化二十年刊本），卷12，頁8。
　　（2）（明）林兆珂、伍讓等纂：《衢州府志》（臺北：漢學研究資料中心據明萬曆二十一年刊本景照），卷11，頁11。（3）（明）唐鶴徵纂修：《重修常州府志》（明萬曆四十六年刊本），卷9，頁65～66。（4）（清）李瀚章等修、曾國荃等纂：《湖南通志》（臺北：臺灣華文書局，1976年2月，影印清光緒十一年刊本），卷167，頁2。
〔註66〕（清）曾國荃修《光緒湖南通志》作：「安福人」。

集、傳記史籍及明、清方志中見到有參與修纂《五經大全》諸書工作者，卻未被題名於《五經大全》、《四書大全》、《性理大全》三書之卷首，而談遷《國榷》、朱彝尊《經義考》及《四庫全書總目》等書亦未有隻字片語論及，因不便附於四十二位修纂人之列，遂將其另立一類，稱爲未題名修纂人，茲分別考述如下：

1. 劉三吾（1313～？）

　　曾國荃等修《光緒湖南通志》：「劉三吾，名如孫，以字行，茶陵人。仕元爲廣西儒學副提舉。洪武十八年（1385），以茹瑺薦，召爲左贊善，遷翰林學士，年七十三矣。博學善屬文，奉敕撰《存心錄》、《省躬錄》、《禮制集要》、《寰宇通衢》諸書，皆稱帝意，賜賚甚厚。與汪濬、朱善稱三老，爲人慷慨，不設城府，自號坦坦翁，至臨大節，屹乎不可奪。三十年主考會試，榜發，泰和宋琮第一，北士無預者，諸生上言三吾南人，私其鄉，帝怒，三吾及琮皆遣戍。建文初召還。永樂中，奉詔修《春秋大全》，未幾卒。」（卷165，人物志·長沙府，頁1）〔註67〕

　　按：曾國荃等說「劉三吾奉詔修《春秋大全》」，其資料頗有可議之處，首先，劉三吾的生平資料，根據《明史》本傳及明、清各種方志的記載，知其曾爲明太祖編輯《孟子節文》等書，卻從未聽聞有他參與修纂《春秋大全》之事，不知曾國荃此處資料係根據何書而來？再者，文章中說他「未幾卒」，揆其語意，劉氏未及參與修纂工作，就因病而死，可說並未眞正參與《春秋大全》的修纂工作。因此，曾氏等的說法，應該是不足採信。

2. 王　暹

　　王暹，字希白，福建延平府將樂縣人。〔註68〕洪武二十九年（1396）（丙子科）舉人，以《禮記》奪魁，除廣西興安縣學訓導，歷靈川縣學教諭。永樂中，被薦入京，預修《五經大全》，書成，陞翰林院檢討，掌國子助教事，轉編修。兩京國子監官本不陞調，自王暹始有陞調之舉。暹學行修飭，自祭

〔註67〕曾國荃等在《光緒湖南通志·劉三吾傳》文後有考辨明人認爲三吾死於洪武說法之誤，曰：「案鄭曉、雷禮、王世貞並謂三吾於洪武三十年以罪誅死，蔣一葵又謂三吾以作大誥漏言賜死，今檢三吾集中有〈敕下御製大明一統賦〉，實建文時撰」，與史相合。又有〈得告致仕過長沙詩〉云：「八十還家能有幾，當時畫錦亦堪誇。」知曉其所載皆未確也。

〔註68〕（明）黃仕禎《萬曆將樂縣志》及（清）徐觀海《乾隆將樂縣志》均題作：「水南人」。

酒以下皆極推重。每遇國家大事，利弊之當興當革者，皆屢次上奏陳言，多見採納，爲人德性溫厚，操行端莊穩重。著有《聲律發蒙解註》。〔註69〕

3. 宋　琰（1392～1457）

宋琰，字廷珪，號拙菴，浙江寧波府奉化縣人。永樂十三年（1415）登進士第。選爲翰林庶吉士，預修《性理大全書》。尋侍皇太子監國南京。永樂十九年（1421），成祖又將其召還北京，預修《永樂大典》，書成，賜白金文綺，授中書舍人。洪熙元年（1425），入史館纂修太宗、仁宗兩朝實錄。正統初元（1436），入史館纂修《宣宗實錄》。後歷官吏部考功司主事、河南右參政、太僕寺卿、兵部右侍郎。生於洪武二十五年（1392）二月，卒於英宗天順元年（1457）七月，享年六十六。著有《拙菴學言集》十五卷，藏於家。〔註70〕

4. 陳敬宗（1377～1459）

陳敬宗，字光世，別號澹菴居士，又號澹然居士，晚號休樂老人，浙江寧波府慈谿縣人。登永樂二年（1404）進士，選入翰林爲庶吉士，與曾棨等二十八人進學文淵。預修《永樂大典》，敬宗等考正訛謬，書成，授刑部主事，明習法律，練達時政。永樂九年（1411），預重修《高皇帝實錄》。十二年（1414），預修《五經、四書、性理大全》，改翰林侍講。後預修《北京志》。宣德改元（1426），復修《成祖、仁宗二廟實錄》，陞南京國子司業。秩滿，陞祭酒，以師道自任。天順三年（1459）五月卒，年八十三。著有《澹然居士集》十八卷行於世。〔註71〕

〔註69〕 參考：(1)（明）鄭登雲修、章紹佐纂：《延平府志》（臺北：新文豐出版公司，不著出版年月，影印天一閣藏明嘉靖刊本），卷17，頁15。(2)（明）黃仕禎等纂修：《將樂縣志》（明萬曆十三年刊本），卷9，頁14。(3)（清）傅爾泰重修、陶元藻纂：《延平府志》（臺北：成文出版社，1967年12月，影印清同治十二年刊本），卷27，頁7。(4)（清）李永錫修、徐觀海纂：《將樂縣志》（清乾隆三十一年刊本），卷8，頁4～5。(5)（清）李清馥撰：《閩中理學淵源考》，卷84，頁1。

〔註70〕 參考：(1)（明）李賢撰：〈通議大夫兵部右侍郎宋公墓表〉，《古穰集》（臺北：臺灣商務印書館，1986年3月，影印文淵閣四庫全書本），卷15，頁6～9。(2)（明）雷禮輯：《國朝列卿記》，卷53，頁7～8。(3)（明）過庭訓撰：《本朝分省人物考》，卷47，頁10～11。(4)（明）楊寔撰：《寧波郡誌》（明成化四年刊本），卷8，頁58。(5)（清）曹秉仁修、曹經纂：《寧波府志》（臺北：成文出版社，不著出版年月，影印清乾隆六年重刊本），卷19，頁13。

〔註71〕 參考：(1)（清）張廷玉等撰：《明史‧陳敬宗傳》，卷163，頁4424～4425。

5. 許敬軒

《臺州府志》：「許敬軒，名廂，以字行（《正德縣志》），號南湖，天臺人。永樂十二年（1414）鄉貢，游國學，以才華敏贍選入翰林，與修《大全》諸書，擢禮部司務，陞儀制司員外（《康熙志》）。宣德五年（1430），擇廷臣二十五人爲郡守，奉敕以行，敬軒得汀州（《明史・循吏・李驥傳》）。至則興學校，勸農桑，開常平，均徭役，以賢良方正薦程原慶、朱振等於朝（《康熙志》引《汀州府志》）。糾參政陳羽貪暴，宣帝爲逮治羽，卒於官。行李蕭然（《汀州志》），士民爭購之。」（卷 107，人物傳八，頁 12）

6. 吳餘慶

吳餘慶，字彥積，號斯白，江西宜黃棠陰人。〔註72〕資性清雅，能詩文，尤善篆、隸、眞、行、草書各體書法。永樂六年（1408），以秀才薦赴入京，被選入閣院，修《勸善書》及《性理大全》諸書，既竣事，除中書舍人，授徵仕郎。陞右春坊右中允，歷通政使司右參議，轉右通政，屢兼知制誥，授中憲大夫，皆直秘閣。仕宦四十餘年，忠勤清節，不屈權奸。時王振當權，某次會飲，王擬許餘慶爲侍郎，餘慶默坐不顧，人問其緣故，吳曰：「樂爲朝廷參議，不作王家侍郎。」不久，王振果敗，公卿大臣咸稱贊其智謀節操之高超。著有《斯白集》、《流芳集》等。〔註73〕

7. 陳　濟（1364～1424）

陳濟，字伯載，常州府武進縣人。少時與弟洽、潘從鄉先生謝應芳游，皆有道望，人稱河東三鳳。濟博學強記，讀書過目成誦，六經子史，無不究竟，

（2）（明）黃佐撰：〈朝議大夫南京國子監祭酒贈禮部右侍郎諡文定陳公敬宗傳〉，《國朝獻徵錄》，卷 74，頁 1～3。（3）（明）過庭訓纂：《本朝分省人物考》，卷 47，頁 8～9。（4）（清）嵇曾筠等修、沈翼機等纂：《浙江通志》（臺北：華文書局，1967 年 8 月），卷 175，頁 27。（5）（明）周希哲修、張時徹纂：《寧波府志》（明嘉靖三十九年刊本），卷 26，頁 24～25。（6）（清）曹秉仁修、萬經纂：《寧波府志》，卷 19，頁 12。（7）（明）姚宗文等修：《慈谿縣志》（明天啓四年刊本），卷 7，頁 10。

〔註72〕（清）札隆阿修、程卓樑纂：《宜黃縣志》作「仙桂裳陰人」（卷 22，頁 24～25）。

〔註73〕參考：（1）（明）徐良傳等修、許大經等纂：《撫州府志》（明嘉靖三十三年刊本），卷 13，頁 54。（2）（清）許應鑅等修、謝煌等纂：《撫州府志》（臺北：成文出版社，1975 年不著月份，影印清光緒二年刊本），卷 50，頁 13。（3）（清）札隆阿修、程卓樑等纂：《宜黃縣志》（臺北：成文出版社，1970 年 3月，影印清道光五年刊，卷 22，頁 24～25。

時稱「兩腳書櫥」。永樂初，會修《永樂大典》，由大臣薦召至京，以布衣為都總裁，與少師姚廣孝等數，人詳定凡例，區別去取，莫不允愜，而執筆之士，有所疑難，輒就濟質問，隨口回答，辨析無滯，當時之人，無不服其學問該博。書成，擢右春坊右贊善。又命授五皇孫經書，永樂二十二年（1424）夏，猝然中風不能言語，後遂卒於寓所，年六十一。著有《詩傳通證》、《書傳補》、《書傳通證》、《元史舉要》、《通鑑綱目集覽正誤》、《思齋集》諸書。〔註74〕

　　按：金實〈儒林郎右春坊右贊善武進陳公濟行狀〉、《明史》本傳及明、清各種方志所記載的陳濟生平，未有言及濟曾參與《五經大全》諸書之修纂工作。唯有清代全祖望之〈與謝石林御史論古本大學帖子〉一文曾述及《大全》修纂情形，曰：「成祖修《大全》，而盡出於專門，則何故耶？當時之儒臣，皆憚諸說之繁，而不欲改元人之舊，故雖館閣之人如林，而實則委之毗陵徵士陳伯載，以一人任諸經之事，伯載於是為簡易之法，《易》、《書》以董氏，《詩》以劉氏，《春秋》以汪氏，《禮》以陳氏，《四書》以倪氏，稍為刪潤，而書成矣。」〔註75〕全氏之說究係有所依據而言，抑或想當然爾而言，不得而知，然由其未言來源根據，證諸方志又未有陳濟參與纂修之記載，則全氏之說恐怕並不可信。姑存疑而附之於末，以俟他日稽考。

　　另外，明成祖詔解縉等纂修《永樂大典》之際，由於該書卷帙相當龐大，因此曾徵召善楷書供謄寫之士二千餘人，以專供纂修編輯時擔任抄寫謄錄的工作。《五經大全》等三書卷數也相當多，纂修時照道理上來說也應該有供繕寫抄錄之士才對，但因《五經大全》在歷史上並不太受學者重視，資料已不甚多，而這類專門供抄寫的謄錄生在當時更是不為人所重視，因此明、清兩代史志典籍的記載相當罕見，筆者雖頗費心力搜尋，亦僅僅考得陳觀一人，茲根據方志的記載將其資料引錄於下，以供查閱。

　　楊寔《成化寧波郡誌》：「陳觀，字孟顯，鄞人。丰儀俊爽，胸次灑落，儼然神仙中人也。遺外榮利，惟讀書好古以見于世。是以繃中發外，渾渾噩

〔註74〕參考：（1）（清）張廷玉撰：《明史》（臺北：鼎文書局，1979年12月），卷152，頁4193。（2）（明）焦竑編：《國朝獻徵錄》，卷19，頁53～54。（3）（明）朱昱撰：《重修毗陵志》（明成化二十年刊本），卷20，頁41。（4）（明）閔人詮修、陳沂纂：《南畿志》（明嘉靖間刊本），卷22，頁24～25。（5）（明）唐鶴徵撰：《武進縣志》（明萬曆三十三年刊本），卷7，頁12～13。（6）（明）過庭訓撰：《本朝分省人物考》，卷27，頁18～19。

〔註75〕見（清）全祖望撰：《鮚埼亭集・外編》，卷41，頁1269。

靁，茫無際涯。嘗遊歷江湖，人識不識，皆以古君子目之。郡大夫累辟不起。永樂間，召寫《五經、四書、性理大全書》，書成，上敕銓次用之，乃懇懇乞歸，益高其志。名卿碩儒過其第，則與之賦詩講道。」（卷8，〈人物志‧隱逸〉，頁103）

三、結 語

《五經、四書、性理大全》在明成祖詔敕編纂之重要典籍中，論聲名之盛大，不若《永樂大典》之顯著；論卷帙之數目，亦不若《永樂大典》、《歷代名臣奏議》之龐大，論其存在之價值與批評，更是不如《永樂大典》給後人來得有價值而正面，然而論起其對明代近三百年科舉制度與學術風氣之影響，則遠非《永樂大典》所可比擬。對後世影響如此深遠之典籍，非但迭遭後人之批評與譏刺，即連在明代當時，亦並不受重視，從明代諸多史志如《明太宗實錄》、《明史》、《國榷》等書雖有提及三部《大全》，但都是約略帶過，並未詳細說明修纂經過，其受輕視之情形，可見一斑。更遑論及實際參與修纂工作之人數，究竟有多少。況且修纂人在學術上並無任何傑出成就，在歷史上更不會受到重視。本文試圖就纂修人數及其籍貫仕履，徵諸方志文獻資料，作一綜合論述，由上文所考述，吾人可以得到幾點結論：

其一、就修纂人數方面而言：前人陳陳相襲皆以為《五經、四書大全》係胡廣、楊榮、金幼孜等四十二人所修纂，未嘗有異說。然經過筆者之考察，實際上參與纂修工作者，並不僅止四十二人而已。就筆者所見即尚有王暹、宋琰、陳敬宗、許敬軒、吳餘慶等五人，在當時實際參與纂修工作而未被列名書首纂修諸臣名單中。或許當時真正參與纂修工作者，恐怕不僅僅止此數目，其中真實詳細人數，尚有待更廣徵史志資料去做進一步之研究探討。

其二、就未題名修纂人而言：就目前所考得的五位參與修纂《五經、四書、性理大全》三部書者，陳敬宗及許敬軒曾參與修纂《五經、四書、性理大全》，王暹預修《五經大全》，宋琰、吳餘慶二人參與纂修《性理大全》。諸人在書成後均不得被題名，雖無確切資料可以明白其緣由，但由宋琰參與不久即隨太子監國南京，未始終參與纂修工作，以致最後未得題名，揆以其例，陳、許、吳、王四人恐怕也以相同原因而不得列名。至於全祖望認為三部《大全》均係委託陳濟一人總其事，考諸明、清方志文獻資料，未見有陳濟參與《五經、四書大全》纂修之記載。因此，全氏說法的可信度，恐怕尚值得商榷。

其三、就修纂人之履歷而言：若從四十八位修纂人之職位履歷來看，大約可分爲四類：一類係當時之高官顯要。其次爲翰林院之修撰、編修或檢討。三爲政府各單位之人員。四爲各地方之儒學教授、學正、教諭與訓導。這四類纂修人員，遍及當時上至閣部大臣、方面大員或碩學鴻儒，下至九品之府學教授及不入流品之地方儒學教官，符合明成祖「舉朝臣及在外教官有文學者同修」之意。其中以翰林院及刑部人員最多，翰林院人員本係科舉登第優秀者簡選進入，多文學才識之士，參與修纂工作，頗適合其才學。而刑部主事參與纂修者，皆係永樂二年（1404）登第而被選入文淵閣讀書，以儲備將來受朝廷重用者，參與修纂《大全》，正好可以發揮其才學。

其四、就修纂人之籍貫而言：纂修《五經、四書大全》之四十二人，如就其籍貫加以分析，可知纂修者表面上雖徵自政府各個單位部門，實際上主要來自江西、福建、浙江、江蘇四省。其中江西十五人，福建十一人，浙江九人，江蘇四人。其餘湖南、湖北、廣東均各止一人。如加上筆者所考得六人，則江西佔十六人，福建、浙江各佔十二人，江蘇四人，究其實，可能係因三位總纂官胡廣（江西）、楊榮（福建）、金幼孜（江西）基於同鄉情誼推薦所致。再者，因江西在明初人才輩出，建文朝時蒙受重用，故江西人對惠帝相當忠心。成祖靖難時，江西人激烈反抗，成祖在殘酷屠殺之餘，爲安撫籠絡江西人之反抗情緒，乃重用迎附自己之江西人士。〔註76〕

〔註76〕參考朱鴻撰：《明成祖與永樂政治》（臺北：臺灣師範大學歷史研究所專刊，1988年2月），頁165～166。

第四章 《周易傳義大全》研究

第一節 《周易傳義大全》之名義及其撰述體例

一、《周易傳義大全》之名義

　　《周易傳義大全》是明成祖永樂十三年（1415）九月胡廣等奉詔修纂完成的三部《大全》之中的《五經大全》的第一部。該書的書名，自顧炎武、朱彝尊、《四庫全書總目》等全都以《周易大全》的書名來稱呼，後人基於諸家學術聲望地位之崇高，崇仰其人，紛紛沿襲其說法，習以爲常，致使《周易傳義大全》一書的本來稱呼，反而有逐漸被遺忘之趨勢。孔子說：「必也正名乎！」因此，要瞭解該書編修狀況，實有必要先從該書的正確名稱談起。

　　想要清楚明白《周易傳義大全》的書名本稱，就需要先瞭解它在編修取材時的狀況，根據永樂內府刊本《周易傳義大全》卷首所附的〈周易傳義大全凡例〉，其中談論到該書編輯情形：

> 程《傳》、《本義》既已並行，而諸家定本又各不同，故今定從程《傳》元本，而《本義》仍以類從。凡經文皆平行書之，《傳》、《義》則低一字書以別之，其〈繫辭〉以下程《傳》既闕，則依從《本義》所定章次，總釐爲二十四卷云。（第一條）

又說：

> 諸家之說，壹宗程《傳》、《本義》折衷，並取其辭論之精醇，理象之明當者，分注二氏之後以羽翼之，而其同異得失，先儒雙湖胡氏、

雲峰胡氏嘗論訂者，亦詳擇而附著焉。（第五條）

由〈凡例〉所言，可知《周易傳義大全》編者鑒於古《易》經傳的釐定，諸家並不相同，為免徒增紛擾，乃採取歷代相沿的傳本，而將程頤《易傳》、朱熹《易本義》以類相附於其下，其刊行時是「凡經文皆平行書之，《傳》、《義》則低一字以別之」。至於《大全》編者所纂輯古今諸家的經說疏文，則「分注二氏（按：指程《傳》、朱《本義》）之後以羽翼之」，以小字雙行夾注於其下面。據此可知《周易傳義大全》全書的編排，計包括「《周易》經傳」、「程子《易傳》、朱子《本義》」及「大全」三層文字，層次相當明白清楚，書名與全書內容恰能相符。因此，林慶彰師就說：「《周易大全》本名《周易傳義大全》，「傳」是指程頤的《易傳》；「義」是指朱子的《周易本義》；「大全」表示匯集各家之說法。」〔註1〕相當清楚指出《周易傳義大全》的正確名稱及其取義的緣由。世人習於以《周易大全》稱呼該書，不僅不正確，也無法涵蓋《周易傳義大全》真實的全部內容，更無法看出明成祖想要表彰程、朱理學的宗旨。因此，循名責實，該書仍應當還以《周易傳義大全》本名為是，而不應再盲目的沿襲前人《周易大全》或《易經大全》的錯誤稱呼才對。

二、《周易傳義大全》之撰述體例

要想瞭解《周易傳義大全》的全書內容，必先清楚其書的體例，而該書的體例究竟如何呢？《周易傳義大全》的編輯體例見於書前的編輯〈凡例〉，現根據明成祖永樂十三年內府刊本《周易傳義大全》為本，其卷首刊刻的〈凡例〉共有七條，記載全書編輯取材的原則及體例為何，為方便敘述討論，先將〈凡例〉所記具錄如下：

1. 《周易》上下經二篇，孔子〈十翼〉十篇，各自為卷。（原註云：《漢書‧藝文志》云：『《易經》十二篇。』顏師古曰：『上下經及十翼，故十二篇。』初無「傳」字。）漢費直初以彖、象釋經，附於其後（今乾卦起『大哉乾元』至『用九天德不可為首也』，加一『傳』字，附於卦後，坤以下倣此，係費直舊本。）；鄭玄、王弼宗之，又分附卦爻之下，增入乾、坤、〈文言〉，始加「彖曰」、「象曰」、「文言曰」以別於經，（原註云：今乾卦『文言曰』以後

〔註1〕 見林慶彰撰：〈《五經大全》之修纂及其相關問題探究〉，《明代經學研究論集》（臺北：文史哲出版社，1994年5月），頁47。

至坤以下諸卦，係鄭、王所定本。）而〈繫辭〉以後，自如其舊，歷代因之，是爲今《易》，程子所爲作《傳》者是也。自嵩山晁說之始考訂古經，釐爲八卷，（原註云：卦爻一，象二，象三，文言四，繫辭五，說卦六，序卦七，雜卦八，朱子謂未能盡合古文者，此也。）東萊呂祖謙乃定爲經二卷，傳十卷，是爲古《易》，朱子《本義》從之。（原註云：上經一，下經二，象上傳一，象下傳二，象上傳三，象下傳四，繫辭上傳五，繫辭下傳六，文言傳七，說卦傳八，序卦傳九，雜卦傳十，朱子所序古周易即此也。按藍田呂大防已嘗訂定，與呂本同，但自一至十二之序小異，呂蓋偶未及見之爾。）然程《傳》、《本義》既已並行，而諸家定本又各不同，（原註云：天臺董氏集程、朱說，據王弼本分爲高下字行以別四聖二賢之《易》，而不能盡行於〈繫辭〉諸篇，今所刊本已變其例，建安張氏又據董本獨刊《本義》。番陽董氏《傳義會通》既不盡從今《易》，又別爲經傳新例大略如費本，且移〈大象〉置於〈象傳〉之前，雲峰胡氏《本義通》既輒變古《易》，且於今《易》又不免離析先後。）故今定從程《傳》元本，而《本義》仍以類從。凡經文皆平行書之，《傳》、《義》則低一字書以別之，其〈繫辭〉以下程《傳》既闕，則依從《本義》所定章次，總釐爲二十四卷云

2. 程《傳》據王弼本，只有六十四卦，〈繫辭〉以後無傳，（原註云：王弼只註六十四卦，〈繫辭〉、〈說卦〉、〈序卦〉、〈雜卦〉，門人韓康伯註。）今法天臺董氏例，以東萊呂氏所集經說補之，（原註云：自上〈繫〉第一章至十章，皆係全文，十一章以後，今參用呂氏「精義」、二董「附錄」，撮其要語附之，以備一家之言。）仍只稱「程子曰」，分註書之，別於傳也。

3. 程《傳》、《本義》刊本，間有脫誤字句，今合諸本，讎校歸正，其傳有兩存同異者，則係東萊呂氏舊例云。

4. 二程《文集》、《遺書》、《外書》，與朱子《文集》、《語類》，有及於《易》者，今合天臺董氏、番陽董氏附錄二本，參互考訂，取其與《傳》、《義》相合而有發明者，各分注其次，（原註云：朱子嘗折衷程《傳》得失者則附《傳》下。）仍以「程子」、「朱子曰」

別之，其程子二〈序〉、〈上下篇義〉、〈朱子圖説〉、〈五贊〉、〈筮儀〉，并二家説經綱領，則參取二董「附錄」及《啓蒙》諸書，別爲義例，列於篇端，自爲一卷云。

5. 諸家之説，依宗程《傳》、《本義》折衷，並取其辭論之精醇，理象之明當者，分注二氏之後以羽翼之，而其同異得失，先儒雙湖胡氏、雲峰胡氏嘗論訂者，亦詳擇而附著焉。

6. 經中文字有當音者，今從天臺董氏例，參考呂氏《音訓》，直附其下，間有《傳》、《義》音讀異者，則明識別之。

7. 經文圈點句絶，《傳》、《義》間有不同處，今以《本義》爲正。

據此七條〈凡例〉，我們可得出幾點要點：第一，《周易》在流傳過程中，產生古《易》、今《易》之不同，宋儒不滿今《易》，企圖恢復古《易》之面貌，然晁説之、呂祖謙、呂大防諸家所訂定的古《易》，彼此互有歧異，並不一致，《周易傳義大全》編者爲宗主一家，遂採用程《傳》元本，而「破析《本義》以從程《傳》之序」。〔註2〕第二，〈繫辭〉以後，程《傳》無註，則依照朱子《本義》所定章次；第三，《傳》、《義》之下，則參考董楷《周易傳義附錄》、董眞卿《周易會通》二書「附錄」方式，纂輯二程、朱子文集等書有關《易》學論述文字，分註其下，而以「程子曰」、「朱子曰」作爲區別；第四，書中所徵引的諸家之説，選擇其能闡發羽翼程子《易傳》、朱子《本義》者，而且要符合「辭論之精醇，理象之明當者」的標準；第五，經文字句有需注明音讀者，則參考董眞卿引用呂祖謙《音訓》的體例，將讀音或反切直接注在字下面；第六，《周易》經文全部依照朱子《本義》之意見施加圈點句絶。

從〈凡例〉的説明，我們可以知道《周易傳義大全》在編纂時，確實曾參考過董楷的《周易傳義附錄》、董眞卿的《周易會通》、胡一桂的《易本義附錄纂註》、胡炳文的《周易本義通釋》等四書，而音讀則參考呂祖謙的《古易音訓》。也就因爲〈凡例〉明白説出其參考來源所自，致使清代朱彝尊有「《易》則取諸天臺、鄱陽二董氏，雙湖、雲峰二胡氏」〔註3〕的説法產生，實不足爲奇。

〔註2〕 清康熙《御纂周易折中》書前面的〈御纂周易折中凡例〉説：「明初程《傳》、朱《義》並用，而以世次先程後朱，故修《大全書》，破析《本義》以從程《傳》之序。」參見（清）李光地等纂：《御纂周易折中》（臺北：眞善美出版社，1971年6月，影印清同治六年馬新貽刊本），頁1。

〔註3〕 參見朱彝尊撰：《經義考》（京都：中文出版社，1978年8月），卷49，頁8，《周易傳義大全》條。

　　進一步翻閱《周易傳義大全》，以瞭解其全書的體例，書前有〈周易傳義大全總目〉，是《五經大全》五部書之中，唯一編有全書目錄的；〔註4〕其次是〈周易傳義大全凡例〉、「引用先儒姓氏」、〈周易程子傳序〉、朱子〈易序〉、〈上下篇義〉，〈周易朱子圖說〉、〈易五贊〉、〈筮儀〉、〈易說綱領〉；再次，全書分為二十四卷，卷一至卷二十一為六十四卦，卷二十二、二十三為〈繫辭傳〉，卷二十四包括〈說卦傳〉、〈序卦傳〉、〈雜卦傳〉三篇，經傳正文之下，取程子《易傳》、朱子《本義》之文分註其下，分別標以「傳」、「本義」，兩者之下則以小字雙行匯錄古今諸家《易》學的論述，而以「某氏曰」作為識別。

第二節　前人認定之《周易傳義大全》取材來源

　　想要纂輯集大成式的經解典籍，對其所依循經注的選取，大都會深受當時學術風氣之影響，如唐太宗貞觀年間，詔令孔穎達等修纂《五經正義》，其《易》取王弼、韓康伯注，《書》取孔安國傳，《詩》取毛《傳》、鄭《箋》，《禮記》取鄭玄注，《春秋》取《左傳》杜預注，皆明顯深受時代之因素影響。其中《周易正義》雖序中未明言據何經疏刪定，又因時隔久遠，無法察考，然「知其必據舊疏以刪定」，〔註5〕則實不容置疑。而胡廣等奉明成祖詔令纂修的《五經大全》，其作為明代士子科舉考試的標準範本，學子及士大夫遵循模仿，幾乎不敢有所依違逾越。然自明末清初顧炎武首先發難，舉起批駁《五經大全》的大旗以來，學者懾於其學術威望，大都緊緊跟隨顧氏的意見，以批評《五經大全》為要務，全然認定是胡廣等人鈔襲元人成書而成的，而非胡廣等親自下功夫纂修的，《周易傳義大全》是《五經大全》中的第一部，自然不可能有所倖免，同樣迭遭嚴厲批評。根據筆者個人知見所及，搜集到前人論述有關《周易傳義大全》取材來源，大約有七家，茲依照諸家時間先後引述其意見如下：

〔註4〕《五經大全》中的其他《書傳大全》、《詩傳大全》、《禮記集說大全》、《春秋集傳大全》四部《大全》，卷首開始均為〈凡例〉，皆未編有該書目錄。至於文淵閣本《四庫全書》抄錄《周易傳義大全》時，將書前〈總目〉刪除，又將朱子的〈易序〉移至〈凡例〉之前，已失去原書本來面貌。

〔註5〕參見張寶三撰：《五經正義研究》（臺北：國立臺灣大學中國文學研究所博士論文，1992年6月），頁48～52。

（一）清初學者王士禎（1634～1711）曾在其所著的《居易錄》一書中，談論到明代的李默（1499～1556）在他的《續孤樹裒談》書中言及胡廣等人所修纂的《周易傳義大全》，係鈔錄宋代董楷及元代董鼎、董眞卿三人之書而成，他說：

> 明永樂間，胡廣等奉詔撰《五經大全》，皆鈔錄前人成書，竄易其名，《易》則董楷、董鼎、董眞卿，《詩》則劉瑾，《書》則陳櫟，《春秋》則汪克寬，李太宰默《續孤樹裒談》曾言之。〔註6〕

李氏是筆者所見最早提出有關《五經大全》各經書編纂取材來源的人，他認爲《周易傳義大全》編纂時完全是鈔錄宋、元三董氏的書，董楷之書指的是《周易程朱先生傳義附錄》（又稱作《周易傳義附錄》），董眞卿的書指的是《周易會通》（初名作《周易經傳集程朱解附錄纂註》），至於董鼎則沒聽說他有關於《周易》方面的著作，不知李默何以如此說？李氏首先說到董楷、董眞卿二人，後世學者有關《周易傳義大全》取材來源的說法，大都依循其說法而有所增補而已。

（二）朱彝尊（1629～1709）編纂歷代經學典籍書目的總匯《經義考》時，也對《周易傳義大全》的鈔襲來源發表他的看法，他說：

> 按：永樂中詔修《五經、四書大全》，開館則給月饌，書成則賜鈔賜幣賜燕，又御製序文頒行，稱爲廣大悉備，不知胡廣諸人止就前儒之成編，一加鈔錄而去其名。如《詩》則取諸劉氏；《書》則取諸陳氏；《春秋》則取諸汪氏；《四書》則取諸倪氏；《禮》則於陳氏《集說》外，增益吳氏之《纂言》；《易》則天臺、鄱陽二董氏，雙湖、雲峰二胡氏。於諸書外，全未寓目，所謂《大全》，乃至不全之書也。夫既竊其廩賜，並未效纖毫搜采之勤，攘私書爲官書，以周其上，豈不顧博聞之士見而齒冷乎？即此可見胡廣心術之不純，而同事諸臣亦苟且游戲甚矣！〔註7〕

朱彝尊以爲諸經「止就前儒之成編，一加鈔錄而去其名」，《周易傳義大全》取材於二董氏、二胡氏四人的書。其中二董氏：天臺董氏是指董楷的《周易傳義附錄》，鄱陽董氏是指董眞卿的《周易會通》；而二胡氏：雙湖胡氏是指

〔註6〕 見（清）王士禎撰：《居易錄》，卷9，頁5下。
〔註7〕 見（清）朱彝尊撰：《經義考》（京都：中文出版社，1978年8月），卷49，頁8，《周易傳義大全》條。

雙湖先生胡一桂的《易本義附錄纂疏》，雲峰胡氏指的是雲峰先生胡炳文的《周易本義通釋》。朱氏並認爲《周易傳義大全》的編修，胡廣等人是「於諸書外，全未寓目」，語氣之肯定，宛如斬釘截鐵般的斷然，並因此而連帶懷疑諸位纂修者的「心術之不純」，可謂對《周易傳義大全》的編者及其書的厭惡，已經到了深惡痛絕的地步。

（三）陳廷敬（1639～1710）也跟朱彝尊有相同的看法，認爲《周易傳義大全》係編修者「倉卒錄舊書，略加刪飾以進」，他說：

> 《大全》之書，明永樂朝急就之書也。七年開館於祕閣，十三年帝問纂修如何？館中人聞之懼，倉卒錄舊書，略加刪飾以進。《四書》則倪氏《輯釋》，《易》則董楷《輯疏》，《書》則董鼎《輯錄》，《詩》則劉瑾《通釋》，《春秋》則汪克寬《纂疏》，《禮記》則陳澔《集說》，故《大全》者，甚不全之書也。〔註8〕

陳氏以爲《周易傳義大全》是「明永樂朝急就之書」，「倉促錄舊書，略加刪飾以進」的說法，實際上與前面李默、朱彝尊的看法並無任何不同。唯一相異者，僅在鈔襲人、書的看法有所出入。明代李默認爲《周易傳義大全》鈔襲三董氏之書，朱彝尊則去掉董楷，而另外增加元代胡一桂、胡炳文二胡之書，陳氏卻主張僅鈔襲宋代董楷一人之書，與李、朱二人看法不同。只是董楷的書名並不叫《輯疏》，而是稱爲《周易傳義附錄》，此點需要特別提出加以說明。

（四）方苞（1668～1749）也在〈擬定纂修三禮條例箚子〉一文中談論到明代纂修的《五經大全》，皆是鈔錄宋、元的經說倉促編修而成，他說：

> 竊惟明初《五經大全》，皆各主一人之說，且成於倉卒，不過取宋、元儒者一、二家纂輯之書，稍摭眾說以附之；數百年來，皆以爲未盡經義，不稱《大全》之名。〔註9〕

方氏並未明言「皆各主一人之說」，究竟爲何人？揆其意，雖主一人，大概亦不出朱彝尊的說法而稍作刪略罷了，因其未提出何人何書，可不予深論。

（五）清紀昀等在修纂《四庫全書總目》時，一本其以批評明人學術空疏的態度，援引朱彝尊《經義考》的說法，作爲他批評《周易傳義大全》的

〔註8〕　見（清）陳廷敬撰：《午亭文編》，卷32，頁16下，〈經學家法論〉。
〔註9〕　（清）方苞撰：《方苞集‧集外文》（上海：上海古籍出版社，1983年5月），卷2，頁564，〈擬定纂修三禮條例箚子〉。

依據，他說：

> 朱彝尊《經義考》謂廣等就前儒成編，雜爲鈔錄，而去其姓。《易》
> 則取諸天臺、鄱陽二董氏，雙湖、雲峰二胡氏。於諸書外，未寓目
> 者至多云云。天臺董氏者，董楷《周易傳義附錄》；鄱陽董氏者，董
> 眞卿之《周易會通》；雙湖胡氏者，胡一桂之《周易本義附錄纂疏》；
> 雲峰胡氏者，胡炳文之《周易本義通釋》。今勘驗舊文，一一符合，
> 彝尊所論，未可謂之苛求。然董楷、胡一桂、胡炳文篤守朱子，其
> 說頗謹嚴。董眞卿則以程、朱爲主，而博採諸家以翼之，其說頗爲
> 賅備。取材於四家之書，而刊除重複，勒爲一編，雖不免守匱抱殘，
> 要其宗旨，則尚可謂不失其正。且二百餘年以此取士，一代之令甲
> 在焉，錄存其書，見有明儒者之經學，其初之不敢放軼者由於此，
> 其後之不免固陋者亦由於此。〔註10〕

《四庫全書總目》將朱彝尊所說的「天臺、鄱陽二董氏，雙湖、雲峰二胡氏」
四人，詳細的一一標出其眞實姓名及書籍名稱，並且十分肯定的說「今勘驗
舊文，一一符合」，完全承認朱彝尊說法的正確性。唯不知《四庫全書總目》
所說的「勘驗舊文，一一符合」，究竟是將二董氏、二胡氏四人的書拿來逐一
核對呢？抑或僅僅只是隨手翻閱一下四人之書，即驟然自下論斷？其說法的
可信度，仍有待進一步加以驗證。

　　（六）全祖望（1705～1755）在〈與謝石林御史論古本大學帖子〉一文
中，則以爲《周易傳義大全》鈔竊董氏之書而成，他說：

> 太祖之頒經，許諸生皆得用注疏，至其於宋人之書，《周易》則兼用
> 程、朱二家，《尚書》則兼用蔡、鄒、夏三家，《春秋》則兼用胡、
> 張二家，未嘗墨守一說也。乃轉盻間，成祖修《大全》，而盡出於專
> 門，則何故耶？當時之儒臣，皆憚諸說之繁，而不欲改元人之舊，
> 故雖館閣之人如林，而實則委之昆陵徵士陳伯載，以一人任諸經之
> 事。（原註：伯載名濟，布衣。）伯載於是爲簡易之法，《易》、《書》
> 以董氏，《詩》以劉氏，《春秋》以汪氏，《禮》以陳氏，《四書》以
> 倪氏，稍爲刪潤，而書成矣。當時歲縻廩祿，月費俸錢，而其實竊
> 鈔舊本以成之，罔上行私，莫或糾舉，其遑問漢、唐以來之源流乎？

〔註10〕見《四庫全書總目》，卷5，經部，易類五，頁1下～2上，《周易大全》條提
　　　　要。

〔註11〕
依全氏之意，認為《五經、四書大全》所以會「鈔竊舊本以成之」，完全是因
胡廣等纂修大臣見到宋、元儒者經說的繁瑣眾多之故，基於懼怕畏難的心理，
遂將所有責任全委託給陳濟一人去編修。陳氏於是採取鈔襲元人一家之書的
投機取巧方法，《周易傳義大全》和《書傳大全》兩部經籍皆鈔錄董氏之書，
所說的「董氏」究竟是指董楷？抑或是指董鼎？按照全祖望文中「《易》、《書》
以董氏」之意來看，應當是同指董鼎才對。而根據《書傳大全》實際取材鈔
襲董鼎之書的情形來看，《周易傳義大全》也應當是指襲錄董鼎之書無誤，但
是據《宋元學案》的記載，董鼎的著作僅有《尚書輯錄纂註》六卷，根本未
見任何有關《易》學方面的著作傳世，〔註12〕不知全氏究竟根據何種資料而
作此論斷，實令人難以理解。

（七）林慶彰先生有鑒於明代的《五經大全》，長期以來，由於受到清代
的顧炎武、朱彝尊、《四庫全書總目》等負面而嚴厲批評的影響，近人有關的
學術著作，清一色皆沿襲前人的成說，對《大全》諸經不加思辨考察，即直
接引用顧氏等人的成說，施予最惡劣的評論，致「有關《大全》的一切誤解，
將一直訛傳下去」，因此撰文加以分析討論，「以尋求較合理的結論」，其文中
討論到有關《周易傳義大全》的問題時，他說：

> 《周易大全》本名《周易傳義大全》，「傳」是指程頤的《易傳》；「義」
> 是指朱子的《周易本義》；「大全」表示匯集各家之說法。今檢視《周
> 易大全》全書體例，前有凡例、引用先儒姓氏、〈周易大全程子傳序〉、
> 朱子《本義》圖說、《易說綱領》，正文錄程頤的《易傳》和朱子的
> 《本義》，兩者之下，匯集古今相關的說《易》文字，但以宋、元人
> 為多。如果將《周易大全》這種體例，和前述數書（恆嵩按：指董
> 楷《周易傳義附錄》、董真卿《周易會通》、胡一桂《周易本義附錄
> 纂疏》、胡炳文《周易本義通釋》四書）相核對，可知與董真卿的《周

〔註11〕見（清）全祖望撰：《鮚埼亭集》（臺北：華世出版社，1977 年 3 月），外編，
　　　　卷 41，1269，〈與謝石林御史論大學帖子〉。
〔註12〕黃宗羲撰、全祖望修定的《宋元學案》說：「（董鼎）所著《尚書輯錄纂注》六
　　　　卷，草廬極稱之。其采拾諸家極博，不守一師之說，有功於《尚書》者也。（雲
　　　　濠案：一本云：『有《四書疏義》、《書詩二經訓釋》、《孝經大義》。』）」並未提
　　　　及董氏有任何《周易》方面的著作。（杭州：浙江古籍出版社，1992 年 8 月，黃
　　　　宗羲全集本），卷 89，頁 500。

易會通》體例最相近。當時修纂《周易大全》，是以董氏的書爲底本，再加進少數宋、元人的《易》說而成。顧炎武等人，以爲兼取材於董楷、胡一桂、胡炳文等三家，大概未詳加核對而造成的錯誤。〔註13〕

林先生將前人所指陳的董楷、董眞卿、胡一桂、胡炳文四人之書，將其書的體例逐一與《周易傳義大全》相比對，得出《周易傳義大全》係「以董氏（眞卿）的書爲底本，再加進少數宋、元人的《易》說而成」的結論。唯文中林先生以爲「顧炎武等人，以爲兼取材於董楷、胡一桂、胡炳文等三家」的「顧炎武」應當改爲「朱彝尊」才對，因爲顧炎武在《日知錄》書中所指出的僅有《四書大全》、《春秋大全》、《詩經大全》三經，並未明白指實《周易大全》鈔襲何人之書。

根據上面所引述的七家對於《周易傳義大全》取材來源問題的看法，總括來說，大概可以歸納爲五種：第一種是認爲《周易傳義大全》抄襲董楷、董鼎、董眞卿三人之書，主張此種說法者有明代的李默；第二種認爲是全襲董楷《周易傳義附錄》、董眞卿《周易會通》、胡一桂《易本義附錄纂註》、胡炳文《周易本義通釋》四人之書而成，主張此種說者有朱彝尊、《四庫全書總目》等人；第三種認爲是僅鈔襲董楷《周易傳義附錄》一書的，主張此種看法的是清代的陳廷敬。第四種是以董眞卿《周易會通》爲底本，再增補少數宋元人經說的，持此種觀點的是林慶彰先生。第五種同樣是主張鈔襲董鼎之書，持此種論調的是清代全祖望。以上五種說法，或主鈔襲一人之書，或主鈔襲三人之書，或主鈔襲四人之書，互有出入，差異相當大。諸家雖然都言之鑿鑿，指證歷歷，幾乎都一致認爲是勦襲宋、元人《易》學之書，但因仍缺乏詳細而核實可靠的資料作爲佐證，依舊無法徹底解決問題。因此，想要瞭解《周易傳義大全》究竟鈔襲宋、元儒者何人的書？又書中究竟是如李默、朱彝尊等人所言全襲而未有所增補？還是在書中另外有所增益？而所增益的諸儒《易》說又有幾家？又書中鈔錄或增補的比例爲何？諸家的意見，究竟誰的說法可信度較高呢？眞實情形又如何？皆有待吾人對上述問題進一步再作詳加分析，重新討論，以釐清整個問題眞實性，企圖尋求更合理的結論。

〔註13〕見林慶彰撰：《明代經學研究論集》，頁47。

第三節 《周易傳義大全》的實際取材來源

《周易傳義大全》自明李默、清朱彝尊等人皆屢言其書鈔襲或全錄前人成編，襲錄之跡明白顯然。諸家的說法，幾乎眾口一辭，造成後人對該書係全然抄襲的深刻烙印，影響後世相當深遠，欲釐清此問題，唯有提出確實可信的數據，方足以論斷其是非。而唯一可行之道，是將董楷、董真卿、胡一桂、胡炳文四家之書拿來與《大全》相對校，從諸書體例的編排、資料取材的相同處及相異處，去作詳盡確實核對探討。

一、《周易傳義大全》與二董氏、二胡氏之書體例比較

要將董楷等人之書逐一拿來與《周易傳義大全》作比對工作之前，有必要先對各書所采用的版本作說明：宋人董楷的《周易傳義附錄》、元胡一桂的《易本義附錄纂註》、胡炳文的《周易本義通釋》、董真卿《周易會通》四書皆採用通行的徐乾學所輯的《通志堂經解》本，且均參校文淵閣《四庫全書》本。另外，董楷的《周易傳義附錄》再另外參校國家圖書館所收藏的元至正九年廬陵竹坪書堂刊本《周易程朱先生傳義附錄》（僅存十五卷）；胡炳文的《周易本義通釋》另參校國家圖書館所藏的明嘉靖元年邵武知府潘旦刊本（明過珙編）；董真卿的《周易會通》另參校國家圖書館（按：原名國立中央圖書館）所收藏的明洪武二十一年（1388）建安虞氏務本堂重刊本《周易經傳集程朱解附錄纂註》。

董楷的《周易傳義附錄》，書前有董氏〈周易傳義附錄序〉、程子〈易傳序〉、〈凡例〉、〈程子易綱領〉、〈朱子易綱領〉、〈程子上下篇義〉、〈朱子論程傳〉、〈朱子筮儀〉、〈朱子周易五贊〉、〈朱子易圖說〉，書的內容將「經文平書，而以十翼之文則下一格書之」，再將程子《易傳》和朱子《易本義》合為一書，分別以「傳」、「本義」標目，以示有別。「傳」下低一格標「程氏附錄」，收錄程子有關的《易》學文字；「本義」下也低一格標「朱氏附錄」，收錄朱子有關的論《易》文字。董楷之書僅在「引程、朱之說以羽翼程、朱」，〔註14〕實際上並未徵引任何別家的《易》說文字，可說是單純的程、朱《易》學文字的彙編。

胡一桂的《易本義附錄纂註》，《四庫全書總目》書前提要說：「是編以朱

〔註14〕參見文淵閣本《四庫全書》的《周易傳義附錄》書前提要。

子《本義》為宗，取《文集》、《語錄》之及於《易》者附之，謂之『附錄』；取諸儒《易》說之合於《本義》者纂之，謂之『纂註』；其去取別裁，惟以朱子為斷。」其中「纂註」一欄所收錄的諸儒《易》說相當少，大都僅一、二條而已，而胡一桂本身若有裁斷意見，以「愚謂」作區別，也列在其下面。

胡炳文的《周易本義通釋》，書前面有〈周易本義通釋序〉、〈周易總目〉、〈周易本義通釋例〉及〈輯錄雲峰文集易義〉一卷。由〈周易本義通釋例〉可以得知，《周易本義通釋》初名《周易本義精義》，與胡一桂的書同樣是集錄諸家《易》解以闡發朱子之義，後來因為覺得太繁雜，於是刪汰繁冗，僅約取諸家意見或少數文字，而不全襲其文句，遂不標出諸家姓氏名號，胡炳文個人的見解也附在裡面，而以「通曰」二字標示，以便和朱子《本義》文字區別，因全書內容完全以疏釋朱子《周易本義》為主，故改書名為「通釋」。

董真卿的《周易會通》，書前有〈周易經傳集程朱解附錄纂註序〉、〈周易會通凡例〉、〈周易會通總目〉、〈周易會通引用諸書群賢姓氏〉、〈周易經傳歷代因革〉、〈易程子傳序〉、〈易程子序〉、〈古易朱子後序〉、〈程子說易綱領〉、〈朱子說易綱領〉、〈朱子易圖附錄纂註〉、〈雙湖先生易圖〉等，書中正文有「集解」、「附錄」、「纂註」三欄，其「集解」一欄，將程子《易傳》和朱子《周易本義》的文字匯錄在一起；「附錄」欄匯錄程子、朱子兩人論《易》的有關文字；而「纂註」欄則集錄歷代學者有關的《易》說文字，每條之下所匯錄諸家《易》說文字相當多，普通以四、五條經說疏文為常，也有徵引至八、九條之多的。

董楷、董真卿、胡一桂、胡炳文四家之書，以董真卿的《周易會通》和胡一桂的《易本義附錄纂註》二書最為接近，其所以然，主要是因董真卿嘗受學於胡一桂，是胡一桂的學生，因而編輯《周易會通》時，理所當然的依仿其師之書而推廣增益。〔註15〕今若將《周易傳義大全》全書體例和上述董楷、董真卿、胡一桂、胡炳文四家之書相比對，可以發現《大全》的編排方式與胡一桂、董真卿的書最為相似。但因《大全》所徵引的經說疏文與胡一

〔註15〕董真卿〈周易經傳集程朱解附錄纂註序〉說：「天臺本程、朱子皆有語錄，今朱語則兼取先師（按：指胡一桂）所編，采其精詳而有緒者，各益其未備，續于《傳》、《義》之後，名曰附錄，而以程子、朱子語別之；諸家之說，唯音訓以呂氏為主，悉附經文。他可互相發明者，全用先師纂疏，各廣以聞見之所及，翼于語錄次，名曰纂註，而以某氏曰別之，管窺一得之愚，亦間附於其末。」（頁2下～3上）。

桂的書多寡不同，必非抄襲胡氏之書，而應當是以董眞卿的《周易會通》爲底本進行纂修的。

二、《周易傳義大全》徵引經說疏文分析

　　根據上一節的敘述，我們基本上確定胡廣等人在修纂《周易傳義大全》時，是以董眞卿《周易會通》一書作爲其取材的底本。解決抄襲來源問題後，尚有幾個疑問需待釐清：其一，《周易傳義大全》修纂取材，是像朱彝尊等人所說完全抄襲董氏之書，抑或另有增補，比率爲何？其二，《周易傳義大全》博採「諸家之說」，究竟採錄有多少家？共計徵引多少條經說疏文？解決這幾個疑問，則前人有關《周易傳義大全》取材沿襲前人成說的問題，就可以獲得較正確的結論。

　　據筆者實際從永樂內府刊本《周易傳義大全》統計結果，全書總共徵引五三三六條經說疏文。在卷首〈周易傳義大全凡例〉後所刊列的「引用先儒姓氏」中，詳細載列書中所徵引的諸家《易》說姓氏名號，是《周易傳義大全》編者引來分注於程、朱二氏之後的「諸家之說」，爲確實明白全書徵引「諸家」經說疏文的實際狀況，也爲方便下文的敘述討論，茲先將諸儒姓氏籍貫及其徵引次數，列成統計表格如下，以清眉目。

引用姓氏稱號	原姓名	引用次數	引用姓氏稱號	原姓名	引用次數
孔　氏	孔安國	0	雙溪王氏	王　炎	1
揚　氏	揚　雄	2	南軒張氏	張　栻	64
劉　氏	劉　歆	3	東萊呂氏	呂祖謙	34
鄭　氏	鄭　玄	3	林　氏	林　栗	13
王　氏	王　弼	7	西山蔡氏	蔡元定	4
韓　氏	韓康伯	1	勉齋黃氏	黃　榦	8
董　氏	董　遇	6	盤澗董氏	董　銖	11
虞　氏	虞　翻	2	潛室陳氏	陳　埴	22
關　氏	關　朗	0	清江張氏	張　洽	1
孔　氏	孔穎達	9	范　氏	范念德	1
劉　氏	劉　瓛	1	梅巖袁氏	袁　樞	6
陳　氏	陳　皐	1	瓜山潘氏	潘　柄	8
希夷陳氏	陳　摶	1	節齋蔡氏	蔡　淵	154

引用姓氏稱號	原姓名	引用次數	引用姓氏稱號	原姓名	引用次數
胡　氏	胡　旦	8	九峰蔡氏	蔡　沈	1
安定胡氏	胡　瑗	2	三山吳氏	吳　綺	2
泰山孫氏	孫　復	1	雲莊劉氏	劉　爌	4
徂徠石氏	石　介	6	覺軒蔡氏	蔡　模	1
廬陵歐陽氏	歐陽脩	1	西溪李氏	李　過	43
錢　氏	錢　藻	3	厚齋馮氏	馮　椅	91
劉　氏	劉　彛	1	瀘川毛氏	毛　璞	19
于　氏	于　弇	1	庸齋趙氏	趙汝騰	8
臨川王氏	王安石	8	趙　氏	趙汝楳	14
廣陵王氏	王　逢	0	山齋易氏	易　祓	3
邵　子	邵　雍	2	融堂錢氏	錢　時	9
張　子	張　載	39	雙峰饒氏	饒　魯	6
涑水司馬氏	司馬光	21	進齋徐氏	徐　幾	196
東坡蘇氏	蘇　軾	6	馮　氏	馮去非	7
房　氏	房審權	0	姚　氏	姚小彭	1
嵩山晁氏	晁說之	10	黃　氏	黃以翼	2
和靖尹氏	尹　焞	3	鶴山魏氏	魏了翁	3
藍田呂氏	呂大臨	6	西山眞氏	眞德秀	12
廣平游氏	游　酢	15	習靜劉氏	劉彌邵	7
上蔡謝氏	謝顯道	1	平菴項氏	項安世	111
龜山楊氏	楊　時	54	柴　氏	柴中行	24
壽安張氏	張　繹	1	潘　氏	潘夢旂	34
兼山郭氏	郭忠孝	13	楊　氏	楊文煥	23
張　氏	張汝明	0	隆山陳氏	陳友文	7
莆田張氏	張汝弼	5	思齋翁氏	翁　泳	6
括蒼龔氏	龔　源	6	天臺董氏	董　楷	3
開封耿氏	耿南仲	18	古爲徐氏	徐直方	4
李　氏	李元量	2	毅齋沈氏	沈貴寶	4
東明劉氏	劉　概	2	建安丘氏	丘富國	288
路　氏	路純中	1	單　氏	單　氏	3
漢上朱氏	朱　震	78	雷　氏	雷　氏	8

引用姓氏稱號	原姓名	引用次數	引用姓氏稱號	原姓名	引用次數
白雲郭氏	郭　雍	55	史　氏	史　詠	1
鄭　氏	鄭正夫	3	冷　氏	冷　氏	1
閻氏	閻彥升	8	蛟峰方氏	方逢辰	3
東谷鄭氏	鄭汝諧	19	吳　氏	吳應回	2
凌　氏	凌唐佐	2	疊山謝氏	謝枋得	3
陸　氏	陸　秉	1	魯齋許氏	許　衡	3
李　氏	李　開	7	玉齋胡氏	胡方平	19
王　氏	王湘卿	6	新安胡氏	胡次焱	2
李　氏	李　光	19	潛齋胡氏	胡　允	7
丹陽都氏	都　潔	13	節初齊氏	齊夢龍	11
合沙鄭氏	鄭東卿	8	程　氏	程鉅夫	1
容齋洪氏	洪　邁	2	苟軒程氏	程　龍	1
劉　氏	劉　翔	3	新安程氏	程直方	1
鄭　氏	鄭剛中	12	葵初王氏	王希旦	1
閭丘氏	閭丘昕	2	勿軒熊氏	熊　禾	1
蘭　氏	蘭廷瑞	21	雙湖胡氏	胡一桂	235
王　氏	王大寶	4	方塘徐氏	徐之祥	1
李　氏	李椿年	3	中溪張氏	張清子	277
沙隨程氏	程　迥	32	汪　氏	汪　深	1
莆田鄭氏	鄭　厚	1	雲峰胡氏	胡炳文	807
隆山李氏	李舜臣	111	息齋余氏	余芑舒	25
縉雲馮氏	馮當可	22	臨川吳氏	吳　澄	242
童溪王氏	王宗傳	48	廬陵龍氏	龍仁夫	8
誠齋楊氏	楊萬里	105	番陽董氏	董眞卿	14

　　在實際核對過程中發現，「引用先儒姓氏」所用的先儒名號籍貫偶有與書內疏文徵引處不合的地方，例如「莆田張氏」的張汝弼，《大全》在書中均統稱爲「莆陽張氏」（卷1，頁14上；卷3，頁11下、13上；卷11，頁22下；卷19，頁43上），「東明劉氏」的劉概則題爲「東平劉氏」（卷17，頁2下；卷19，頁3下），「習靜劉氏」的劉彌邵題爲「莆陽劉氏」（卷21，頁39上、43下）。而「陸氏（秉）」則寫作「趙氏秉」（卷14，頁6上）與董眞卿《周易會通》書上相同。又《大全》在卷四有兩條「雙湖胡氏（一桂）」（頁29下、

32 下）董氏《周易會通》皆題爲「胡氏」，以董氏徵引其師胡一桂的說法時，習慣稱呼爲「雙湖先生」，可知這兩條經說疏文並非胡一桂的說法，不知《周易傳義大全》的編者何以將它改稱，不知是另有所據，亦或是倉促致誤？

其中孔安國、關朗、王逢、房審權、張汝明五家，《周易傳義大全》在書中實際上並未徵引任何一條經說疏文，亦被列入引用名單中。徵引的諸家《易》說，以雲峰胡炳文引用八○七條最多，建安丘富國二八八條次之，其次中溪張清子二七六條，再次爲臨川吳澄二四二條、雙湖胡一桂二三五條、進齋徐幾一九六條、節齋蔡淵一五四條。

在「引用先儒姓氏」表上注明徵引姓氏名號的古今先賢儒者有一百三十六家，書中合計共徵引了三七九五條經說疏文，約佔全書總徵引數的百分七十一點一二。

《周易傳義大全》書上所徵引的經說疏文，除上面〈凡例〉所注明其姓氏名號的一百三十六家之外，實際上，書中尚有一些曾被引錄其經說疏文，卻並未被《周易傳義大全》編者列名於「引用先儒姓氏」表中，以下即列表注明其姓氏稱號及實際引用次數。

引用姓氏稱號	原姓名	引用次數	引用書籍名稱	引用次數
朱 子	朱 熹	1304	左 傳	4
程 子	程 頤	209	京房易傳	1
吳園張氏	張 根	1	周禮及注疏	1
鄭氏湘卿	鄭湘卿	2	周易正義	1
陸氏希聲	陸希聲	1	朱子詩傳	1
郭氏京	郭 京	1		
蔡氏攸	蔡 攸	1		
三山林氏	林之奇	2		
陸氏德明	陸德明	3		
榕檀林氏	林 氏	1		
三山劉氏	劉 氏	2		
李氏閎祖	李閎祖	1		
張氏彭老	張彭老	1		
趙氏善譽	趙善譽	1		
晁氏淵	晁 淵	1		
侯 氏	侯 氏	1		
李氏仁父	李仁父	1		

上述十七家，《周易傳義大全》實際有引用他的《易》說資料，而「引用先儒姓氏」表上卻漏列的，全部合計共徵引一五三三條經說疏文，其中朱子引用一三〇四條疏文（內含「又曰」五九四條），程子徵引二〇九條疏文（含「又曰」八十九條）。程、朱兩人的說法，董真卿《周易會通》是集錄於「附錄」欄下，《大全》則將「附錄」欄名刪除，直接引在傳文下面，或許因《周易傳義大全》的編者認為書上的經注本來就以程《傳》、朱《本義》為主，故無須再行標列姓氏名號於「引用先儒姓氏」表上。

另外，書上也出現有引用書籍名稱，卻不標示作者姓氏名稱的情形，計有《左傳》四條，京房《易傳》、《周禮注疏》、《周易正義》、朱子《詩傳》等各一條，合起來共引用五種經學典籍的八條說解疏文。將「引用先儒姓氏」表漏列的十七家一五三三條疏文，加上五種書籍八條疏文，兩者合起來總共引用一五四一條經說疏文，約佔全書的百分之二十八點八八。

綜合《周易傳義大全》書上「引用先儒姓氏」表的一百三十六位先儒三七九五條經說疏文與未列名引用表的十七家一五三三條經說疏文，以及所引用的五種書籍八條說解疏文，三者合併在一起計算，全書總共徵引五三三六條經說疏文。

《周易傳義大全》書上除徵引先儒經說疏文外，又常在經文當注音讀的地方，標示出該字的反切或直音，方便讀者識別。而程《傳》和朱子《本義》傳世既久，刊本偶有脫誤異同的字句，編者也都標明各板本的同異，今亦一併統計其標注次數，列表如下：

標注方式	引用次數
反切字音	316
板本異同	556

由於書中不論是注明反切或是直音，都旨在識別該字音讀而已，實無分計之必要，故兩者予以合併一起，兩項合計共徵引八七二條。由於兩者均在非所徵引「諸家之說」的經說疏文，和羽翼程、朱學說較無直接關係，故僅將其引用次數標出，而不予列入計算。

三、實際取材來源及前人說法的檢討

（一）實際取材來源

　　《周易傳義大全》在體例上既與董眞卿《周易會通》書相仿，〈凡例〉中又說它徵引經說的原則是要在「壹宗程《傳》、《本義》折衷」下，採取「辭論之精醇，理象之明當者」爲主，而諸家說法的異同得失，又以「雙湖胡氏、雲峰胡氏」所論訂者爲選擇的要件，可知兩者關係至爲密切。

　　爲確實明白兩者之間的關係，使結論更具有可信度，以期徹底解決長久以來糾纏不清的問題，並釐清前人的誤解，筆者再將《周易傳義大全》與《周易會通》兩書所徵引的經說疏文，逐一加以核對，並統計兩者之間資料的異同情形。經過詳實核對後發現，《周易傳義大全》在全書總數五三三六條經說疏文中，編者自行從他書增補完整疏文者有二一五一條，約佔全書總數的百分四十點三一。而與董眞卿《周易會通》書上所引經說疏文相同者有三一八五條，約佔全書總數的百分之五十九點六九。但是《周易傳義大全》編者在三一八五條與董氏《周易會通》書上相同的經說疏文中，仍然進行不少增刪移改的情形，而非全部一字不漏照抄，其中包括刪改部分疏文文字者有三六四條，增補部分疏文文字者有一○二條，合併疏文文字者有八三條，分散疏文者有二十七條，移改疏文位置者有一一四條，五種加起來共計六九○條。茲將上述核對情形，列表如下，並注明其佔全書總數的百分比：

增補刪改情形	更動次數	百分比%	全書抄補情形	引用次數	百分比%
增補完整經說疏文	2151	40.31%	全書總數	5336	100%
刪改部分疏文文字	364	6.82%	增補經說疏文	2151	40.31%
增補部分疏文文字	102	1.91%	抄襲經說疏文	3185	59.69%
合併疏文	83	1.56%			
分散疏文	27	0.51%			
移改疏文位置	114	2.14%			

　　經過上述核對，資料明白顯示《周易傳義大全》書上所徵引的經說疏文與董眞卿的《周易會通》一書的雷同率幾近六成，可知胡廣等人在編纂《周易傳義大全》時，確實是以董眞卿的《周易會通》一書作爲底本進行纂輯。《周易傳義大全》也並非如朱彝尊等人所言「於諸書外，全未寓目」，《大全》編者除抄錄董氏之書外，另外還自行徵引他人《易》說文字以增補董書不足，這部分的資料也佔全書四成多。若再加上《大全》編者刪改移補董氏《周易會通》書上經說疏文的部分六九○條，則合計有二八四一條，約佔全書百分之五十三點二四，已達《周易傳義大全》全書一半以上，二者的差異如此之多，

由此可知前人的說法均有修正的必要。

（二）前人說法的檢討

明代李默認為《周易傳義大全》全書取材來源是抄襲董楷、董鼎、董眞卿三人之書，此種說法頗有值得商榷之處；董楷之書旨在將程、朱說《易》文字匯錄成編，不收宋代諸家說法，董鼎是董眞卿之父，雖有疏解蔡沈《書集傳》的作品，卻壓根並無《易》學著作，教《周易傳義大全》的編者要鈔錄董氏何書？

朱彝尊編纂《經義考》，對於明代胡廣等人所修的《五經、四書、性理大全》可說不存一絲好感，譏評不餘遺力，他認為胡廣等人在纂輯《周易傳義大全》時，僅就董楷《周易傳義附錄》、董眞卿《周易會通》、胡一桂《易本義附錄纂註》、胡炳文《周易本義通釋》四人之書鈔錄，而將二董、二胡的姓名刪除，就變成《周易傳義大全》一書，所以嚴厲指責胡廣等人「於諸書外，全未寓目」，是「攘私書為官書」，「並未效纖毫搜采之勤」，他們的態度「苟且游戲」，如此輕率的作為，簡直令人「見而齒冷」，可說厭惡到極點。《四庫全書總目》附合朱氏的說法，並極肯定的說「今勘驗舊文，一一符合」，朱氏之說，未為苛求，但由統計資料顯示，《周易傳義大全》有將近六成是鈔錄董眞卿《周易會通》書上經說疏文而來，四成是編者自行增補的資料，非全然抄襲四人之書，朱氏的「於諸書外，全未寓目」的說法，不知從何而來？《四庫全書總目》的「勘驗舊文，一一符合」意見，恐怕只是隨手翻閱一下，即據以論斷的說法，不足以令人採信。

再次則為清代陳廷敬的全然鈔襲董楷《周易傳義附錄》及全祖望的鈔竊董鼎書兩種說法，此兩種意見的錯謬，明顯可知，無須多作說明。諸家有關於《周易傳義大全》取材來源問題的意見，當以林慶彰師所說的「是以董氏（眞卿）的書為底本，再加進少數宋、元人的《易》說而成」看法，最為接近實際修纂情形，所需要修正的只有「加進少數宋、元人《易》說」一語應改成「加進不少宋、元人《易》說」的資料，即可符合實際情形。

第四節　徵引前人經說之分析

依據上一節資料的分析比對，證實前人都認為《周易傳義大全》係取材於董楷、董眞卿、胡炳文、胡一桂四人之書的說法，並不完全正確，有加以修正

之必要。實際上，《周易傳義大全》根本上是取材於董眞卿的《周易會通》一書，另外再增補胡炳文《周易本義通釋》的疏解文字。《周易傳義大全》編者在引錄《周易會通》書上的資料時，並非全盤照抄，而是有所增刪改補，今總括其取材抄錄時的種種方式，大別分爲：增補疏文、合併疏文、移改疏文位置、刪除疏文四種，以下茲依類分別敘述。

一、增補疏文

《周易傳義大全》編纂者在襲引董眞卿《周易會通》時，若是覺得董眞卿《周易會通》》上所徵引的經說疏文文義有不足之處，或義理闡釋有未盡完備者，則自行從他書引錄增補疏文以補充解釋《周易》經文，其增補方式可分爲二種：增補完整疏文及增補部分文字兩類，以下茲依此分項敘述。

（一）增補完整疏文

（1）《周易·乾卦》：「九三，君子終日乾乾，夕惕若，厲無咎。」程《傳》：「作易之義也」句下，董眞卿《周易會通》徵引有「程子」、「朱子」、「厚齋馮氏」三條經說疏文，《周易傳義大全》在董氏所引三條疏文之後，又自行增補「東萊呂氏（祖謙）」曰：「讀程《傳》者多謂聖人無待於戒，只爲戒眾人故設教，若如此看，則是聖人處己教人分作兩段，大失《傳》意。蓋《傳》言若謂聖人不須設教，則無以爲教。設，如設官之設，非假設之設也；教，如儒教之教，非教人之教也。」一條完整的經說疏文。〔註16〕

（2）《周易·乾卦》：「九四，或躍在淵，無咎」程《傳》：「舜之歷時也」句下，《周易傳義大全》徵引有「程子」、「沙隨程氏（迵）」、「瀘川毛氏（璞）」、「西溪李氏（過）」、「中溪張氏（清子）」、「潛室陳氏（埴）」等六條經說疏文，其中「程子」、「沙隨程氏」、「瀘川毛氏」三條疏文係鈔自董眞卿《周易會通》書上，另外「西溪李氏」曰：「或躍，陽使之也；在陰，陰係之也。」「中溪張氏」曰：「躍淵即龍之象也，在四不言龍，蓋疑於五也。」「潛室陳氏」曰：「無咎者，善補過之辭。乾，聖人之事，而九三、九四皆以無咎言之，何也？曰《易》之爻義，有不足處，有當垂戒處，故各係以無咎之辭，固不問聖人與凡人也。《易》之爲《易》，謂變易不拘也，在聖人即作聖人用之，凡人即作凡人用之，若乾卦只斷作聖人之事，則六十四卦之用有窮矣，豈所謂易者乎？」三條經說疏文，

〔註16〕見《大全》，卷1，頁11上；《會通》，卷1，頁7下。

則是《周易傳義大全》編者自行增補的。〔註17〕

（3）《周易・訟卦》卦名下，程《傳》：「又人內險阻而外剛強，所以訟也。」句之下，董眞卿《周易會通》原本並無徵引任何經說疏文，胡廣等纂輯《周易傳義大全》時，將董氏原本引在卦辭之下的「建安丘氏（富國）」一條疏文移改至卦名之下，又另外增補「雲峰胡氏（炳文）」曰：「屯、蒙之後繼以需、訟，需由於屯，世不屯無需；訟由於蒙，人不蒙無訟。」一條經說疏文。〔註18〕

（4）《周易・謙卦》彖曰：「謙亨，天道下濟而光明，地道卑而上行」下，程《傳》：「皆以卑降而亨也」句之下，董眞卿《周易會通》並未徵引任何經說疏文，胡廣等編纂《周易傳義大全》時，先從〈象傳〉下句「人道惡盈而好謙」移來「節齋蔡氏（淵）」條疏文的前半段，另外再自行增補「童溪王氏（宗傳）」曰：「夫天氣下降以濟萬物，天之謙也。化育之功光明著見，則謙之亨也。地勢卑順，處物之下，地之謙也。其氣上行以交於天，則謙之亨也，莫大乎天地，而天地猶不敢以自滿，況於人與鬼神乎！」及「雲峰胡氏（炳文）」曰：「下濟為謙，光明為亨，卑為謙，上行為亨，〈象傳〉但言謙之必亨而不言卦體，蓋下濟光明，自含艮、坤二體於其間也。」兩條經說疏文。〔註19〕

（5）《周易・家人卦》卦辭：「家人，利女貞。」朱子《本義》：「內正則外無不正矣」之下，董眞卿《周易會通》原本引有「王氏（弼）」、「馬氏（融）」、「趙氏（汝楳）」、「鄭氏汝諧」、及「雙湖先生」等五條經說疏文，《周易傳義大全》編者全部將它刪除，不予抄錄，而另外自它書增引「中溪張氏（清子）」曰：「〈家人〉之義，以內為主，六二居內而位正，故曰『利女貞』，女正則家道成矣。或謂男女莫非家人，而獨曰『利女貞』者何邪？蓋〈家人〉合巽離而成卦，巽長女而位四，離中女而位二，以柔居柔，各得其正，此亦『利女貞』之義。昔舜刑于二女，正合〈家人〉巽離之象。」及「誠齋楊氏（萬里）」曰：「正莫易於天下而莫難於一家，莫易於一家之父子兄弟而莫難於一婦，一婦正，一家正，天下定矣，故〈家人〉之卦辭曰『利女貞』。」及「雲峰胡氏（炳文）」曰：「〈家人〉九五居外，六二居內，男女正位之象也。長女居上，中女居下，尊卑有序之象也。四陽二陰，陽強而陰弱，夫唱婦隨之象也。二

〔註17〕見《大全》，卷1，頁12上；《會通》，卷1，頁8上～8下。
〔註18〕見《大全》，卷3，頁22上；《會通》，卷2，頁33上。
〔註19〕見《大全》，卷6，頁24上～24下；《會通》，卷4，頁14下。

柔居陰位，執柔而不敢抗之象也。內明而外巽，處家之象也。自初至五皆貞，尊卑各安其分之象也。而卦獨曰『利女貞』，先正乎內也。天下以國為內，國以家為內，家以女為內，在咸之時二女尚少，此中女與長女則家道既成之象也。巽長女一陰在下而順，今居上卦之下而得其正，離中女一陰在中而明，今居下卦之中而得其正，此所以為女之正而其家無不正者，要之家人內也，當以離內為主。」等三條經說疏文來補充疏解卦辭之義。〔註20〕

（6）《周易・升卦》：「初六，允升，大吉。」爻辭之下，董真卿《周易會通》徵引「鄭氏東卿」、「王氏大寶」、「楊氏萬里」及「雙湖先生」等四條經說疏文，《周易傳義大全》抄錄時，僅在朱子《本義》：「則信能升而大吉矣」句下引錄「王氏大寶」一條經說疏文，其餘三條均予以刪除。另外，重新在程《傳》：「吉孰大焉」之下增補「潘氏（夢旂）」曰：「初六陰柔在下，無應於上，本不能升，密比九二剛中之臣，陰陽志合而相允，九二援而升之，所以大吉。賢者在下而無與，非遇特達之知，何以自奮哉。」又在朱子《本義》：「則信能升而大吉矣」句下增引「雲峰胡氏（炳文）」曰：「〈晉〉三眾允，下為二陰所信也。〈升〉初允升，上為二陽所信也。以陰信陰，不過悔亡。以陽信陰，故大吉。」兩條經說疏文。〔註21〕

（7）《周易・繫辭》下篇第二章：「弦木為弧……蓋取諸睽」，朱子《本義》：「睽乖然後威以服之」句下，董真卿《周易會通》徵引有「朱氏（震）」、「謝氏（枋得）」、「雙湖先生（胡一桂）」等三條經說疏文，《周易傳義大全》編者在抄錄時，僅引「朱氏」一條疏文，而將「謝氏」、「雙湖先生」兩條疏文完全予以刪除，另外再自行增引「南軒張氏（栻）」曰：「外有擊柝以防暴客，內有杵臼以治粒食，而無以威其不軌，則雖有險不能守，雖有粟而不得食，此弧矢之利不可緩也。」及「臨川吳氏（澄）」曰：「弧，木弓也。兵器不一，弓矢所及者，遠為長兵，威天下者，示有警備而使之畏也。」及「進齋蔡氏（淵）」曰：「其害之大者，以重門擊柝不足以待之，故必有弧矢以威之，利天下者仁也，威天下者義也。」三條經說疏文。〔註22〕

（二）增補部分疏文文字

（1）《周易・乾卦》：「九四，或躍在淵，無咎」朱子《本義》：「其占能

〔註20〕見《大全》，卷13，頁35下～36上；《會通》，卷7，頁32上。

〔註21〕見《大全》，卷16，頁29上～29下；《會通》，卷9，頁11上～11下。

〔註22〕見《大全》，卷23，頁10下～11上；《會通》，卷13，頁8下。

隨時進退，則無咎也」句下，《周易傳義大全》徵引有「朱子」、「山齋易氏（芾）」、「建安丘氏（富國）」、「雲峰胡氏（炳文）」等四條經說疏文，其中「朱子」、「山齋易氏」、「建安丘氏」三條疏文係鈔自董眞卿《周易會通》書上，「雲峰胡氏」係編者自行增補。另外「建安丘氏」之言後半：「或者，疑之也，進則躍，退則在淵，出處如此，可無咎矣。」一段二十個字係編者在董氏《會通》疏文之後再增補的疏文。〔註23〕

（2）《周易・乾卦・文言》：「九五，飛龍在天……則各從其類也」朱子《本義》：「故興起於上，則人皆見之」句之下，董眞卿《周易會通》引有「張子」、「蔡氏（淵）」及「雙湖先生（胡一桂）」等三條經說疏文，《周易傳義大全》編者在徵引時，刪除其中的「張子」、「蔡氏（淵）」兩條經說疏文，而僅徵引「雙湖先生」曰：「夫子之贊乾九五如此，後乎有若之贊夫子曰：鳳凰之於飛鳥，泰山之於丘垤，河海之於行潦，類也；聖人之於民，亦類也。正相似，只是譬喻作義理說，恐不是說象數也。」一條疏文，且在「鳳凰之於飛鳥」一句前面又補入「麒麟之於走獸」六字。又將最後一句「恐不是說象數也。」予以刪除，再另外補引「而或者以乾統八卦取象釋之，穿鑿甚矣。」等十六字。〔註24〕

（3）《周易・大有卦・大象傳》：「火在天上，大有，君子以遏惡揚善，順天休命。」朱子《本義》：「反之於身，亦若是而已矣」句下，董眞卿《周易會通》在「附錄」中引有「朱子」之言，「纂註」引有「張氏清子」、「楊氏時」、「蔡氏（淵）」、「楊氏萬里」、「司馬公（光）」六條經說疏文，《周易傳義大全》編者抄錄時，刪除其中「張氏清子」、「蔡氏（淵）」、「司馬公（光）」三條經說疏文，再自行增補「雲峰胡氏（炳文）」一條疏文。而在所徵引的經說疏文中，「朱子」之言刪除一大段文字，「楊氏萬里」條經說疏文，開頭先刪除「以日之明行天之健，天下善惡無遺照焉，豈自用哉？」二十字，又在最後「吾何與焉」一句之後補入「此舜、禹有天下而不與也，故曰順天休命。同人離在下而權不敢專，故止於類而辨，大有離在上而權由己出，故極於遏而揚。」等四十八字。〔註25〕

（4）《周易・豫卦》卦名，程《傳》：「通暢和豫，故爲豫也」句下，董

〔註23〕見《大全》，卷1，頁12下；《會通》，卷1，頁8上～8下。
〔註24〕見《大全》，卷1，頁41下；《會通》，卷1，頁31上～31下。
〔註25〕見《大全》，卷6，頁15下～16上；《會通》，卷4，頁9上。

眞卿《周易會通》僅在「附錄」中引有程子之言一條，《周易傳義大全》抄錄時又補引「王氏大寶」一條疏文。實際上，「王氏大寶」一條經說疏文是《大全》編者從卦辭「豫，利建侯行師」之下移改而來，《大全》在抄錄時先將開頭「利建侯所以備豫也，利行師所以飭豫也」十六字刪除，又在最末補入「卦辭云：『利建侯行師』，雖主人心和樂而言，亦有豫備飭豫之意。」一段疏文文字。〔註26〕

（5）《周易·觀卦》卦辭：「觀，盥而不薦，有孚顒若」，朱子《本義》：「亦扶陽抑陰之意」句下，董眞卿《周易會通》在「纂註」項下引錄有「馮氏椅」、「朱氏（震）」、「項氏（安世）」、「雙湖先生（胡一桂）」、「鄭氏剛中」、「李氏舜臣」等六條經說疏文，胡廣等纂修《周易傳義大全》時，先將「馮氏椅」、「朱氏（震）」、「雙湖先生（胡一桂）」、「鄭氏剛中」、「李氏舜臣」等五條經說疏文刪除，僅僅引錄「項氏（安世）」曰：「盥者，祭之初步，方詣東榮，盥手於洗。凡祭之事，百未一爲也。薦者，祭禮之最盛，四海九州之美味，四時之和氣無不陳也，此但以盥而不薦象恭己無爲耳，非重盥而輕薦也。」一條經說疏文，此外，《大全》編者又在其後面增補「先儒謂盥則誠意方專，薦則誠意已散，仁人孝子之奉祀，豈皆至薦而誠散乎？」等三十個字。〔註27〕

（6）《周易·繫辭上傳》第一章：「天尊地卑……變化見矣」下，朱子《本義》：「莊周所謂易以道陰陽，此之謂也。」句下，董眞卿《周易會通》徵引有「錢氏（時）」、「張子」、「魏氏（了翁）」、「楊氏萬里」、「蘇氏（軾）」、「柴氏（中行）」、「朱氏（震）」、「楊氏時」、「游氏（酢）」、「司馬公（光）」、「雙湖先生（胡一桂）」等十一條經說疏文，《周易傳義大全》抄錄時，刪除「柴氏」、「朱氏」、「楊氏時」、「游氏」四條經說疏文，再另外補入「臨川吳氏（澄）」、「勉齋黃氏（榦）」、「雲峰胡氏（炳文）」三條疏文。而自《會通》所抄錄的經說疏文「東坡蘇氏（軾）」條當中，《大全》又在「此異之生於同也」一句的後面重新補入「天地一物也，陰陽一氣也，或爲象，或爲形，所在之不同，故云在者，明其一也。」等二十九個字。〔註28〕

（7）《周易·繫辭下傳》第二章：「刳木爲舟……蓋取諸渙」下，朱子《本義》：「木在水上也，致遠以利天下疑衍。」句下，董眞卿《周易會通》徵引

〔註26〕見《大全》，卷7，頁1上～1下；《會通》，卷4，頁16下～17上。

〔註27〕見《大全》，卷8，頁13上；《會通》，卷5，頁6上。

〔註28〕見《大全》，卷22，頁3上～4上；《會通》，卷12，頁3上～3下。

有「謝氏（枋得）」、「南軒張氏（栻）」兩條經說疏文，《周易傳義大全》在抄錄時，刪除「謝氏」一條經說疏文，僅抄錄「南軒張氏」一條，又在「南軒張氏」的經說疏文之後增補「是以刳木而中虛，剡其楫而末銳，舟所以載物，而楫所以進舟，致遠以利天下而取諸渙者，蓋渙之成卦，上巽下坎，〈象〉曰：『利涉大川』，乘木有功也。」一段五十六字的經說疏文，以補充說明〈繫辭〉文中所說「致遠以利天下」一句的意義。〔註29〕

二、合併疏文

《周易傳義大全》編者對於董眞卿《周易會通》書上所引錄的同一作者的經說疏文，而文字不同時，編者有時會採取將兩條或兩條以上的經說疏文合併在一起，使其成爲一條經說疏文，茲舉例如下：

（1）《周易·坤卦》：「西南得朋，東北喪朋，安貞吉」朱子《本義》：「大抵能安於正則吉也」句之下，《周易傳義大全》引有「朱子」、「廬陵龍氏（仁夫）」、「雲峰胡氏（炳文）」及「雙湖胡氏（一桂）」等四條經說疏文，其中「朱子」曰：「問牝馬取其柔順健行，坤順而言健何也？曰：守得這柔順亦堅確，故有健象，柔順而不堅確，則不足以配乾矣。乾主義，坤便主利，占得這卦便主利這事，不是坤道主利萬物。」係合併董眞卿《周易會通》書上所引兩條「朱子」之言而成。〔註30〕

（2）《周易·賁卦》：「六二，賁其需」朱子《本義》：「占者宜從上之陽剛而動也」句下，董眞卿《周易會通》書上本來引有「朱氏（震）」曰：「毛在頤曰須，在口曰髭，在頰曰髯。三至上有頤體，二在頤下，須之象。二三剛柔相賁，賁其須也。夫文不虛生，須生於頤，血盛則煩滋，血衰則減耗。」及「林氏栗」曰：「須所以賁其頤也。」二條經說疏文，《周易傳義大全》抄錄時，將其合併在一起。編者係將《會通》書上所徵引的「林氏栗」一條疏文併入「朱氏」疏文之後，而將作者改題爲「漢上朱氏（震）」〔註31〕

（3）《周易·復卦》卦辭：「反復其道，七日來復，利有攸往」朱子《本義》：「七日者，者，所占來復之期也」句之下，《周易傳義大全》引錄有「朱子」、「隆山李氏（舜臣）」、「節齋蔡氏（淵）」、「鄭氏剛中」、「雲峰胡氏（炳

〔註29〕見《大全》，卷23，頁9下；《會通》，卷13，頁7下～8上。
〔註30〕見《大全》，卷2，頁2上～2下；《會通》，卷2，頁1上～1下。
〔註31〕見《大全》，卷9，頁7上；《會通》，卷5，頁16下。

文）」等五條經說疏文，其中「隆山李氏」曰：「陽反而復，生生之氣，自此萌動，故曰復亨。又曰：於臨曰『八月有凶』，於復則曰『七日來復』，陽消而數月者，幸其消之遲；陽長而數日者，幸其長之速也。」一條疏文，係《大全》編者將董真卿《周易會通》書上原分隸兩處的二條經說疏文合併在一起。〔註32〕

　　（4）《周易‧頤卦》：「六五，拂經，居貞吉，不可涉大川」朱子《本義》：「故其象占如此」句之下，《周易傳義大全》引錄有「朱子」、「古爲徐氏（直方）」、「瀘川毛氏（璞）」及「雲峰胡氏（炳文）」四條疏文。其中「朱子」曰：「六五居貞吉，猶〈洪範〉用靜吉養人，反賴上九之養，是已拂其常矣。故守常則吉，而涉險阻則不可也。此卦下體三爻皆是自養，上體三爻皆是養人，不能自求所養而求人以養己則凶，故下三爻皆凶；求於人以養其下，雖不免於顛拂，畢竟皆好，故上三爻皆吉。」一條疏文，自「此卦下體三爻皆是自養」以下，董真卿《周易會通》引在〈小象傳〉：「由頤厲吉，大有慶也」之下，《大全》編者將兩條經說疏文合併在一起。〔註33〕

　　（5）《周易‧繫辭下傳》第六章：「夫《易》，彰往而察來，而微顯闡幽，開而當名，辨物正言，斷辭則備矣」，朱子《本義》：「而微顯，恐當作微顯而，開而之而，亦疑其有誤」句下，《周易傳義大全》引錄有「朱子」（三條）、「進齋徐氏（幾）」、「雲峰胡氏（炳文）」、「臨川吳氏（澄）」四條疏文。其中「朱子」（第一條）曰：「彰往察來。往者，如陰陽消長；來者，事之未來吉凶。問『彰往察來，如神以知來、知以藏往相似，往是已定底，如天地陰陽之變，皆已見在這卦上了，來謂方來之變，亦皆在這上？』曰：『是。』」此條經說疏文，董真卿《周易會通》原分作兩條疏文，《大全》編者在纂輯時將它合併在一起。〔註34〕

三、移改疏文位置

　　董真卿的《周易會通》書上所引用的經說疏文，《周易傳義大全》的編者若發覺董氏書上所引錄的經疏文句，和所解釋的《周易》經文意思不相符，或所解經義比較合乎他處經文，則編者會在編纂時，將其經說疏文移至所當

〔註32〕見《大全》，卷9，頁25下；《會通》，卷5，頁26下～27上。

〔註33〕見《大全》，卷10，頁33上；《會通》，卷6，頁14下。

〔註34〕見《大全》，卷23，頁27下；《會通》，卷13，頁20上。

釋之經傳文句之下，茲舉例如下：

（1）《周易‧乾卦》：「上九，亢龍有悔。」爻辭下，朱子《本義》：「故其象占如此」句下，《周易傳義大全》引有「朱子」、「雲峰胡氏（炳文）」、「李氏」、「沙隨程氏（迥）」、「雙湖先生（胡一桂）」等五條經說疏文，其中「沙隨程氏」曰：「易以道義配禍福，故為聖人之書，陰陽家獨言禍福而不配以道義，故為伎術，如此而詭遇獲禽則曰吉，得正而斃則曰凶，故王仲淹曰：『京房、郭璞，古之亂人也。』」「雙湖先生」曰：「文王於乾無所取象，蓋以乾卦畫即象，而元亨利貞直占辭耳。周公始象六爻以六龍，至孔子大象方有天之名，〈說卦〉方有馬之名，而為首為君為父為王為金之類始大備，後之象學者各據三聖而論，庶無惑於紛紜之多端也。大抵《易》莫難明於象，象明則占煥，而辭變亦有不難通者矣。又曰：沙隨謂《易》以道義配禍福，最有補於世教云。」二條經說疏文，董真卿《周易會通》原本引在「用九，見群龍無首」之下，《大全》編者將其移改至上九爻辭之下。〔註35〕

（2）《周易‧訟卦》卦名下，程《傳》：「又人內險阻而外剛強，所以訟也。」句之下，董真卿《周易會通》原本並未徵引經說疏文，胡廣等在纂輯《周易傳義大全》時，鑒於董氏原本引在〈訟卦〉卦辭：「訟，有孚窒，惕中吉，終凶。」之下的「建安丘氏（富國）」曰：「訟字從言從公，言出於公則為訟，不公則為誣為詐，非訟也。」一條經說疏文係在解說〈訟卦〉卦名的意義，不應列引在卦辭之下，遂將其移改至卦名之下。〔註36〕

（3）《周易‧剝卦》上九爻〈象傳〉：「君子得輿，民所載也；小人剝廬，終不可用也。」，程《傳》：「小人如是也」句下，董真卿《周易會通》並未徵引任何經說疏文，而《周易傳義大全》則引錄有「建安丘氏（富國）」及「雙湖胡氏（一桂）」二條經說疏文，其中「建安丘氏」一條疏文係《大全》自行增補者，而「雙湖胡氏」曰：「下四陰爻雖因已成之卦繫辭，其實各原其初剝陽言之，蓋卦本純乾也。初之篾貞，其姤之時乎；二之蔑貞，其遯之時乎；但以剝陽為蔑貞，不以位論矣。三之無咎，其否之時乎；四之凶，其觀之時乎；五之以宮人寵，正當剝之時也。聖人既於觀四別取觀國之光義，而於剝五又取率群陰以受制陽為利焉，至上九直象之以不食之碩果，其扶陽抑陰之意每如此夫！」一條疏文則是自董氏《周易會通》的初六爻爻辭「剝床以足，

〔註35〕見《大全》，卷1，頁14下～15上；《會通》，卷1，頁10下～11上。
〔註36〕見《大全》，卷3，頁22上；《會通》，卷2，頁33上。

－77－

蔑貞，凶」下移改而來。〔註37〕

（4）《周易‧無妄卦》卦名下，程《傳》：「無妄之義大矣哉」句下，《周易傳義大全》徵引有「程子」、「隆山李氏（舜臣）」及「雙溪王氏（炎）」三條經說疏文，其中「雙溪王氏」曰：「復者，賢人之事；無妄者，聖人之事。無妄則誠，而復者所以求至於無妄者也。」一條疏文，董眞卿《周易會通》原來引在「上九，無妄行，有眚，無攸利」爻辭之下，《大全》編者認爲「王炎」之言是在解釋〈無妄卦〉何以排列在〈復卦〉後面的原因，所以將它移改至卦名下。〔註38〕

（5）《周易‧離卦》：「六五，出涕沱若，戚嗟若，吉。」朱子《本義》：「戒占者宜如是也」句下，《周易傳義大全》引有「朱子」、「潘氏夢旂」、「雲峰胡氏（炳文）」、「東谷鄭氏（汝諧）」四條經說疏文。其中「潘氏夢旂」、「雲峰胡氏（炳文）二條經說疏文是《大全》編者自己所增補的。而「朱子」及「東谷鄭氏（汝諧）」二條經說疏文則是抄錄自董眞卿《周易會通》書上的。其中，「東谷鄭氏」曰：「二五皆以柔麗剛，二之辭安、五之辭危者，二得位，五失位也。失位則危，知危則吉。」一條經說疏文，董氏《周易會通》原本引錄在「六二，黃離，元吉」爻辭之下，《大全》編者將其移改至「六五爻」下。〔註39〕

（6）《周易‧夬卦》卦名下，程《傳》：「將盡之時也」句下，《周易傳義大全》引有「隆山李氏（舜臣）」曰：「上古結繩而治，後世聖人易之以書契，百官以治，萬民以察，蓋取諸夬。夬者，決也。天下之事不至於決則不通，故〈雜卦〉之次序，與十三卦之制器尙象，皆終于夬。」一條經說疏文，董眞卿《周易會通》原引在〈彖傳〉：「夬，決也，剛決柔也，健而說，決而和。」之下，《大全》編者以其是解釋〈夬卦〉卦意，於是將它移改至卦名之下。〔註40〕

（7）《周易‧小過卦》：「九四，無咎，弗過遇之，往厲必戒，勿用永貞」下，朱子《本義》：「當闕以俟知者」句下，董眞卿《周易會通》原引有「李氏光」、「雙湖先生（胡一桂）」兩條經說疏文，《周易傳義大全》襲引時，將「李氏光」曰：「方群陰用事之時，求動而進則危矣，故當戒謹，亦勿固守其正而昧於幾也。處小人之間，求進則爲所擠陷，守節則爲所嫉忌。蓋處位不

〔註37〕見《大全》，卷9，頁22上～22下；《會通》，卷5，頁21下。
〔註38〕見《大全》，卷10，頁1上；《會通》，卷6，頁4下。
〔註39〕見《大全》，卷11，頁31上；《會通》，卷6，頁28下。
〔註40〕見《大全》，卷15，頁28上；《會通》，卷8，頁32上。

當，姑靜以俟天時而已。」一條經說疏文，由九四爻爻辭之下，移改至九四爻〈象傳〉之後。〔註41〕

四、刪除疏文

《周易傳義大全》編修者基於其纂輯中心思想與編纂目的之關係，若發覺董眞卿《周易會通》書上所引錄的經說疏文文意，和其編纂原則相違背時，《大全》編者往往會將《會通》書上所徵引的疏解文字加以刪除。這種刪除疏文的方式，概分爲刪除整條完整疏文和刪除部分文字兩類，以下即依序舉例敘述如下：

（一）刪除完整疏文

所謂刪除完整疏文是指《周易傳義大全》在徵引董眞卿《周易會通》時，由於《周易會通》書上引用的《易》說疏文與《周易傳義大全》纂輯宗旨相違背，或與程《傳》、《本義》義理意思相悖時，《大全》編者會將所徵引的整條經說疏文予以刪除，茲舉例如下：

（1）《周易·屯卦》：「上六，乘馬班如，泣血漣如」朱子《本義》：「故其象如此」句下，董眞卿《周易會通》原本引錄有「楊氏萬里」、「胡氏次焱」、「郭氏忠孝」、「李氏舜臣」四條經說疏文，《周易傳義大全》編者僅在程《傳》：「則屯既極可濟矣」下抄錄「楊氏萬里」一條疏文，其餘「胡氏次焱」曰：「四乘震馬而利者，震動也，動則屯可出也。上乘坎馬而泣血者，坎陷也，陷則屯未易出也。」及「郭氏忠孝」曰：「二之班如，待五之媾；四之班如，待初之往；上六班如，獨無所待，進退不決而自傷耳。」及「李氏舜臣」曰：「屯難之世，未可遽往，故諸爻求應，皆班而有待。上六處險之外，乘馬無所適從，痛時閔道而泣血漣如也。」等三條經說疏文全部加以刪除。〔註42〕

（2）《周易·觀卦》：「初六，童觀，小人無咎，君子吝。」朱子《本義》：「君子得之，則可羞矣」句下，董眞卿《周易會通》原本引錄有「馮氏椅」曰：「初位陽，故爲童；二位陰，故爲女，皆爲陰爻，爲童稚象。」及「楊氏萬里」曰：「小人無咎，非無咎也，不足咎也。」兩條經說疏文，《周易傳義大全》編者全部將它刪除，再另外引錄「臨川吳氏（澄）」、「平菴項氏（安世）」

〔註41〕見《大全》，卷21，頁20下；《會通》，卷11，頁19上。
〔註42〕見《大全》，卷2，頁35下～36上；《會通》，卷2，頁20上。

及「雲峰胡氏（炳文）」三條經說疏文補充解釋爻辭之意。〔註43〕

（3）《周易·恆卦》九三〈象傳〉：「不恆其德，無所容也」程《傳》：「無所容處其身也」句之下，董真卿《周易會通》徵引「郭氏雍」及「鄭氏汝諧」兩條經說疏文，《周易傳義大全》編者抄錄「鄭氏汝諧」一條疏文，另外再補入一條「中溪張氏（清子）」的疏文，而將《會通》所引的「郭氏雍」曰：「孔子曰：『人而無恆，不可以作巫醫』，蓋言不能容身於巫醫之賤，況事君治民之職乎？故曰無所容也。」整條疏文全部刪除，不予引錄。〔註44〕

（4）《周易·困卦》：「六三，困于石，據于蒺藜，入于其宮，不見其妻，凶。」朱子《本義》：「其義則〈繫辭〉備矣」句下，董真卿《周易會通》引錄有「齊氏（夢龍）」曰：「《九家易》坎為蒺藜，又為宮。」、「錢氏（時）」曰：「蒺藜，茨草。」、「王氏大寶」曰：「石堅而剛者，以柔居剛，困于石之象。蒺藜剛而多刺，柔乘剛象，居坎體入宮之象，介于二剛而上無應，不見其妻之象」及「雙湖先生」曰：「夫妻隨二體取，震艮皆象磐石，坎亦石矣，皆一陽，象二堅如石刺、如蒺藜，似通。」等四條經說疏文，《周易傳義大全》編者全部將其刪除，不予引錄，而另行增補「中溪張氏（清子）」、「童溪王氏（宗傳）」、「雲峰胡氏（炳文）」三條經說疏文來解釋經、傳文字之意。〔註45〕

（5）《周易·小過卦》卦辭：「可小事，不可大事，飛鳥遺之音，不宜上，宜下，大吉。」朱子《本義》：「亦不可大事之類也」句下，董真卿《周易會通》徵引有「蔡氏」、「蘭氏（廷瑞）」、「鄭氏剛中」、「孔氏（穎達）」、「雙湖先生」五條經說疏文，《周易傳義大全》僅抄錄其中「鄭氏剛中」一條疏文，而將其餘四條經說疏文全部予以刪除。〔註46〕

（6）《周易·序卦傳》：「大壯則止，遯則退也」朱子《本義》：「止謂不進」句下，董真卿《周易會通》徵引有「蔡氏（淵）」曰：「大壯陰止，遯陽退」及「徐氏（幾）」曰：「〈雜卦〉言止者三：艮，止也，謂陽生於上，止而不進，天之道也。節，止也，謂其所限，節而遏止之，人之力也。大壯則止，謂四陽方壯，止而不退，亦天道也。」二條經說疏文，《周易傳義大全》編者全部加以刪除，而另補引「臨川吳氏（澄）」一條疏文以釋之。〔註47〕

〔註43〕見《大全》，卷8，頁16上～16下；《會通》，卷5，頁6下。
〔註44〕見《大全》，卷12，頁25上；《會通》，卷7，頁12上。
〔註45〕見《大全》，卷17，頁9上～9下；《會通》，卷9，頁16下。
〔註46〕見《大全》，卷21，頁12下～13上；《會通》，卷11，頁18上。
〔註47〕見《大全》，卷24，頁42下；《會通》，卷14，頁26上。

（二）刪除部分疏文文字

刪除部分疏文是指《周易傳義大全》將董氏《周易會通》所引用的經說疏文，刪除其中部分編者認爲與程《傳》、《本義》義理相悖者，舉例如下：

（1）《周易・坤卦》卦辭：「坤，元亨，利牝馬之貞」程《傳》：「故取其象曰牝馬之貞」句之下，董眞卿《周易會通》引有「程子」、「朱子」、「馮氏椅」、「李氏過」、「項氏（安世）」、「蔡氏（淵）」六條經說疏文，《周易傳義大全》引錄其中的「程子」、「朱子」、「項氏（安世）」、「蔡氏（淵）」四條經說疏文。其中「項氏」條疏文，《周易傳義大全》僅引錄其後半部分，而刪除前半段的「四明樓尙書鑰言北方畜馬蕃庶，當游牝時，每一牡將十牝以出，雖千百爲群，各從其牡，終不他合，此所謂牝馬之貞也。」等四十六個字，蓋以其僅是宋人樓鑰推測舉例之言，和卦辭文字疏解不甚相涉，遂將其刪略。〔註48〕

（2）《周易・蒙卦》卦名之下，程《傳》：「及其進則爲亨義」句下，《周易傳義大全》引有「白雲郭氏（雍）」、「誠齋楊氏（萬里）」、「雙湖胡氏（一桂）」三條經說疏文，係抄錄自元代董眞卿《周易會通》書上，《大全》在引錄之際，「白雲郭氏」條後面刪去「物稚者有必亨之理，聖人發蒙有致亨之道，蒙所以亨也。」二十二字；「誠齋楊氏（萬里）」條後面刪除「故蒙有亨之理」六字；「雙湖胡氏（一桂）」條刪除後半部分「載觀文王爲卜筮演《易》，所以於蒙、比二卦發明六十四卦尙占之例以示後世。蒙就二陽言筮，九二取初筮之象，初下體也。上九取再三瀆，象再上卦三，上卦之三，自二至上，有頤口之體震動，又當初筮，故告之再三，適當艮止，故不告也。然二陽爻皆不正，故又有利貞之戒。」一大段文字，而另外補入「天地既存，君師立矣」二句以補足其疏文的文意。〔註49〕

（3）《周易・離卦》：「上九，王用出征，有嘉。」程《傳》：「征伐，用刑之大者」句下，《周易傳義大全》引有「節齋蔡氏（淵）」、「西溪李氏（過）」兩條經說疏文，其中「節齋蔡氏」條疏文，前面刪除「王五也上」四字，文句最後刪除「又曰離爲甲冑戈兵，故有征伐之象」十四字。〔註50〕

（4）《周易・大壯卦》：「九三，小人用壯，君子用罔，貞厲，羝羊觸藩，羸其角。」朱子《本義》：「貞厲之占，其象如此」句之下，董眞卿《周易會

〔註48〕見《大全》，卷2，頁1上；《會通》，卷2，頁1上。
〔註49〕見《大全》，卷3，頁1上～1下；《會通》，卷2，頁23上～23下。
〔註50〕見《大全》，卷11，頁31下；《會通》，卷6，頁30下～31上。

通》引錄有「蔡氏（淵）」、「李氏過」、「京氏（房）」、「劉氏（翔）」、「馮氏當可」、「南軒張氏（栻）」、「胡氏允」、「馮氏椅」、「雙湖先生（胡一桂）」及「余氏（芑舒）」等十條經說疏文，《周易傳義大全》編纂襲錄時，刪除「李氏過」、「京氏（房）」、「馮氏當可」、「南軒張氏」、「胡氏允」、「馮氏椅」及「余氏（芑舒）」等七條經說疏文，而僅僅徵引「節齋蔡氏（淵）」、「劉氏」及「雙湖胡氏（一桂）」三家疏文。其中，「雙湖胡氏」一條經說疏文僅引其前半部分，而刪除後半段「謂小人當此之時用其壯，君子當此之時用其罔耳。兌羊象九三，以全體言則爲羊，在乾體則象羝羊，上六亦以全體象羊，而以在震體稱羝羊也。」等五十六個字。〔註51〕

（5）《周易・中孚卦》：「上九，翰音登于天，貞凶。」爻辭下，程《傳》：「固守而不通之謂也」句之下，董眞卿《周易會通》引有「馮氏椅」、「李氏開」及「徐氏（幾）」三條經說疏文，《周易傳義大全》刪除其「馮氏椅」、「李氏開」兩條疏文，僅徵引「進齋徐氏（幾）」疏文的前半段文字，而刪除後半段「又曰〈月令〉注有孚甲孚乳之說，與〈中孚〉取鶴鳴翰音之象同意。」二十四個字。〔註52〕

（6）《周易・說卦傳》第十一章末，朱子《本義》：「此章廣八卦之象，其間多不可曉者，求之於經，亦不盡合也」句下，《周易傳義大全》引有「雲峰胡氏（炳文）」、「柴氏中行」及「雙湖胡氏（一桂）」三條經說疏文，僅「雲峰胡氏」是增補，其餘二條均是抄自董眞卿《周易會通》書上。唯「雙湖胡氏」一條疏文前面有「夫子取兌卦象，如巫本巽互體，如口舌本咸上六，如羊本大壯、夬、歸妹，此外皆所自取。」等三十三字，被《大全》的編者所刪除。〔註53〕

第五節　結　語

　　《周易傳義大全》纂修的名義、體例，及其與宋人董楷的《周易傳義附錄》、元人董眞卿的《周易會通》、胡一桂的《易本義附錄纂註》、胡炳文的《周易本義通釋》四家之書的關係，經過詳細而核實的比對分析結果，可以歸納

〔註51〕見《大全》，卷13，頁6下；《會通》，卷7，頁18下。
〔註52〕見《大全》，卷21，頁10下；《會通》，卷11，頁15下。
〔註53〕見《大全》，卷24，頁26下～27上；《會通》，卷14，頁17下。

獲得下列幾點結論：

其一，《周易傳義大全》是以程子《易傳》和朱子《周易本義》二書作爲其經注，再匯集歷代學者有關的說解《周易》的文字，來補充闡釋程、朱《易》學的義理。因此，書名中的「傳」字是指程頤《易傳》，「義」字是指朱熹《周易本義》，「大全」即指所纂集的歷代先賢的說解文字。《周易傳義大全》的書名恰好能完整的涵蓋全書的內容，顯示明成祖欲「家孔、孟而戶程、朱」的用心，是該書的正名，吾人實不應隨意省簡其全書的書名，方能彰顯其表揚程、朱理學的眞正用意。

其二，明清以來的學者，他們對於《周易傳義大全》取材來源問題的看法，約可概括爲五種：一種謂是抄襲董楷、董鼎、董眞卿三人之書；一種認爲全襲董楷《周易傳義附錄》、董眞卿《周易會通》、胡一桂《易本義附錄纂註》、胡炳文《周易本義通釋》四人之書而成；一種認爲僅鈔襲董楷《周易傳義附錄》一書；一種主張鈔錄一人之書而未提襲自何人；一種認爲是以董眞卿《周易會通》爲底本，再增補少數宋、元人的《易》說。

其三，根據詳實統計，《周易傳義大全》全書徵引一百五十三位儒者及五種書籍，總共五三三六條的經說疏文。其中「引用先儒姓氏」表僅登錄一百三十六位先賢儒者，徵引三七九五條經說疏文，另外有被引用一五三三條經說疏文的十七位儒者，未被載入「引用先儒姓氏」表中，或許是《周易傳義大全》編者疏忽所致。

其四，將《周易傳義大全》和董楷、董眞卿、胡一桂、胡炳文四人的書相比對，董眞卿《周易會通》的體例與《周易傳義大全》最爲相似。《周易傳義大全》書上所徵引總數五三三六條經說疏文，與董氏《周易會通》相同的有共三一八五條，約佔全書總數百分之五十九點六九；《大全》的編者從他書增補的完整疏文者有二一五一條，約佔全書總數的百分四十點三一。在所增補的先儒的《易》說之中，以元人胡炳文的《周易本義通釋》被引用八〇七條最多，約佔全書百分之十五點一二。董眞卿《周易會通》與胡炳文《周易本義通釋》兩書合起來共被《周易傳義大全》徵引三九九二條，約佔全書百分之七十四點八一，可知《周易傳義大全》的編纂是以董眞卿的《周易會通》爲底本，而輔以胡炳文的《周易本義通釋》一書，另外再自行增補百分之二十五點一九的宋、元人《易》說疏文編纂而成。李默、朱彝尊、《四庫全書總目》等明、清學者對於《周易傳義大全》編纂取材來源的問題，看法都不甚

正確，實有加以修正之必要，以免繼續誤導後學。

　　其六，《周易傳義大全》的經說疏文資料，雖然大半取材於元人董眞卿的《周易會通》，不過《大全》編者並非全盤照抄，而是就董氏之書進行刪削改易而成的，其改編的方式可以約括爲：增補疏文、合併疏文、刪除疏文、移改疏文位置四種。其中，增補完整疏文者有二一五一條，增補部分疏文文字的有一○二條；刪除疏文文字者有三六四條；合併疏文者有八十三條；移改疏文位置者有一一四條。

第五章 《書傳大全》研究

第一節 《書傳大全》之名義及其撰述體例

一、《書傳大全》之名義

　　《書傳大全》一書，是明成祖永樂年間所敕修的《五經大全》中的第二部，當時的內府所刊刻的《書傳大全》書名題稱皆是如此，未有異稱者。然而清代乾隆文淵閣本《四庫全書》卻將其改題為《書經大全》，爾後世人慣於襲用《四庫全書》本的書名，反而不知此書的原始書名。

　　根據永樂內府刊本《書傳大全》卷首的〈書傳大全凡例〉所言：「經文之下大書《集傳》，而以諸說分註於其後者，主蔡說也。不拘諸儒時世先後者，以釋經為序也。」可知《書傳大全》本是以宗崇蔡沈《書集傳》為主，故全書首先頂格以特大字體書寫《尚書》經文。其次低一格大字書寫蔡沈《書集傳》的傳文，傳文下再以小字抄錄諸儒之說，而「諸說一以《集傳》為準」。據此可知，《書傳大全》書名中的「書」字是指《尚書》經文，「傳」是指蔡沈的《書集傳》傳文，而「大全」二字則是指編纂者所採錄的諸儒說法，用以疏解經傳文義的疏文。由此看來，《書傳大全》的書名恰能涵蓋經、傳、疏文的全書內容，而《書經大全》一名卻無法涵蓋蔡沈《書集傳》的內容。因此，辨名正實，書名應當以永樂內府刊本所題《書傳大全》為準，而不應再沿襲清人的俗稱。

　　然則《四庫全書》何以稱呼該書為《書經大全》？究竟係編纂者所改題？

抑或是承襲前人的題稱而來？又此種稱呼究竟起於何時？實有需進一步加以說明之必要。根據清武英殿本《四庫全書總目》的記載，其書的採進來源是依據「通行本」，所謂「通行本」即指當時書坊刊印，民間普遍流通的本子，可知《四庫全書》僅係依照民間通行的《書經大全》版本著錄，並非編者故意改題書籍名稱。但是民間書坊刊刻該書書名題稱《書經大全》的確切時間雖難以斷定，不過根據國立故宮博物院收藏的明書林善敬堂刊本《五經大全》的《書傳大全》，卷首書名雖題為《書傳大全》，但板心已改題《書經大全》，而其它四部《大全》情形也相同。又國家圖書館收藏的明建邑書林余氏刊本《申學士校正古本官板書經大全》一書，已開始明白使用《書經大全》的書名來著錄，申學士即申時行（1535～1614），在明末曾官至內閣首輔及大學士。可見在明代福建麻沙的書林善敬堂書室刊本已開始有簡稱《書傳大全》書名的作法，稍後的建邑書林余氏刊本則逕標《書經大全》，由此可見《書傳大全》的書名改稱，最晚在明代晚期已普遍流行。

二、《書傳大全》之撰述體例

要想瞭解《書傳大全》的全書撰述體例，就非得先從書前所附的〈書傳大全凡例〉看起不可，《書傳大全》的〈凡例〉扣除後半部分的「引用先儒姓氏」及「纂修諸臣職銜姓名」兩欄，全部共有四條，為方便下面行文討論方便，茲全部具錄如下：

1. 經文之下大書《集傳》，而以諸說分註於其後者，主蔡氏也。不拘諸儒時世先後者，以釋經為序也。以朱子冠諸儒之首者，《集傳》本朱子之意也。

2. 朱子於《書》，諄諄以闕疑為言，今采用諸說一以《集傳》為準，遇可疑處，諸說理有可通者，亦姑存之。

3. 朱子之說或有與蔡《傳》不合，及前後說自相同異處，亦不敢遺，庶幾可備參考，其甚異者則略之。至於諸家之說，或節取其要語，其有文勢辭旨未融貫處，則頗加隱括云。

4. 《集傳》舊為六卷，今采輯諸說，卷帙增益，復釐為十卷。

根據這四條〈凡例〉所敘述的內容來看，可知道全書體例有幾項要點：第一，全書內容以蔡沈《書集傳》作為《書經》的經注。第二，編者所採取的諸家說法，不分時代先後，而是依所解釋的經文順序排列於蔡氏《書集傳》後面。

第三，朱子雖無關於《尚書》的著作，但為表示對朱子的尊崇，引用諸家之說前，一律以朱子之說為最優先。第四，所採取的諸家說法，只要說理可通，皆加以刪異取要，或僅隱括文意，並不全部照抄。

　　從〈書傳大全凡例〉的敘述來看，可以看出《書傳大全》的體例安排，基本上與《周易傳義大全》等四部《大全》是相同的，書前面並未編輯《書傳大全》全書總目錄，頗不便檢索。全書開卷首列〈書傳大全凡例〉四條及「引用先儒姓氏」、「纂修諸臣職銜姓名」；次為蔡沈〈書集傳序〉；其次為「書說綱領」，錄程子、張載、朱子、滕和叔、程去華等五人二十六條論述《尚書》之言論；又次為偽孔安國〈書序〉；再次為〈書傳大全圖〉，包括「唐、虞、夏、商、周譜系圖」、「曆象授時之圖」等三十四圖。蔡沈《書集傳》原本分為六卷，《書傳大全》正文部分，因采輯諸家經說疏文來解釋經傳文字，卷帙增加，遂改分為十卷，卷一為「虞書」之〈堯典〉、〈舜典〉兩篇；卷二為〈大禹謨〉、〈皋陶謨〉、〈益稷〉三篇；卷三為「夏書」之〈禹貢〉至〈胤征〉等四篇；卷四為「商書」之〈湯誓〉至〈咸有一德〉等八篇；卷五為〈盤庚上〉至〈微子〉等九篇；卷六為「周書」之〈泰誓上〉至〈洪範〉等六篇；卷七為〈旅獒〉至〈梓材〉等七篇；卷八為〈召誥〉至〈蔡仲之命〉等六篇；；卷九為〈多方〉至〈康王之誥〉等六篇；卷十為〈畢命〉至〈秦誓〉等七篇。卷末附錄百篇〈書序〉。

　　《書傳大全》全書經注文字的編排方式，根據八十五年所編印出版的《國家圖書館善本書志初稿・經部》，針對內府刊本《書傳大全》形制的著錄說：

> 經、注文分行，有大、中、小三種字體，經文皆頂格，字最大；蔡
> 沈《集傳》則較經文低一格，字稍小；增補諸儒之說，則係以雙行
> 小字附注蔡《傳》之下，版面甚是清朗。〔註1〕

可知《書傳大全》將經、傳、疏文三種文字分開編排，主從分明，層次極為清楚，相當方便讀者的閱讀。

第二節　前人認定之《書傳大全》取材來源

　　在明成祖授意胡廣等以程朱思想為標準，彙輯宋、元經傳注疏而編成的

〔註1〕　見國家圖書館特藏組編：《國家圖書館善本書志初稿・經部》（臺北：國家圖書館，1996年），《書傳大全》條，頁55。

《五經、四書、性理大全》，刊刻頒布天下，統一思想，使天下學者「一宗朱氏之學，令學者非五經、四書不讀，非濂、洛、關、閩之學不講」、「庠序之所教，制科之所取，一稟於是。」、「幼而讀之，老而不知一言爲可用者」〔註2〕使得明成祖能達到其「合眾途於一軌，會萬理於一源」、「使家不異政，國不殊俗」的理想，獲致一道德風俗相同的效果，對此種情形，成祖相當滿意。但是，後人對此次以政治力量統一經學思想的行動，卻草率纂輯成書，且據以作爲科舉考試之準繩，則頗有微辭。其中批評最力、影響後世最大者，當以顧炎武爲最著。但實際上，在顧炎武之前，明代已早有多人對《五經、四書大全》提出抨擊，正統間，彭勗（1390～1453後）就直言指陳《五經、四書大全》的弊病，他說：

> 永樂間纂修《五經、四書大全》討論欠精，諸儒之說，有與《集註》
> 背馳者。〔註3〕

彭氏認爲《大全》纂集諸儒經說不純正，與朱熹《四書集註》的說法相違背，因此，曾自己加以刪正爲一書，準備謄寫上獻。稍後嘉靖時代的何良俊（1506～1573）則認爲胡廣等纂修的《五經、四書大全》，將漢儒之說全部摒棄，專門收集以宋儒程、朱傳註爲主，極易產生流弊，他說：

> 自程朱之說出，將聖人之言死死說定，學者但據此略加敷演，湊成
> 八股，便取科第，而不知孔孟之書爲何物矣。〔註4〕

同時的歸有光（1506～1571）也對當時以宋、元傳注之書作爲科舉範本提出意見，他說：

> 唐人崇進士之科，而經學幾廢。……宋儒始以其自得之見，求聖人
> 之心於千載之下。然雖有成書，而多所未盡，賴後人因其端以推演
> 之。……勝國遂用以取士，本朝因之。而學校科舉之格，不免有唐
> 世義疏之弊，非漢人宏博之規。學士大夫循常守故，陷於孤陋而不
> 自知也。〔註5〕

〔註2〕 （明）高攀龍撰：《高子遺書》（明崇禎五年嘉善錢士升等刊本），卷7，頁2
下～3上，〈崇正學闢異說疏〉。

〔註3〕 （明）陸容撰：《菽園雜記》（臺北：臺灣商務印書館，1986年3月，影印文
淵閣四庫全書本），卷3，頁14上。

〔註4〕 （明）何良俊撰：《四友齋叢說》（明華亭何氏原刊本），卷三，〈經三〉，頁1
～2。

〔註5〕 （明）歸有光撰：《震川先生集》（臺北：源流出版社，1983年4月），卷之二，
〈經序錄序〉，頁33。

萬曆年間顧大韶（1576～1625後）所提出的批評更爲激烈而尖銳，他說：

> 《大全》之作，敷衍朱《注》，一無發明，用覆醬瓿可也。〔註6〕

可見明人本身對於《大全》的缺失及其所造成的流弊，也早已有深切的體認和瞭解，並且對它提出強烈的批判。自顧炎武在所著的《日知錄》中大肆批評「《大全》出而經說亡」，提出《書傳大全》「後人皆不見舊書，亦未必不因前人也」〔註7〕的說法，未提出證據即以含沙射影的方式指陳《書傳大全》是抄襲前人之作後，朱彝尊（1629～1709）、《四庫全書總目》相繼而起，交相指責，後人多信而從之，眾口一詞，隨聲附和，將明代《尚書》學的荒疏衰落全歸因於《書傳大全》的修纂。後人撰寫有關《尚書》學史方面的著作，往往將顧炎武、朱彝尊、《四庫全書總目》的說法視爲定論，理所當然的隨手稱引，嚴屬批判，以作爲明代《尚書》學術極度衰敗的根本因素。由於《書傳大全》編纂者在書前的〈書傳大全凡例〉中並未明白指出該書究竟參考何書？也未說明全書所徵引的經說疏文資料取材所自？也未說出所指的「諸家之說」究竟指那些人？歷代學者指陳該書全係抄襲，而非諸臣所排纂，其說法的可信度爲何？要明白《書傳大全》全書資料來源是如前人所言全係抄襲剽竊而成，抑或僅係參考前儒經著纂輯而成？要解答這些問題之前，有必要先將歷代學者對《書傳大全》全書取材來源的論述意見及主張，先作一番敘述說明，以方便作爲下文論辨闡述的依據。歷來學者發表對《書傳大全》的取材來源問題，其意見較有代表性而非全然抄襲前人說法的，根據筆者個人知見所及者，約有十位，茲依序引述其說法如下：

（1）明李默（？～1556）首先在《續孤樹裒談》中，談論到《書傳大全》皆是鈔錄元儒陳櫟的《書蔡氏傳纂疏》一書而成，他說：

> 明永樂間，胡廣等奉詔撰《五經大全》，皆鈔錄前人成書，竄易其
> 名，……書則陳櫟。」〔註8〕

李默認爲胡廣等四十二位纂修官所做的工作，僅是將元儒陳櫟（1252～1334）的《書蔡氏傳纂疏》一書，改易其作者及書名爲胡廣等人編輯的《書傳大全》而已，絲毫未曾編輯。其後清代學者在論述《書傳大全》全書取材來源時，

〔註6〕 見（清）錢謙益（1582～1664）撰：《牧齋初學集》（上海：上海古籍出版社，1985年9月），卷72，頁1612，〈顧仲恭傳〉。

〔註7〕 參見（清）顧炎武撰：《日知錄》（臺北：文史哲出版社，1979年4月），卷20，頁525，〈四書五經大全〉條。

〔註8〕 見（清）王士禎撰：《居易錄》，卷9，頁5下。

大多暗中襲引李氏之說，進行增刪潤飾，以作爲其批評《書傳大全》抄襲的證據。

（2）時間稍晚於李默之後的丘集（1524～1602 後），於明神宗萬曆十九年（1591）時，在爲他所蒐藏的元人陳師凱《書蔡氏傳旁通》一書撰寫題跋，提出與李默完全不同的看法，他認爲《書傳大全》是全部抄襲元人董鼎的《書蔡氏傳輯錄纂註》，而非陳櫟的《書蔡氏傳纂疏》，他說：

> 永樂間修《大全書》，諸儒似止見董氏《輯錄纂注》，未見此陳氏《旁通》，故於蔡《傳》片文隻字之蘊奧，多鬱而未暢。（張金吾撰：《愛日精廬藏書志》，卷 2，頁 8 上）〔註 9〕

丘氏以爲《書傳大全》的纂修諸臣，所以未抄錄陳師凱的《書蔡氏傳旁通》一書上的資料，主要是因纂修者未見陳氏之書，以致《書傳大全》在疏解蔡沈《書集傳》的書中義理時，其蘊蓄奧旨，大都未能獲得充分暢達發揮。

（3）清初學者吳任臣（1629～1709），則在明代李默、丘集的鈔襲一人之書說法之外，提出其異於二人的另一種意見，他說：

> 《書傳》舊爲六卷，今分十卷，大旨本二陳氏。〔註 10〕

吳氏認爲《書傳大全》全書經說疏文資料實本於二陳氏，又將蔡沈《書集傳》原本六卷的數目，在增益諸儒經說疏文之後，卷帙龐大，因而將全書卷數擴增爲十卷。至於「二陳氏」究竟指誰？吳氏則並未說明清楚。

（4）朱彝尊（1629～1709）編輯大型經學叢書目錄《經義考》時，在《周易傳義大全》條下提出個人對《書傳大全》修纂取材來源的看法，他說：

> 按：永樂中詔修《五經、四書大全》，開館則給月饌，書成則賜鈔賜幣賜燕，又御製序文頒行，稱爲廣大悉備，不知胡廣諸人止就前儒之成編，一加鈔錄而去其名。如《詩》則取諸劉氏；《書》則取諸陳氏；《春秋》則取諸汪氏；《四書》則取諸倪氏；《禮》則於陳氏《集說》外，增益吳氏之《纂言》；《易》則天臺、鄱陽二董氏，雙湖、雲峰二胡氏。於諸書外，全未寓目，所謂《大全》，乃至不全之書也。夫既竊其廩賜，並未效纖毫搜采之勤，攘私書爲官書，以罔其上，

〔註 9〕 丘氏之說，見於清人張金吾所撰：《愛日精廬藏書志》（北京：中華書局，1982年 3 月，《清人書目題跋叢刊》四）一書中，係張氏迻錄自所藏元至正刊本《書蔡氏傳旁通》書上的丘集手跋之一，丘氏跋文共有三則，首尾完整，當係全文迻錄，此書今未見。

〔註 10〕 見（清）朱彝尊撰：《經義考》，卷 87，頁 6 上。

　　豈不顧博聞之士見而齒冷乎？即此可見胡廣心術之不純，而同事諸
　　臣亦苟且游戲甚矣！〔註11〕

朱氏對於《書傳大全》取材來源問題，以爲僅「取諸陳氏」，實際是襲引李默
的意見。他並且批評胡廣等人品性惡劣，將明成祖全權委託給他編輯集大成
式經學鉅著的重責大任置若罔聞，而僅「止就前儒之成編，一加鈔錄而去其
名」，態度相當苟且，敷衍草率，「攘私書爲官書」，如此膽大妄爲的行徑，實
應歸因於胡廣「心術不純」所致，可謂對其爲人斥責厭惡至極點矣。

　　（5）陳廷敬（1639～1710）談論歷代經學發展及其家法時，曾批評永樂
朝的《五經大全》全是匆忙間鈔襲前人舊書所完成的，是「甚不全之書也」，
他說：

　　《大全》之書，明永樂朝急就之書也。七年開館於祕閣，十三年帝
　　問纂修如何？館中人聞之懼，倉卒錄舊書，略加刪飾以進。《四書》
　　則倪氏《輯釋》，《易》則董楷《輯疏》，《書》則董鼎《輯錄》，《詩》
　　則劉瑾《通釋》，《春秋》則汪克寬《纂疏》，《禮記》則陳澔《集說》，
　　故《大全》者，甚不全之書也。〔註12〕

陳氏認爲《書傳大全》編纂時，是鈔錄元人董鼎《書蔡氏傳輯錄纂註》。陳氏
以爲《五經大全》的編輯，既非「專家之論」，也不是什麼有「獨見之論」的
書，〔註13〕又是在明成祖緊急催促下，害怕明成祖責備其懈怠之餘，倉促間
無法交待，不得已乃勦襲前人舊書以交差的急就章之作。

　　（6）方苞（1668～1749）精研三《禮》，在上朝廷〈擬定纂修三禮條例
箚子〉時，也殷殷剴切的以明代纂修《五經大全》而遭致後世不盡惡評爲戒，
他說：

　　臣竊惟明初《五經大全》，皆各主一人之說，且成於倉卒，不過取宋、
　　元儒者一二家纂輯之書，稍掇眾說以附之，數百年來，皆以爲未盡
　　經義，不稱《大全》之名。〔註14〕

方氏認爲《五經大全》皆僅宗主一人說法，且又取一、二家宋、元儒者之書
來抄襲纂錄，既不盡經義，亦不配稱爲「大全」之名，由於方苞並未明確指

〔註11〕見（清）朱彝尊撰：《經義考》，卷49，頁8下，《周易傳義大全》條。
〔註12〕見（清）陳廷敬撰：《午亭文編》（臺北：臺灣商務印書館，1986年3月），卷
　　　　32，頁16下，〈經學家法論〉。
〔註13〕陳廷敬之意見，見陳氏撰：《午亭文編》，卷32，頁16上，〈經學家法論〉。
〔註14〕見（清）方苞撰：《方苞集》，集外文卷2，頁564，〈擬定纂修三禮條例箚子〉。

出《書傳大全》全書的經說疏文資料究竟纂輯抄襲自何書，因此無法詳細論述。

（7）全祖望（1705～1755）則在〈與謝石林御史論大學古本帖子〉一文中，談論到明成祖永樂年間所修纂的《五經大全》，由於胡廣等人畏難偷懶，而將實際負責編纂工作全委託給陳濟一個人，陳濟不得已乃改採簡便的纂修方法，他說：

> 太祖之頒經，許諸生皆得用注疏，至其於宋人之書，《周易》則兼用程、朱二家，《尚書》則兼用蔡、鄒、夏三家，《春秋》則兼用胡、張二家，未嘗墨守一說也。乃轉盼間，成祖修《大全》，而盡出於專門，則何故耶？當時之儒臣，皆憚諸說之繁，而不欲改元人之舊，故雖館閣之人如林，而實則委之毘陵徵士陳伯載，以一人任諸經之事。（原註：伯載名濟，布衣。）伯載於是為簡易之法，《易》、《書》以董氏，《詩》以劉氏，《春秋》以汪氏，《禮》以陳氏，《四書》以倪氏，稍為刪潤，而書成矣。當時歲縻廩祿，月費俸錢，而其實竊鈔舊本以成之，罔上行私，莫或糾舉，其遑問漢、唐以來之源流乎？〔註15〕

全祖望認為《書傳大全》和《周易傳義大全》兩書全係「竊鈔」董氏之書而成，至於他所指的「董氏」究竟是指董真卿抑或董鼎？是一人還是指二人？全氏文中並未說明清楚，實在令人難以理解所說是那一位董氏。不過，若以董氏父子二人現存的經學典籍來看，董真卿秉父命受學於胡一桂，有《周易會通》傳世，卻並未聞有《尚書》方面的著作，依此而論，全氏所指應當是指董鼎《書蔡氏傳輯錄纂註》才對。至於全氏指陳胡廣等四十二位纂修大臣畏懼修纂工作的繁難，遂將《五經大全》的纂輯工作全部「委之毘陵徵士陳伯載，以一人任諸經之事」的說法，究竟據何而言，亦不得而知。

（8）《四庫全書》編修館臣對明代學術的批評，可說眾所皆知，對永樂朝纂輯的《五經大全》諸書的抨擊，更是不遺餘力，在乾隆四十六年五月（1781）為文淵閣本《書經大全》所寫的書前提要中就說：

> 其書（按：原作「說」，誤，此據《四庫全書總目》訂正）雖不似《詩經大全》之全鈔劉瑾《詩傳通釋》，《春秋大全》之全鈔汪克寬《胡傳纂疏》，而實亦非廣等所自纂，故朱彝尊《經義考》引吳任臣之言

〔註15〕見（清）全祖望撰：《鮚埼亭集》，外編，卷41，頁1269，〈與謝石林御史論大學帖子〉。

曰：『《書傳》舊爲六卷，《大全》分爲十卷，大旨本二陳氏。』二陳
氏者：一爲陳櫟《尚書集傳纂疏》，一爲陳師凱《書蔡傳旁通》。《纂
疏》皆墨守蔡《傳》，《旁通》則于名物度數，考證特詳，雖回護蔡
《傳》之處，在所不免，然大致較劉氏說《詩》，汪氏說《春秋》爲
有根柢，故是書在《五經大全》中尚爲差勝云。（《書經大全》書前
提要，頁 1 下～2 上。）〔註16〕

吳任臣雖指出《書傳大全》取材來源是「二陳氏」，卻並未明確說出究竟是指
那兩個人。《四庫提要》館臣在引用吳任臣之言後，進一步將吳氏所指陳而未
說明清楚的「二陳氏」，尋找出眞實姓名及作品，認爲就是陳櫟的《尚書集傳
纂疏》及陳師凱的《書蔡傳旁通》二人，《四庫》館臣並認爲陳櫟《尚書集傳
纂疏》及陳師凱《書蔡傳旁通》，兩書各有所長，《書傳大全》抄襲二書，較
《詩傳大全》、《春秋集傳大全》僅抄襲一人之書，稍爲差勝。

（9）程元敏先生研究宋代學術，對於「宋人治經，敢變漢、唐舊義，創
立新說，於時最早，而又影響官學及私家著述最大者，莫過於王安石《周禮
新義》、《尚書新義》、《詩經新義》──《三經新義》者」，〔註17〕然其書久佚，
後世莫得獲睹其全，誠學術史上之遺憾。因此發潛德之幽光，纂輯編成《三
經新義輯考彙評》三書，對宋代學術的研究貢獻頗大。程先生在纂輯《三經
新義輯考彙評（一）──尚書》一編時，發現前賢對於《書傳大全》抄襲來
源的看法，實際上並不太正確，他說：

> 明永樂間胡廣等奉敕纂修《五經大全》，類皆抄襲舊作成編。此書，
> 《四庫提要》曰：「實非廣等所自纂，故朱彝尊《經義考》引吳任臣
> 之言曰：『《書傳》舊爲六卷，《大全》分爲十卷，大旨本二陳氏。』
> 二陳氏者，一爲陳櫟《尚書集傳纂疏》，一爲陳師凱《書蔡傳旁通》。」
> 按吳氏之說可議。今以其所載王安石《書》說驗之，《大全》抄襲董
> 氏（鼎）《輯纂》最多，其次爲陳氏《纂疏》。〔註18〕

程先生以《書傳大全》中所徵引的王安石《尚書新義》資料來看，抄襲元董

〔註16〕《四庫全書總目》中論及《書傳大全》的資料，尚有卷 12，頁 16，《尚書日
　　　　記》提要：卷 12，頁 22，《欽定書經傳說彙纂》提要；卷 13，頁 10，《書傳
　　　　通釋》提要。
〔註17〕參見程元敏先生撰：《三經新義輯考彙評（一）──尚書》（臺北：國立編譯
　　　　館，1986 年 7 月），〈自序〉，頁 1。
〔註18〕見程元敏先生撰：《三經新義輯考彙評（一）──尚書》，下編，頁 283。

鼎《書蔡氏傳輯錄纂註》書上的資料最多，其次才是元陳櫟《書蔡氏傳纂疏》的資料，與《四庫全書總目》引據吳任臣的說法有頗大的出入，因此認爲清人之說，實有進一步再商榷之必要。

（10）林慶彰先生在檢討顧炎武等人對於《書傳大全》取材的問題時，說：

> 顧炎武等人以爲《書傳大全》本於陳櫟的《尚書集傳纂疏》和陳師凱的《書蔡傳旁通》。陳櫟的書，以蔡沈《書集傳》爲底本，在蔡氏的注解下，有「纂疏」一項，收錄宋、元人的相關說法，例如《堯典》：「光被四表，格於上下」句，蔡《傳》坐下，收有「朱子語錄曰」四條，「呂氏祖謙曰」一條……《書傳大全》的體例大抵與陳氏書相同，陳書所引的「朱子語錄曰」改爲「朱子曰」，「呂氏祖謙曰」改爲「呂氏曰」……另外，加入「元城劉氏曰」、「西山眞氏曰」、「王氏充耘曰」……等說法，可見《書傳大全》是以陳氏的書爲底本來增減的。筆者檢閱董鼎《書蔡傳輯錄纂註》時，得知董氏之書，是在蔡氏的注解下設有「輯錄」和「纂註」兩項，以收錄各家之說法。今《書傳大全》所錄各家說《書》文字，不見於陳櫟《纂疏》的，有些可以從董氏的書中找到。可見《大全》的編者曾參考過董氏的書。這點，因爲顧炎武等人，並未作過仔細核對的工夫，所以也沒有發現。至於陳師凱的《書蔡傳旁通》，是摘錄蔡沈《書集傳》的某些字句加以疏釋，體例和陳櫟的《纂疏》、胡廣的《大全》完全不同。所能取材者相當有現。顧炎武等人，以爲《書傳大全》本於陳師凱的《書蔡傳旁通》的說法，也應加以修正。〔註19〕

因此，林先生得出《書傳大全》取材問題的結論說：

> 前人以爲《書傳大全》本於陳櫟、陳師凱兩人的書。實則，除取自陳櫟的《尚書集傳纂疏》外，兼採董鼎的《書蔡傳輯錄纂註》。陳師凱的《書蔡傳旁通》實未採入。〔註20〕

林先生先將陳櫟、董鼎、陳師凱三人之書拿來和《書傳大全》全書體例逐一

〔註19〕見林慶彰先生撰：《明代經學研究論集》，頁47～48，〈《五經大全》之修纂及其相關問題探究〉。

〔註20〕見林慶彰撰：《明代經學研究論集》，頁57，〈《五經大全》之修纂及其相關問題探究〉。

作比對，發現《書傳大全》的體例大致上與陳櫟的《尚書集傳纂疏》相同，知道《書傳大全》基本上是以陳櫟的書作為纂修底本，另外再加入董鼎的《書蔡傳輯錄纂註》書上的部分經說疏文。至於元人陳師凱的《書蔡傳旁通》一書的資料，《書傳大全》實際並未採入，前人的說法需要加以修正，才能符合實際情形。唯林先生文章中說「顧炎武等人以為《書傳大全》本於陳櫟的《尚書集傳纂疏》和陳師凱的《書蔡傳旁通》」，其中「顧炎武等人」當更正為「《四庫全書總目》」比較符合實際情形。

　　上述十家對於《書傳大全》取材來源問題的說法，〔註21〕每個人的意見，互有不同，可說相當分歧，其主張主要可分為五種：第一種意見是認為《書傳大全》係全部鈔錄元人陳櫟的《尚書集傳纂疏》而成，僅將陳氏書名予以改易，明李默、清朱彝尊等人主張此說；第二種意見則認為《書傳大全》全係抄襲元人董鼎的《書蔡氏傳輯錄纂註》，明丘集、清陳廷敬、全祖望等人主張此說；第三種意見是認為「大旨本二陳氏」，二陳是指陳櫟和陳師凱，主張此說者有清初吳任臣和《四庫全書總目》；第四種意見是認為《書傳大全》抄襲董鼎《書蔡氏傳輯錄纂註》的資料最多，其次是陳櫟《書蔡氏傳纂疏》，程元敏先生主張此說；第五種意見則認為《書傳大全》的經說疏文資料，大部分抄襲自陳櫟的《尚書集傳纂疏》，另外再兼採董鼎的《書蔡傳輯錄纂註》，至於陳師凱《書蔡傳旁通》的資料，《書傳大全》實際上根本未採入，林慶彰先生主張此說。

　　自從《五經大全》編輯完成後，明、清兩代批評其勦襲疏漏弊病的，以明末清初的顧炎武為最著，後世學者經常引用其說法來做為《五經大全》價值評斷的定論，但是顧炎武在《日知錄》中所述，事實上僅明白論及《四書大全》、《春秋大全》、《詩經大全》三部書的抄襲情形，至於《書傳大全》則因「後人皆不見舊書」，無法明確指出究竟是勦襲自何人的作品，卻以其一貫批評明代學術淺陋的斷然口氣認為「亦未必不因前人也」，因而《四庫全書總目》纂修官譏其「頗涉鄰人竊鈇之疑」。〔註22〕實則，在明代已先有李默、丘集兩人各自提出

〔註21〕諸家論及《五經、四書大全》取材來源問題者，除此之外，尚有顧炎武撰：《日知錄》（臺北：文史哲出版社，1979年4月），卷20，頁525，《四書、五經大全》條。清徐乾學（1631～1694）撰：《憺園文集》（清康熙三十六年崑山徐氏冠山堂刊本），卷21，頁29上，〈新刊經解序〉。兩者因文章中皆未曾論及《書傳大全》的取材來源，故本文不予採錄。

〔註22〕顧炎武說：「永樂中所纂《四書大全》特小有增刪，其詳其簡或多不如倪氏。〈大學、中庸或問〉則全不異，而間有舛誤。至於《春秋大全》則全襲元人汪克寬《胡傳纂疏》，但改其中愚按二字為汪氏曰，及添廬陵李氏等一二條而

他們所認定的抄襲來源，兩種說法，截然不同，後世諸說紛歧，大抵皆係沿襲李、丘二家的說法及其修正意見。迨吳任臣另外再提出陳師凱《書蔡氏傳旁通》一書，《四庫全書總目》則進一步予以證實吳氏之說。由諸家的意見，可以很明顯看出各人大都認爲《書傳大全》和元儒董鼎《書蔡氏傳輯錄纂註》、陳櫟《書蔡氏傳纂疏》、陳師凱《書蔡傳旁通》三家之書有相當密切的關係，但其間抄襲詳情如何？以哪一家的經說疏文被抄襲最多？其比例到底有多少？是否全盤照抄抑或有增刪移改？上述十家的意見，歧異之處相當大，究竟以誰的說法較爲正確、可信？仍有待進一步將三家之書拿來與《書傳大全》實際的作比對，以詳實的統計資料來作證明，以徹底解決《書傳大全》經說疏文取材來源的眞貌，企圖爲此抄襲問題尋出一個比較正確而合理的結論。

第三節　《書傳大全》的實際取材來源

一、《書傳大全》與陳櫟、董鼎、陳師凱三家之書體例比較

前人屢言《書傳大全》是「僅取已成之書，抄謄一過」而已，實際並無絲毫纂輯之勞，扣其襲錄之書，則又眾人殊詞，或謂抄襲陳櫟《書蔡氏傳纂疏》，或曰纂錄陳櫟《書蔡氏傳纂疏》及陳師凱《書蔡氏傳旁通》二家之書，或以爲僅錄董鼎《書蔡氏傳輯錄纂註》，或說是以董鼎《書蔡氏傳輯錄纂註》爲主，兼採陳櫟《書蔡氏傳纂疏》。諸家說詞，人人異殊，莫衷一是，眞使人茫然而無所適從。

要確實解決《書傳大全》的取材來源問題，釜底抽薪的唯一方法只有將《書傳大全》拿來逐一與董鼎《書蔡氏傳輯錄纂註》、陳櫟《書蔡氏傳纂疏》、陳師凱《書蔡氏傳旁通》三家之書詳細作比對，才有辦法得出較確實而正確的結論，否則永遠都只是人云亦云，隨人說短長，得到的只是浮面印象，無助於澄清事實眞相。

在進行比對之前，有必要先針對董、陳三家之書所欲採用的版本及其全書體例進一步作說明，以明其全書結構，今逐一列述如下：

已。《詩經大全》則全襲元人劉瑾《詩傳通釋》，而改其中愚按二字爲安成劉氏曰。其三經後人皆不見舊書，亦未必不因前人也。」（《日知錄》，卷20，頁525，〈四書五經大全〉條。）

（一）董鼎《書蔡氏傳輯錄纂註》

採用國家圖書館所藏元至正十四年建安翠巖精舍刊本，〔註23〕而以《通志堂經解》本、文淵閣《四庫全書》本參校。董鼎之書，以蔡沈《書集傳》爲底本，書前有蔡沈〈書集傳序〉、董鼎至大元年戊申（1308）〈書蔡氏傳輯錄纂註序〉、〈朱子說書綱領〉、〈書蔡氏傳輯錄纂註凡例〉、「書蔡氏傳輯錄引用諸書及諸家姓氏」表及僞孔安國〈書序〉（書大序）。在經文之下的注解錄蔡沈《書集傳》全文，而在蔡氏注解下輯錄《朱子語錄》以及文集等書上有關的朱子《書》說，無不加以搜輯，名爲「輯錄」；「輯錄」之後則博采宋、元諸儒的註解，「或推蔡氏所本，或發其所未盡，或補其所不及」，凡有能闡發經傳義理者，增纂輯爲「纂註」，書末附有〈書序〉（即百篇書序，又稱書小序）。

（二）陳櫟的《書蔡氏傳纂疏》

採用《通志堂經解》本，而以文淵閣本《四庫全書》的《尚書集傳纂疏》參校。陳櫟之書，亦以蔡沈《書集傳》爲宗，書前有蔡沈〈書集傳序〉、陳櫟泰定四年丁卯（1327）〈書蔡氏傳纂疏序〉、〈書蔡氏傳纂疏凡例〉、僞孔安國〈書序〉（書大序）、〈讀尚書綱領〉及〈書序〉（書小序）。在《尚書》經文之下，全錄蔡氏《書集傳》注解全文，蔡《傳》之後，置有「纂疏」一項，先收錄《朱子語錄》等有關文字，朱子之後纂錄宋、元兩代諸儒者相關論說。

（三）陳師凱《書蔡氏傳旁通》

採用《通志堂經解》本，另以國家圖書館藏元至正五年乙酉（1345）建安余氏勤有堂刊本及文淵閣本《四庫全書》參校。陳師凱的《書蔡氏傳旁通》，

〔註23〕按國立中央圖書館所藏元至正甲午（十四）刊本之董鼎《書蔡氏傳輯錄纂註》，經筆者持與商務印書館影印涵芬樓藏本《書蔡氏傳輯錄纂註》相比對，證實係同一板本。兩者相異之處在於中央圖書館藏本將原在書末之〈書序〉移置於卷首，又〈朱子說書綱領〉末有「慶元甲午孟夏翠巖精舍新刊」木記，而涵芬樓藏本〈書序〉仍置於書末，而〈朱子說書綱領〉末的木記則作「口口甲午孟夏翠巖精舍新刊」，闕「慶元」二字。「慶元」係南宋寧宗年號（1195～1200），其間並無甲午年，而董鼎之書完成於元武宗至大戊申（1308），兩者時間相距一百一十四年，豈有元人之書而有南宋刊本之道理？故清陸心源（1834～1894）認爲元至正十四年歲在甲午，所缺蓋「至正」二字，係後人妄改，企圖僞充宋板，證以中央圖書館藏本「至正」二字改爲「甲午」二字，足見陸氏所言不虛。（《皕宋樓藏書志》，卷4，頁14上，《書集傳輯錄纂註》；臺北：廣文書局，1968年3月）

係鑒於董鼎《書蔡氏傳輯錄纂註》的編撰，「其『輯錄』特問答之多端，『纂註』又專門之獨見，初學於此，苟本傳尚未曉析，而乃游目廣覽，則茫無畔岸」，因此未幫助初學通曉蔡《傳》書中之天文地理、律曆禮樂等名物制度，遂「不厭瑣碎，專務釋《傳》，固不能效《正義》之具舉，但值片言隻字之所當尋繹、所當考訓者，必旁搜而備錄之，期至於通而後止，俾初學之士，對本傳於前，置《旁通》於側，或有所未了者，即轉矚而取之左右，庶幾微疑易釋，大義易暢。」〔註24〕故全書僅摘錄蔡沈《書集傳》注解的部分字句來加以疏解，凡是蔡《傳》注解中對於名物制度有所遺漏或稱引未詳者，則予以詳釋之。只是全書並不引述《尚書》經文，對閱讀者造成相當的不便。

（四）《書傳大全》

　　清高宗乾隆間編纂《四庫全書》，曾在經部書類收錄《書經大全》，據文淵閣本《四庫全書》收錄的《書經大全》來看，係鈔錄當時民間的通行本。《四庫》本雖據通行本鈔錄，然《四庫》館臣常基於怠惰偷懶或其他因素，往往對所收錄之書進行頗多刪削，對《書傳大全》亦不例外，全書的形式及內容遭到甚多刪削增補，例如：在書前刪去〈書傳大全凡例〉、「引用先儒姓氏」、「纂修諸臣名銜」及蔡沈〈書集傳序〉，書末又刪去附編〈書序〉（百篇書序）。而且文章中又時時雜有明人「吉豐彭氏（彭勗）」之附釋文字，這大概是《四庫》本據通行本抄錄時，其通行本係經後人校勘增附彭勗《書傳通釋》部分文字的板本，由於其時代較晚，又屢經改動，故本文比對時不予採用，而直接採用國家圖書館（按：原名國立中央圖書館）所藏明永樂內府刊本之《書傳大全》。內府刊本《書傳大全》的形制：書前有凡例、引用先儒姓氏、纂修諸臣銜名、蔡沈〈書集傳序〉、書說綱領、僞孔安國〈書序〉及〈書傳大全圖〉等，而將〈書序〉（書小序）置於全書之末，作為附編。〔註25〕是書以蔡沈《書集傳》為宗，在經文之下也全錄蔡氏《傳》文，蔡《傳》註解之下則纂輯匯錄宋、元諸儒的解說，以解說經傳文字為次，而不全按其時代先後順序，然諸家解說前照例首先冠以朱子之說。

〔註24〕語見陳師凱〈書蔡傳旁通序〉，頁1下～2上。
〔註25〕程元敏先生認為古人著書序文皆殿全書之末，而蔡沈撰《書序辨說》也是總附《尚書》全經卷末，「明初《書經大全》如此，《大全》抄襲董（鼎）書，則初本董書《書序》在經末，後刻移置卷首，并失蔡、董原典之舊矣。」，見程氏撰：〈朱熹蔡沈師弟子《書序辨說》板本微孚〉，《經學研究論叢》第3輯（臺北：聖環圖書公司，1995年4月），頁73。

將董鼎、陳櫟、陳師凱三人之書，持與《書傳大全》相比。若純就《書傳大全》的全書體例來看，與陳櫟之書最為相近，兩者稍有不同之處即在《書傳大全》將〈書序〉（百篇書序，即書小序）移至全書之末，因此，林慶彰師認為「《書傳大全》的體例大抵與陳氏書相同」的說法，可說是相當符合實際情形。〔註26〕

二、《書傳大全》徵引經說疏文分析

明、清兩代的學者，長久以來紛紛撰文批評《書傳大全》係抄襲前人舊書，至於究竟是襲引哪一個人的哪一部書，卻又各有所指，眾說紛紜，使人莫明其所以然。根據《書傳大全》於〈凡例〉中所作的說明，編者在所宗的蔡沈《書集傳》之下，徵引歷代先儒「諸說分註於其後」來闡釋蔡《傳》的義理，諸儒經說的引用先後，完全視其所解釋經文之先後而定，在所徵引諸儒經說中，一律以朱子的說法居首，以示尊重。為明瞭全書引用諸儒經說疏文的情形，有必要針對《書傳大全》全書中所引用的諸儒經說疏文作一詳細確實的統計。據書前〈凡例〉的「引用先儒姓氏」表所列的歷代諸儒共有一百三十一位儒者，為方便討論，以下即將「引用先儒姓氏」表所登錄的先儒姓名及其經說疏文在書中被引用的次數，列表如下：

引用姓氏稱號	原姓名	引用次數	引用姓氏稱號	原姓名	引用次數
孔 氏	孔安國	102	高 氏	高 閌	2
劉 氏	劉 向	1	彭 氏	彭汝礪	1
劉 氏	劉 歆	1	劉 氏	劉一正	1
孔 氏	孔 光	1	馮 氏	馮時可	1
揚 氏	揚 雄	0	唐 氏	唐聖任	5
馬 氏	馬 融	9	張 氏	張 震	4
鄭 氏	鄭 玄	17	史 氏	史仲午	1
高堂氏	高堂隆	1	劉 氏	劉 卣	2
王 氏	王 弼	0	史 氏	史 漸	7
王 氏	王 肅	2	鄒 氏	鄒補之	1
孔 氏	孔穎達	105	李 氏	李子材	6

〔註26〕參見林慶彰先生撰：〈《五經大全》之修纂及其相關問題探究〉，收入《明代經學研究論集》（臺北：文史哲出版社，1994年5月），頁47。

引用姓氏稱號	原姓名	引用次數	引用姓氏稱號	原姓名	引用次數
李 氏	李 白	1	陳 氏	陳 經	104
柳 氏	柳宗元	1	陳 氏	陳梅叟	2
周 子	周敦頤	3	鄭 氏	鄭景望	2
程 子	程 頤	21	陳 氏	陳 賓	1
張 子	張 載	4	張 氏	張文蔚	1
司馬氏	司馬光	1	袁 氏	袁 默	3
胡 氏	胡 旦	2	侯 氏	侯 甫	1
顧 氏	顧 臨	4	葛 氏	葛興仁	1
歐陽氏	歐陽脩	1	成 氏	成申之	2
陸 氏	陸 佃	0	吳 氏	吳 棫	12
范 氏	范純仁	0	馬 氏	馬子嚴	0
王 氏	王安石	70	陳 氏	陳大猷	193
蘇 氏	蘇 洵	1	吳 氏	吳 泳	1
蘇 氏	蘇 軾	64	蕭 氏	蕭 滋	1
蘇 氏	蘇 轍	0	任 氏	任 淵	1
曾 氏	曾 鞏	1	朱 氏	朱方大	1
楊 氏	楊 時	6	施 氏	施 氏	1
尹 氏	尹 焞	1	曾 氏	曾 氏	12
范 氏	范祖禹	2	王 氏	王 炎	60
劉 氏	劉安世	2	董 氏	董夢程	3
沈 氏	沈 括	1	董 氏	董 琮	20
孫 氏	孫 覺	2	鄒 氏	鄒近仁	4
葉 氏	葉夢得	29	李 氏	李舜臣	4
陳 氏	陳鵬飛	53	沈 氏	沈貴寶	3
王 氏	王日休	7	程 氏	程若庸	12
朱 氏	朱 震	1	滕 氏	滕和叔	0
呂 氏	呂大臨	2	許 氏	許月卿	1
張 氏	張行成	1	馬 氏	馬廷鸞	8
胡 氏	胡 宏	2	李 氏	李養吾	1
張 氏	張 栻	82	方 氏	方 回	1
呂 氏	呂祖謙	236	齊 氏	齊夢龍	4

引用姓氏稱號	原姓名	引用次數	引用姓氏稱號	原姓名	引用次數
蔡　氏	蔡元定	5	李　氏	李次僧	0
陸　氏	陸九淵	2	鄭　氏	鄭元寶	0
黃　氏	黃　榦	2	金　氏	金履祥	3
蔡　氏	蔡元度	10	吳　氏	吳　澄	74
陳　氏	陳　埴	8	熊　氏	熊　禾	17
張　氏	張九成	2	胡　氏	胡一桂	13
張　氏	張　綱	1	王　氏	王希旦	12
林　氏	林之奇	169	許　氏	許　謙	0
夏　氏	夏　撰	56	陳　氏	陳　櫟	361
陳　氏	陳傅良	7	余　氏	余芑舒	11
眞　氏	眞德秀	60	馬　氏	馬永卿	0
魏　氏	魏了翁	2	董　氏	董　鼎	60
宋　氏	宋遠孫	1	王　氏	王充耘	3
楊　氏	楊萬里	1	周　氏	周希聖	1
王　氏	王十朋	12	吳　氏	吳亨壽	1
薛　氏	薛肇明	17	陳　氏	陳　卿	1
張　氏	張庭堅	1	陳　氏	陳師凱	0
胡　氏	胡　伸	1	王　氏	王　雱	1
上官氏	上官公裕	1	金　氏	金　燧	1
張　氏	張　沂	1	陳　氏	陳　普	1
張　氏	張　景	1	馬　氏	馬　氏	1
李　氏	李　杞	10	鄒　氏	鄒季友	4
李　氏	李　樗	1	陳　氏	陳雅言	134
潘　氏	潘　衡	1			

　　《書傳大全》編者所登錄的一百三十一位引用先儒名單之中，他們的經說疏文在書中並非全部有徵引到，其中揚雄、王弼、陸佃、范純仁、馬子嚴、蘇轍、滕和叔、李次僧、鄭元寶、許謙、馬永卿、陳師凱等十二位先儒，實際上並無任何一條經說疏文被引用，而《書傳大全》編者也將他們列入引用名單之中，實爲其疏忽所致。

　　在上述一百三十一位儒者，總共徵引二四〇二條經說疏文，其中以陳櫟三

六一條、呂祖謙二三六條、陳大猷一九三條、林之奇一六九條、陳雅言一三四條、孔穎達一〇五條、陳經一〇四條、孔安國一〇二條等幾家的經說疏文被引用最多。

事實上，《書傳大全》在書上所徵引的經說疏文，除了上述所列一百三十一位先儒外，另外還有一些先儒的經說曾被引用，而其姓名卻未被編纂者登錄於「引用先儒姓氏」表上，除此之外尚有一些以書籍名稱被引用的經說，也同樣被疏忽漏列，今一併將兩者的姓名、書名及引用情形作成統計表，臚列如下：

引用姓氏稱號	原姓名	引用次數	引用書籍名稱	引用次數
朱　子	朱熹	283	春秋經	1
朱子（又曰）	朱熹	247	左　傳	2
孫　氏	孫氏	20	公羊傳	1
孫　氏	孫炎	1	穀梁傳	1
皇甫謐	皇甫謐	1	周　禮	5
陸　氏	陸德明	1	爾　雅	4
史　氏	史氏	1	尚書大傳	1
應　氏	應氏	1	史　記	8
魯齋許氏	許衡	1	說文解字	2
姜　氏	姜如晦	1	玉　篇	2
家　氏	家復禮	1	孔子家語	1
楊　氏	楊氏	1	南　史	1
或　曰		7	經典釋文	2
一　說		2	地　志	1
			皇極經世	2
			孔氏詩疏	1
			胡氏春秋傳	2

《五經大全》編輯的宗旨，基本上即旨在發揚宋代程、朱的學說，尤其以朱熹的學說為重，編纂者為表示對朱子的尊敬，在《五經大全》書前的「引用先儒姓氏」名單表上，依例並不標出朱子之名，《書傳大全》當然不會例外。

在《書傳大全》引用名單之外的有十人二十九條，假若再包括朱子的五三○條，及「或曰」七條、「一說」二條，則三者合計共徵引五六八條經說疏文。另外，《書傳大全》也引用十七種書籍三十七條經說疏文。

綜觀上列所述，〈書傳大全凡例〉中所列「引用先儒姓氏」名單的一百三十一人二四○二條經說疏文，加上未列入引用名單中的十一位儒者五三○條經說疏文，及以書籍名稱徵引的十七部典籍三十七條經說疏文，綜括三項所計，《書傳大全》在全書內總共徵引三○○七條經說疏文。

三、實際取材來源及前人說法的檢討

（一）實際取材來源

要明白李默、丘集、朱彝尊、《四庫全書總目》等明、清兩代學者所談論的《書傳大全》全書經說疏文資料勦襲前儒成書一事，唯一正本清源而能確實有效解決眾說紛紜問題的方法，只有將《書傳大全》拿來逐一與李默等人所指陳的元儒董鼎《書蔡氏傳輯錄纂註》、陳櫟《書蔡氏傳纂疏》、陳師凱《書蔡氏傳旁通》三家之書詳細作比對，才有辦法得出確實而正確的結論。

由於《書傳大全》註解的方式是以蔡沈《書集傳》的傳文為主，並不重在詮釋《尚書》的經文本身，註解時徵引前代經學家及學者有關的經說意見，蒐羅排列在蔡沈《集傳》傳註之下，以補充或發揮傳文之意義。就《書傳大全》的這種詮釋體例與元儒董鼎《書蔡氏傳輯錄纂註》、陳櫟《書蔡氏傳纂疏》書籍編排方式相似，反而與陳師凱《書蔡氏傳旁通》書上的體製不相同，再者前文列表統計徵引前儒經說時，陳師凱《書蔡氏傳旁通》的經說，《書傳大全》是隻字未引用，可知其書完全不是《書傳大全》參考徵引的資料來源，可予以剔除在徵引來源之列。

本文即針對《書傳大全》註解《書集傳》時，所引錄的前人經說文字，拿來逐條與董、陳兩家之書徵引的經說相比對，以瞭解它們之間的承襲因循的關係。其中包含偽孔安國〈書序〉、〈百篇書序〉（書小序）、每篇的篇題及篇名。《書傳大全》全書引用學者的經說疏文總共有三○○七條，分析其與董、陳兩家書的抄錄承襲狀況，大抵有增補完整經說疏文、刪改部分疏文文字、增補部分疏文文字、合併疏文、分散疏文、移改疏文位置等幾種情形，其更動刪改情形與百分比例，可製成下列三表來作說明：

增補刪改情形	更動次數	百分比%
增補完整經說疏文	260	8.65%
刪改部分疏文文字	123	4.09%
增補部分疏文文字	6	1.99%
合併疏文	12	0.39%
分散疏文	8	0.27%
移改疏文位置	9	0.29%

　　觀察上面表中所統計的資料，知道《書傳大全》編者所作刪改移動過疏文的情況來看，共有一五八條，佔百分之七點○三，而《書傳大全》編者另行增補的完整經說疏文有二六○條，佔全書總數的百分之八點六五，總合兩者共有四一八條，佔全書總經說疏文條數的百分之十五點六八。

　　根據上述的引用資料來看，我們可以再加以合併分析，觀察全書的抄補、襲引情形，製成下表：

全書抄補情形	引用次數	百分比%
全書總數	3007	100%
增補經說疏文	266	8.85%
抄襲經說疏文	2575	85.63%

　　根據此表顯示，可以清楚看出《書傳大全》引用董、陳二家書中的經解成說，共計二五七五條（其中含有三條合併董、陳經說疏文而成者），佔全書總數的百分之八十五點六三。在高達八成五強的引用率看來，董鼎與陳櫟兩家之書確實是《書傳大全》編纂時的參考底本，從這點可看出《書傳大全》與兩者之間關係的密切，已是無庸置疑的事。

　　《書傳大全》既然與董鼎的《書蔡氏傳輯錄纂註》、陳櫟的《書蔡氏傳纂疏》有如此密切的關係，但是二者被引錄的經說資料究竟以何者為最多？何者次之？抑或董、陳二者之書被引用一樣多？實有必要進一步探討，分辨清楚其間的關係，以釐清前人眾多說法的紛紜與糾葛。

　　以下即根據《書傳大全》抄襲引用董、陳二家書上經說資料作進一步分析，製成下表：

全書抄補情形	引用次數	百分比%
全書總數	3007	100%
抄襲董鼎之書	2275	75.66%
抄襲陳櫟之書	297	9.88%

從這個分析統計表，可以看出董鼎的《書蔡氏傳輯錄纂註》總計被引用二二七五條，約百分之七十五點六六，佔全書的四分之三強。而陳櫟的《書蔡氏傳纂疏》僅被徵引二九七條，約佔全書總數的百分之九點八八，尚不及全書的十分之一。由此可以很清楚看出董鼎的《書蔡氏傳輯錄纂註》才是作為其纂修時最重要的參考底本，因而被所採錄引用的經說資料也最多。此外，若編纂者覺得尚有不足之處，才會兼採陳櫟《書蔡氏傳纂疏》書上的經說資料作補助。

分析《書傳大全》徵引前人的經說疏文，可以瞭解《書傳大全》的纂修是以董鼎一家之書為主，陳櫟之書僅作為參考補充之用。清代吳任臣、朱彝尊、《四庫全書總目》等斷然肯定的元人陳師凱的《書蔡氏傳旁通》一書的經說疏文，《書傳大全》根本並未參考勦襲其書中任何資料，前人說法根本錯誤，有待糾正。

（二）前人說法的檢討

根據上節實際以有關係的諸書進行詳細核對，由比對分析的統計資料結果顯示，我們可以針對前人《書傳大全》取材來源說法的是是非非，進行商榷檢討。明代李默、朱彝尊等認為胡廣等人在編纂《書傳大全》時，是「皆鈔錄前人成書，竊易其名」、「止就前儒之成編，一加鈔錄而去其名。」於陳櫟《書蔡氏傳纂疏》一書之外，諸書「全未寓目」，實際上胡廣等不但是「寓目」董鼎之書，也引用頗多吳澄、陳雅言等宋、元學者的經說疏文，李氏及朱氏之言實在是過甚而誇大其辭，不符合真實情況，有待修正。

明代的丘集以為《書傳大全》止抄錄董鼎《書蔡氏傳輯錄纂註》的說法，雖不可謂錯，但他並沒有注意到《書傳大全》除董氏之書外，尚引用不少陳櫟及其它各家的經說。至於清代陳廷敬、全祖望等人的說法與丘氏的觀點相同，雖然表面上有增加「略加刪飾」、「稍為刪潤」等辭句，實則意思並無任何差異。

清初吳任臣認定《書傳大全》是「大旨本二陳氏」，《四庫全書總目》對

吳氏的說法非但絲毫不加懷疑的接受，而且未經仔細核對，即公然論斷「實亦非廣等所自纂」，接著並進一步證成吳氏所謂「二陳氏」即陳櫟和陳師凱，《四庫全書總目》一貫以好抨擊明代學術淺漏為能，並喜歡自誇「今勘驗舊文，一一符合」的精確結論，卻將《書傳大全》絲毫未曾引用的陳師凱《書蔡氏傳旁通》一書也列入勦襲來源，其荒謬實令人匪夷所思。有關於《書傳大全》抄襲資料來源的說法，應當以程元敏先生的看法較為接近事實情況。至於林慶彰師認為《書傳大全》的經說疏文資料，大部分抄襲自陳櫟的《尚書集傳纂疏》，另外再兼採董鼎的《書蔡傳輯錄纂註》，恰好與實際情形相反，應該加以修正。

第四節　徵引前人經說之分析

　　胡廣等人修纂《書傳大全》，基本上採用元儒董鼎《書蔡氏傳輯錄纂註》為參考底本，而輔以陳櫟《書蔡氏傳纂疏》一書，除此之外，編者再自行增補吳澄、陳雅言等人的經說資料，明、清兩代學者評斷《書傳大全》抄襲元人典籍的說法，大都與實際情形有所差異，不完全相符，皆需加以修正。他們的論斷何以會與實際狀況有如此大的差異，勉強而言，或許是因為他們「僅將《大全》和元人的經書匆匆過目，並未詳加核對」，〔註27〕才會導致看法和實際情形有誤差，後人受其說法之影響，因襲成見，以致經歷幾百年，對其書仍難有正確的結論。《書傳大全》雖然大部分依據董鼎、陳櫟二家之書進行編纂抄錄，但胡廣等人在編纂時，並非完全一字不漏的照抄，中間仍有許多增補刪改、移改合併二書內容的情況存在，仍有待進一步加以敘述說明，以明其編纂處理的情形。以下即分別舉例說明：

一、增補完整疏文

　　所謂增補疏文的方式有二類：一類是《書傳大全》在董鼎、陳櫟二家書上的疏文以外，另行補入其他完整疏文者，一類是《輯纂》和《纂疏》書上沒有疏文，《書傳大全》另行增補其他家疏文。這二類在全書共徵引程頤、張載、王安石、蘇軾、楊時、尹焞、陸九淵、朱子、陳埴、張九成、林之奇、真德秀、史氏、陳大猷、馬廷鸞、許衡、吳澄、王充耘、鄒季友、陳雅言等二十家，總

〔註27〕同註十六，頁50。

共二六〇條疏文，其中以陳雅言一三四條、吳澄七十四條爲最多，眞德秀十條、程子六條次之。以下舉例說明：

1. 《輯纂》和《纂疏》原本並無疏文，《書傳大全》另外自行增補疏文者：

（1）〈夏書・禹貢〉：「厥田惟中上，厥賦錯上中」句，蔡《傳》「田第四等，賦第二等，雜出第一等也。」節下，《輯纂》和《纂疏》原本並未徵引經說疏文，《書傳大全》增補臨川吳氏（澄）曰：「田中上第四等，賦錯上中第二等，而間或第一等也。蓋冀賦第一，或時數少於豫，則降爲第二，而升豫爲上上；豫賦第二，或時數多於冀，則升爲第一而降冀爲上中也。」〔註28〕

（2）〈周書・周官〉：「立太師太傅太保，茲惟三公，論道經邦，燮理陰陽。官不必備，惟其人。」節，在蔡《傳》「立始辭也，三公非始於此」節下，《輯纂》、《纂疏》皆無經說疏文，《書傳大全》增補入陳氏雅言：「居非常之位者，必任非常之責，必求非常之才。三公之設，雖不始於此，而三公之制，則蓋定於此，所謂定其制也。講明天人之道，經綸乎邦國，燮理乎陰陽，所謂專其職也。有其人則使之居是官，非其人不若虛是職，所謂難其人也。嗚呼！三公之官，位尊責重如此，是豈可以庶官百職事之才例任之哉？」〔註29〕

2. 《書傳大全》在《輯纂》、《纂疏》原有經說疏文之外，另行增補他家疏文者：

（1）《書傳大全》在〈虞書・堯典〉篇名，蔡《傳》「堯唐帝名」下，在原抄錄董鼎書上的朱子、呂氏及董鼎三條疏文後，又再增補程子、臨川吳氏二條經說疏文。〔註30〕

（2）〈周書・君奭〉：「公曰君奭，我聞在昔，成湯既受命……時則有若甘盤」段，蔡《傳》「時則有若者言當其時有如此人也」《書傳大全》在抄錄《輯纂》所引的陳氏、復齋董氏、呂氏、息齋余氏等四條疏文後，另外再增補臨川吳氏、陳氏雅言二條疏文。〔註31〕

（3）〈夏書・禹貢〉：「厥貢惟金三品，瑤琨篠蕩齒革羽毛惟木。島夷卉服，厥篚織貝；厥包橘柚，錫貢。」蔡《傳》「三品金銀銅也」節下，《輯纂》引唐孔氏（兩條）、蘇氏、《玉篇》疏釋此段文字，《書傳大全》在抄錄時刪去

〔註28〕見《大全》卷3，頁34上：《輯纂》卷3，頁13上：《纂疏》卷3，頁12上。
〔註29〕見《大全》卷9，頁38下：《輯纂》卷6，頁2下：《纂疏》卷6，頁2下。
〔註30〕見《大全》卷1，頁1下：《輯纂》卷1，頁1上。
〔註31〕見《大全》卷8，頁57下～58上：《輯纂》卷5，頁29上。

唐孔氏及《玉篇》二條經說疏文，另再補入臨川吳氏曰：「染其絲五色織之，成文者曰織貝；不染五色而織之，成文者曰織文。」補充說明名物之分別意義。〔註32〕

二、合併疏文

《書傳大全》對於董鼎、陳櫟二家之書上所引錄的同一作者的經說疏文，而文字卻不相同時，《大全》編者有時會兩者皆取，而將其合併爲一條經說疏文，茲舉例如下：

（1）〈書序〉：「康王命作冊畢，分居里，成周郊，作畢命。」下，《書傳大全》引新安陳氏（櫟）疏文作：「按此序康王命作冊畢一句，文義難通，必有缺誤，孔傳似爲得之，而朱子非之，何也？又曰：大意謂王命作冊書以任畢公耳。」「又曰」以上抄自董鼎書，「又曰」以下抄自陳櫟書，《書傳大全》以其兩段文句所解各不違背，乃將其合併爲一條疏文。〔註33〕

（2）〈商書・咸有一德〉：「俾萬姓咸曰大哉王言，又曰一哉王心，克綏先王之祿，永底烝民之生」節，蔡《傳》「人君惟其心之一」下，《輯纂》有陳氏大猷曰：「咸曰見頌之無間，又曰見頌之無也」一條疏文，而《纂疏》也有陳氏大猷曰：「人心孚感，若有使之者，此一德之驗；綏祿底民，此一德之效。」《書傳大全》抄錄二書經說疏文時，見其係同一人之言，遂將其合併爲一條。〔註34〕

三、移改疏文位置

《輯纂》、《纂疏》原合列在一起的疏文，《書傳大全》將其經文分開，也順便將疏文分開，移附於所釋經、傳當句文字之下，舉例如下：

（1）〈周書・顧命〉：「惟四月，哉生魄，王不懌」至「師氏、虎臣、百尹、御事」一段，《輯纂》原合爲一段，並將《皇極經世書》、唐孔氏、夏氏、呂氏、陳氏、林氏等六條經說疏文一併置於其後。《書傳大全》則將經文分爲三段，「惟四月哉生魄王不懌」爲一段，下引《皇極經世書》經說疏文一條，

〔註32〕見《大全》卷3，頁26下；《輯纂》卷2，頁10下。
〔註33〕見《書傳大全》，〈書序〉，頁16下；《輯纂》，〈書序〉，頁10上；《纂疏》，〈書序〉，頁8下。
〔註34〕見《大全》卷4，頁46；《輯纂》卷3，頁21下；《纂疏》卷3，頁19上。

並增補臨川吳氏一條。「甲子王乃洮……憑玉几」爲一段，下抄錄唐孔氏、夏氏、呂氏、陳氏等四條經說疏文，又再增補臨川吳氏一條。「乃同召太保奭……百尹御事」爲一段，下引朱子、唐孔氏、林氏等三條經說疏文，其中唐孔氏一條抄錄自陳櫟《纂疏》一書。〔註35〕

（2）〈周書‧呂刑〉：「王曰若有古訓」至「皇帝哀矜庶戮之不辜，報虐以威，遏絕苗民，無世在下」段，《書集傳》作注釋時將其分爲四節段落，《輯纂》和《纂疏》在疏釋此四節文字時，將疏文全置於「皇帝哀矜庶戮之不辜」節下，而《書傳大全》抄錄時將其分開，各移置於所釋當句之下，如「《史記‧五帝本紀》神農世衰，諸侯侵伐，蚩尤最強暴。黃帝與蚩尤戰于涿鹿之野，殺之」條經說疏文移至「王曰若古有訓……奪攘矯虔」節下；另外孔氏、唐孔氏、新安陳氏三條及增補的臨川吳氏（澄）一條等共四條經說疏文移置於「苗民弗用靈……罔差有辭」節下面；另外有陳氏：「罔中於信，無中心出於誠信者，信不由中也。無馨香之德，而發聞者惟腥穢之虐刑，觀二始字，見蚩尤爲作亂之始，而苗民爲淫刑之始。」一條，《書傳大全》以其疏釋「民興胥漸……刑發聞惟腥」一節，遂將它移置於其下。〔註36〕

（3）〈周書‧多士〉：「今爾惟時宅爾邑」至「乃興從爾遷」節，蔡《傳》「邑，四井爲邑之邑」下，《輯纂》原有馬氏曰：「幹如言根本可恃也」及新安陳氏曰：「蔡《傳》多用呂說盡之矣，惟釋不啻不有爾土加竄徙二字尤善。」《書傳大全》抄錄《輯纂》疏文時，先刪除馬氏及新安陳氏「多用呂說盡之矣」等無關緊要的經說疏文文句，再將「蔡《傳》惟釋不啻不有爾土加竄徙二字，尤善。」移至前一段經文「爾克敬，天惟畀矜爾；爾不克敬，爾不啻不有爾土，予亦致天之罰于爾躬。」句下，使疏文更能針對經文作精簡解說。〔註37〕

四、刪除疏文

《書傳大全》在抄錄《輯纂》和《纂疏》書上的疏文文字時，予以刪削，未全部採用者，其形式可分爲全段的疏文盡遭刪除、刪除部分整條疏文及刪除部分疏文文字三種：

〔註35〕見《大全》卷9，頁58上～59下；《輯纂》卷6，頁11；《纂疏》卷6，頁11上。
〔註36〕見《大全》卷10，頁21上～22下；《輯纂》卷6，頁27；《纂疏》卷6，頁27下。
〔註37〕見《大全》卷8，頁39下；《輯纂》卷5，頁21上。

1. 將《輯纂》和《纂疏》段落間的疏文全部刪除者：

（1）〈周書‧大誥〉「若兄考，乃有友伐厥子，民養其勸弗救」句下，《輯纂》有張氏、林氏、眞氏三條經說疏文，《纂疏》則有眞氏一條經說疏文，《書傳大全》全部予以刪除，未加引錄。〔註38〕

（2）〈周書‧洛誥〉：「惟周公誕保文武受命惟七年」句下，董鼎《輯纂》、陳櫟《纂疏》原有張氏、新安陳氏二條經說疏文，《書傳大全》全部予以刪削，不加引錄。〔註39〕

2. 刪除《輯纂》和《纂疏》書上部分整條疏文者：

（1）〈虞書‧舜典〉：「二十有八載帝乃殂落百姓如喪考妣三載四海遏密八音」，《輯纂》原有朱子、孔氏、唐孔氏、王氏炎等四條經說疏文，《書傳大全》在抄錄時，將孔氏、唐孔氏二條經說疏文刪除。〔註40〕

（2）〈周書‧呂刑〉：「惟呂命，王享國百年，耄荒，度作刑以詰四方」句下，《輯纂》和《纂疏》均有陳氏大猷、孔氏、唐孔氏、新安陳氏等四條經說疏文，《書傳大全》在抄錄時，將陳氏大猷：「惟呂命此句疑有闕文」一條經說疏文刪除，並另外增補臨川吳氏（澄）經說疏文一條。〔註41〕

3. 刪除部分疏文文字者：

（1）〈周書‧洪範〉：「王乃言曰：嗚呼！箕子。惟天陰騭下民，相協厥居，我不知其彝倫攸敘。」蔡《傳》「乃言者難辭重其問也」下，《書傳大全》此段下面抄錄有朱子、新安陳氏、陳氏雅言三條疏文，朱子之言錄自董鼎書，陳氏雅言係《大全》編者所增補，新安陳氏一條錄自陳櫟書，但是纂修者在抄錄時前面刪除「愚按《爾雅》：『騭升也。』升之說優于定，如躋民仁壽之意。天下之常理，先後本末，各有自然之序，非人之所爲，乃天之所敘也。」一段疏文文字。蔡《傳》釋騭爲定，陳櫟認爲《爾雅‧釋騭》爲升之義更善，頗有訂正傳文之意，與《書傳大全》以闡釋蔡《傳》文義的宗旨相違背，所以將它刪除。〔註42〕

（2）〈商書‧盤庚上〉：「古我先王暨乃祖乃父」至「予亦不敢動用非德」

〔註38〕見《大全》卷7，頁26下。《輯纂》卷4，頁49上。《纂疏》卷4，頁42下。

〔註39〕見《大全》卷8，頁31下；《輯纂》卷5，頁16下；《纂疏》卷5，頁14下～15上。

〔註40〕見《大全》卷1，頁45下～46上；《輯纂》卷1，頁23上。

〔註41〕見《大全》卷10，頁20下，《輯纂》卷6，頁28下；《纂疏》卷6，頁27上。

〔註42〕見《大全》卷6，頁34；《輯纂》卷4，頁18下；《纂疏》卷4，頁15下。

蔡《傳》「胥相也敢不敢也」節下，《大全》抄錄《輯纂》上所引的孔氏、陳氏大猷、孫氏及新安陳氏四條經說疏文，唯抄錄其中新安陳氏曰：「此以群臣世有勳勞當與祖同休戚者感動之，乃申言前圖任舊人之意。」之言時，後面本有「謂汝從我遷，我固不敢用非罰加汝，執迷不遷，亦不敢用非德福汝，又承上文撲滅之言以起意，而以威恐之以賞勸也。」一大段經說疏文言盤庚承上文撲滅之意，又再用威脅手段恐嚇百姓，《書傳大全》的纂修者認爲與蔡《傳》所言作福作災，聽憑先王及爾祖父之意，而不敢動用非德非罰意思不相蒙，於是將它刪除。〔註43〕

五、合抄疏文

　　所謂合抄疏文是指《大全》在抄錄《輯纂》和《纂疏》二書時，依照疏文釋經的順序先後排列，合抄在一段或一節經傳文字下面，例如：

　　（1）〈夏書・五子之歌〉：「予視天下愚夫婦一能勝予」至「爲人上者奈何不敬」句，蔡《傳》：「予，五子自稱也」節下，《書傳大全》抄錄有陳氏大猷、林氏（之奇）、陳氏經等三家經說疏文，皆是抄錄自董鼎《纂註》書上。其中林氏（之奇）曰：「朽索馭六馬，猶晉人作危語。古車一乘四馬，兩服兩驂，天子車六馬，服驂之旁加兩騑也。馬在車中爲服，在車外爲驂，在驂外爲騑。」一條疏文，董鼎《纂註》書上則自「古車一乘四馬」以下的文字題作新安陳氏之言。《書傳大全》編者在抄襲時將它合併在一起，成爲林之奇之言。〔註44〕

　　（2）〈夏書・禹貢〉：「島夷皮服」句，蔡《傳》：「海曲曰島，海島之夷以皮服來貢也。」節下，《書傳大全》抄錄有新安陳氏曰：「島，海中山。」孔氏曰：「居島之夷，還服其皮，明水害除。」林氏曰：「衣皮夷性，不必水平乃得服，諸夷不責其必貢，欲效誠亦不拒也。如蠙珠織皮之類耳。」王氏炎曰：「北地寒，故服用皮；南地暖，故服用卉。此第志其服與中國異，聖人亦因其俗而不革爾。」四條經說疏文，其中新安陳氏、王氏炎二條經說疏文抄自董鼎《輯纂》，孔氏、林氏二條經說疏文則抄自陳櫟《纂疏》。《纂疏》書上雖有王氏炎一條，但文字與《書傳大全》稍有不同，可知其並非抄襲自陳櫟之書，而是引自董鼎之書。《書傳大全》將四條經說疏文匯集合文，其中孔

〔註43〕見《大全》卷5，頁8下；《輯纂》卷3，頁26上；《纂疏》卷3，頁23。
〔註44〕見《大全》卷3，頁77上；《輯纂》卷2，頁40上；《纂疏》卷2，頁29下。

氏、張氏及朱子之言後半抄自董鼎書，朱子之言前半及陳氏經說抄自陳櫟書。
〔註45〕

（3）〈周書・旅獒〉：「王乃昭德之致于異姓之邦」句，蔡《傳》：「昭，
示也。德之致，謂上文所貢方物也。」節下，《書傳大全》共抄錄朱子、王氏
十朋、陳氏經、林氏（之奇）、呂氏（祖謙）、陳氏雅言、新安陳氏（櫟）、王
氏（安石）等八條經說疏文，係抄錄自董鼎《輯纂》及陳櫟《纂疏》書上而
來。其中陳氏經曰：「四夷不敢私其物，所以表奉上之誠；聖人不敢私其物，
所以示錫予之恩。予異姓，固昭德之致，分同姓以寶玉，亦德所致也。以物
視物，則金玉輕如鴻毛，以德視物，雖一介重於九鼎。」一條經說疏文，「四
夷不敢私其物」至「亦德所致也」文字抄錄自董鼎書。「予異姓，固昭德之致」
以下文字，則抄襲自陳櫟書。《書傳大全》編者鑑於董鼎引錄「予異姓，固昭
德之致，分同姓以寶玉，亦德所致也」以上的意一段文字，陳櫟則引錄其下
的文字，由於二家所引的經說文字係同段的不同文字，編者遂將兩家所引得
經說文字合併在一起。〔註46〕

第五節 結 語

綜合上面的實際核對分析論述，我們對於《書傳大全》的全書取材來源
問題，可以歸納出下列幾點結論：

其一，《書傳大全》為此書全名，「書」是指《尚書》經文，「傳」是指蔡
沈的《書集傳》，「大全」是表示匯集諸家之說法。書名恰能完整涵蓋全書三
種內容，而《四庫全書》以《書經大全》來稱呼《書傳大全》，實際上並不能
涵蓋全書的內容，此種稱呼係清代沿襲明人對《書傳大全》的俗稱，循名責
實，仍應以內府刊本所稱的《書傳大全》原名為是。

其二，《五經大全》的修纂，根據明成祖的指示，本來就是要集合諸儒闡
發經義的言論，其抄錄前人言論在所難免。又因明成祖催促，受時間限制，
不得已據元人現成典籍為本進行修纂，書前凡例大都已明言，實不可過分深
責。唯《書傳大全》凡例未明言抄錄自何書，前儒對於《書傳大全》的取材
有八種說法，明人李默以為全襲陳櫟之書，丘集則認為是全抄錄自董鼎之書。

〔註45〕見《大全》卷6，頁33；《輯纂》卷4，頁18下；《纂疏》卷4，頁15上。
〔註46〕見《大全》卷7，頁3上；《輯纂》卷4，頁37下；《纂疏》卷4，頁31下。

清吳任臣則首倡抄自二陳氏，稍後的朱彝尊、《四庫總目》更將吳氏之說指實為陳櫟與陳師凱二人，自此以後，世人皆沿襲此說，深信不疑。直至現代始有程元敏、林慶彰二先生提出異議。經過實際將《書傳大全》和董鼎《書蔡氏傳輯錄纂疏》、陳櫟《書蔡氏傳纂疏》、陳師凱《書蔡氏傳旁通》三書詳細比對，證實《書傳大全》是以董鼎《書蔡氏傳輯錄纂註》為底本進行修纂，有不足之處再採錄陳櫟《書蔡氏傳纂疏》書中的經說來補充，而陳師凱《書蔡氏傳旁通》一書，《書傳大全》實際上是隻字片語都未參考。前人中以明代丘集最早提出《書傳大全》係抄錄董鼎之書的說法，唯丘氏的意見並不完全，仍須稍作修正，近人的說法當以程元敏先生的意見較符合實際情形，其餘說法皆需要加以修正。

其三，將《書傳大全》和董鼎《書蔡氏傳輯錄纂註》、陳櫟《書蔡氏傳纂疏》二書的經說疏文逐條比對，在《書傳大全》全書總數三○○七條經說疏文中，發現抄襲自董鼎《書蔡氏傳輯錄纂註》的共有二二七五條，佔全書百分之七十五點六六，約全書的四分之三。抄襲自陳櫟《書蔡氏傳纂疏》的僅有二九七條，佔全書的百分之九點八八，將近十分之一。纂修者自行增補的經說疏文有二六○條，約佔百分之八點六五。由全書的經說疏文資料有高達四分之三是取材自元人董鼎的《書蔡氏傳輯錄纂註》，可知胡廣等人在編纂《書傳大全》時，其實是以董鼎《書蔡氏傳輯錄纂註》一書為底本，不足之處再兼採陳櫟等人的經說資料。

其四，《書傳大全》在抄錄董鼎《書蔡氏傳輯錄纂註》書上經說疏文資料時，並非全部一字不漏的照抄，而是經過胡廣等加以刪修移改而成，其刪定的方式有增補疏文、合併疏文、移改疏文位置、刪改疏文、合抄疏文等幾種。《書傳大全》在董鼎、陳櫟兩家之書外，另外自行增補程頤、吳澄等二十家合計二六○條經說疏文，其中又以陳雅言一三四條及臨川吳澄七十四條兩家之言為最多。

第六章　《詩傳大全》研究

第一節　《詩傳大全》之名義及其撰述體例

一、《詩傳大全》之名義

　　《詩傳大全》是明成祖永樂年間所修纂《五經大全》中的第三部。該書自明代修纂完成後，明、清兩代的學者對於此書的稱呼就一直相當紛歧，明顧夢麟（1585～1653）稱之爲《詩大全》，〔註1〕清初吳任臣同樣以此書名稱呼它，〔註2〕而顧炎武則稱爲《詩經大全》。〔註3〕稍後朱彝尊編纂《經義考》時，則又題稱該書爲《詩集傳大全》，〔註4〕迨清高宗乾隆年間修纂《四庫全書》時，其文淵閣本《四庫全書》則又著錄該書書名爲《詩傳大全》，而書前提要書名則題爲《詩集傳大全》，然而紀昀等撰《四庫全書總目》卻又稱爲《詩經大全》，〔註5〕以清代官修的《四庫全書》，對於同一本書的書名竟然會出現三種不同的稱呼法，雖然三者間僅僅只是一字之差，但是卻對後世學者究竟

〔註1〕參見（明）顧夢麟撰：《詩經說約》（臺北：中央研究院中國文哲研究所籌備處，1996 年 6 月，影印日本寬文九年刊本），〈詩經說約序〉，頁 2 上。
〔註2〕見（清）朱彝尊撰：《經義考》（京都：中文出版社，1978 年 8 月），卷 112，頁 4 上～4 下，《詩集傳大全》條所引吳任臣之言。
〔註3〕顧炎武之言見所撰：《日知錄》（臺北：文史哲出版社，1979 年 4 月），卷 20，頁 525，《四書五經大全》條。
〔註4〕見（清）朱彝尊撰：《經義考》，卷 112，頁 4 上～4 下，《詩集傳大全》條。
〔註5〕見（清）紀昀等纂：《欽定四庫全書總目》（臺北：藝文印書館，1979 年 12 月 5 版），卷 16，頁 10，經部，詩類二，《詩經大全》條提要。

應該以何種書名稱呼該書，造成相當大的紛歧。若詳加探源尋根，究竟吾人應以何種書名來稱呼是書？其確實書名當又爲何？又該書書名稱呼的歧異究竟起於何時？實在有進一步探討，重新加以釐清之必要。

《詩傳大全》是明成祖在永樂十二年（1414）十一月甲寅下詔纂修，完成於永樂十三年（1415）九月己酉，永樂十五年（1417）三月乙未由內府刊刻竣工，頒給「六部併與兩京國子監及天下郡縣學。〔註6〕內府刊本可說是《詩傳大全》的最早官府初刻本，也是該書最權威的版本，根據該書書前的〈詩傳大全凡例〉第一、二條所述：

> 是經一以朱子《集傳》爲主，《通釋》所采諸家之說，與朱《傳》相矛盾者去之，庶無惑於學者。其朱子《語類》、《文集》暨諸家之論有所發明者，今皆增入。

> 諸儒之說，不拘世次先後，一以解經爲序，其有郡號者，則加以別之，有不可考者，直書某氏而已。

據〈凡例〉所言，可知《詩傳大全》的編輯完全是以朱子《詩集傳》爲主，目的在發揚朱子有關《詩經》的思想學說。在後世表述朱子《詩集傳》的學者中，因爲元人劉瑾的「學問淵源出於朱子」，其《詩傳通釋》一書又「大旨在於發明《集傳》」，〔註7〕「采錄各經傳及諸儒所發要義，又考求世次源流至明且備」，〔註8〕資料詳明而核實，頗便修纂的參考取材，因而采取劉瑾《詩傳通釋》做爲纂修底本，運用其書上的資料來疏釋朱子《詩集傳》的文義。只是不允許劉瑾《詩傳通釋》書上所引諸家的說法與朱子《詩集傳》的說法有所出入或相違背，若稍有相異，則一律加以刪除，以確保朱子學說的純正。

據此可知，《詩傳大全》書名中之「詩」是指《詩經》，「傳」是指朱子的《詩集傳》，「大全」則是指編纂者所匯集纂錄的歷代諸家之經說。《詩傳大全》四個字書名實際上是涵蓋此三種內容，因此《詩傳大全》才是該書的正確名稱，證諸永樂內府刊本的題稱即可得知。因而全書文字的排列方式亦按照「經」、「傳」、「大全」等三種層次書寫。前人對於此書的稱呼，不管是《詩

〔註6〕 參見《明實錄・太宗實錄》（臺北：中央研究院歷史語言研究所，1964 年 4月），卷 186，頁 1 下。

〔註7〕 （清）紀昀等纂：《欽定四庫全書總目》，卷 16，頁 2 上，經部，詩類二，《詩傳通釋》條提要。

〔註8〕 見（清）朱彝尊撰：《經義考》，卷 111，頁 3 下，《詩傳通釋》條所引楊士奇之言。

大全》、《詩經大全》或者《詩集傳大全》，都只是該書實際書名的省稱或俗稱，皆不足以涵蓋全書所指稱之內容，討究其源，要符合名實相切，仍宜以永樂內府刊本的《詩傳大全》為其正名才對。

二、《詩傳大全》之撰述體例

經學典籍基於各書的內容不同，常有切合其實際需要的書籍修纂體例，以作為該書的入門磚，《詩傳大全》當然也不能例外。因此，要明白《詩傳大全》全書的內容，就需先清楚該書的修撰體例，而要明瞭《詩傳大全》纂修體例就有必要先瞭解〈詩傳大全凡例〉的敘述，再據以論斷全書體例，為方便下文的敘述討論，茲先將卷首〈詩傳大全凡例〉五條，具錄於下：

1. 是經一以朱子《集傳》為主，《通釋》所采諸家之說，與朱《傳》相矛盾者去之，庶無惑於學者。其朱子《語類》、《文集》暨諸家之論有所發明者，今皆增入。
2. 諸儒之說，不拘世次先後，一以解經為序，其有郡號者，則加以別之，有不可考者，直書某氏而已。
3. 〈小序〉，朱子已辨其得失，《通釋》以隸各篇之下，今仍為一編，附于卷末，以還其舊。
4. 名物等圖，一依盧陵羅氏所集〈諸國世次〉及〈作詩時世圖〉，一依安成劉氏存之以備觀覽。
5. 《集傳》中所載郡邑，間有沿革不同，今謹依《皇朝郡邑志》增注于下。

歸納《詩傳大全》的五條〈凡例〉所敘述，可得數項要點：其一，全書的思想觀點以朱子《詩集傳》為宗，不允許諸家說法與之稍有出入或互相矛盾的情形存在。其二，全書所引的疏釋文字，主要采自元人劉瑾《詩傳通釋》一書。其三，詩經的〈小序〉，劉瑾《詩傳通釋》原來將各篇〈小序〉分隸於各詩篇之下，而胡廣等編輯《詩傳大全》時，則遵循朱子《詩集傳》原書體制，將它合併成一編，附在全書之末。其四，劉瑾《詩傳通釋》原書僅有〈諸國世次圖〉及〈作詩時世圖〉兩種圖表，《詩傳大全》除照鈔外，編者另外再從元人羅復所編撰的《詩集傳名物鈔音釋纂輯》一書上鈔錄所附的〈思無邪圖〉、〈四始圖〉、〈正變風雅之圖〉、〈詩有六義之圖〉、〈十五國風地理之圖〉、〈靈臺辟廱之圖〉、〈皋門應門圖〉、〈泮宮圖〉、〈大東總星之圖〉、〈七月流火之圖〉、

〈楚丘定之方中圖〉、〈公劉相陰陽圖〉、〈豳公七月風化之圖〉、〈冠服圖〉、〈衣裳圖〉、〈佩用之圖〉、〈禮器圖〉、〈樂器圖〉、〈雜器圖〉、〈車制之圖〉、〈周元戎圖〉、〈秦小戎圖〉、〈器服圖〉等二十三個名物圖。〔註9〕其五，朱子《詩集傳》書中所記載的宋代郡邑地名，因時代沿革，故有不同，為求符合當世，一律依明代所修纂的《皇朝郡邑志》增注當世地名于其郡邑名稱之下，以求讀者閱讀時能立即清楚明白《詩經》中所說的地理位置所在。

　　胡廣等修纂《詩傳大全》即依照上述五點〈凡例〉的原則進行編輯，今據永樂內府刊本來看，其全書編排體例如下：卷首是〈詩傳大全凡例〉、〈詩傳序〉、〈詩傳大全綱領〉、〈詩傳大全圖〉。卷一是〈周南〉、〈召南〉；卷二〈邶風〉；卷三是〈鄘風〉、〈衛風〉；卷四是〈王風〉卷五是〈齊風〉、〈魏風〉；卷六是〈唐風〉、〈秦風〉；卷七〈陳風〉、〈檜風〉、〈曹風〉；卷八是〈豳風〉；卷九是〈小雅・鹿鳴〉至〈湛露〉；卷十是〈小雅・彤弓〉至〈鶴鳴〉；卷十一是〈小雅・祈父〉至〈雨無正〉；卷十二〈小雅・小旻〉至〈四月〉；卷十三是〈小雅・北山〉至〈裳裳者華〉；卷十四是〈小雅・桑扈〉至〈菀柳〉；卷十五是〈小雅・都人士〉至〈何草不黃〉；卷十六是〈大雅・文王〉至〈文王有聲〉；卷十七〈大雅・生民〉至〈板〉；卷十八是〈大雅・蕩〉至〈召旻〉；卷十九是〈周頌〉；卷二十是〈魯頌〉、〈商頌〉；全書卷末附〈詩序〉（含朱子〈詩序辨說〉）。卷一至卷八是〈國風〉，卷九至卷十五是〈小雅〉，卷十六至卷十八是〈大雅〉，卷十九至卷二十是三《頌》。各卷凡是《詩經》經文首章一律平行大字書寫，次章以後首字則以「○」標示書寫；朱子《詩集傳》傳文低經文一字書寫以示分別，編者所輯諸家經說文字，則用小字雙行夾注於朱《傳》傳文之下，至於反切、直音等則直接以小字雙行注於該字之下面，全書之中的《詩經》、朱《傳》、《大全》三種文字層次相當分明，一目了然。

　　《詩傳大全》全書的卷數體例均鈔襲自劉瑾《詩傳通釋》，劉氏《通釋》書前並未編有全書目錄，《詩傳大全》因之，書前也並未編製有全書總目錄，以致讓人檢索閱讀起來，造成相當的不便，這與《周易傳義大全》書前編有〈周易傳義大全總目〉的情形並不相同，然而胡廣等人何以在編輯同一部書

〔註9〕　楊晉龍先生以為《詩傳大全》鈔自羅復《詩經集傳音釋》的〈詩傳大全圖〉僅有二十二幅，係誤將〈思無邪圖〉與〈四始圖〉合併為〈思無邪四始圖〉所致，參見楊氏撰：〈《詩傳大全》來源問題探究〉，收入《明代經學國際研討會論文集》（臺北：中央研究院中國文哲研究所籌備處，1996年6月），頁331及345。

（指將《五經大全》視爲一體）時會有此種差異？按常情理解，或許由於《五經大全》編纂時間相當匆促，編者可能急於完成任務，以便交差。各經在編纂時，因時間倉促，事前體例無法作統一而完整的規畫，以致成書後有各經體例不完全相同的情形發生，也就不足爲奇。

第二節　前人認定之《詩傳大全》取材來源

　　明成祖即位後，爲「表章正學，集《四書、五經、性理大全》，垂訓萬世」之意，〔註10〕於是詔胡廣等修纂的《詩傳大全》，據其〈性理大全序〉所言，他的本意是要使「帝王修齊治平之道具於此，有益世教」，〔註11〕如此，則能達到「道德一而無岐轍之差，風俗同而無疆界之別」的地步。〔註12〕其書修成後，當時大臣凜於皇帝之威，不敢對它公然有所表示意見，提出批評。等到明中葉以後，陸續有學者提出抨擊，認爲「永樂間纂修《五經、四書大全》討論欠精，諸儒之說有與《集註》背馳者。」〔註13〕明代滅亡後，清代學者往往將亡國之因歸罪於《五經、四書大全》的修纂，紛紛提出嚴厲的批評。後人素仰慕清代學者學問的廣博精深，對於清人批評明人的意見，往往是不加思考即照單全收，隨聲附和，批評《詩傳大全》情形亦然。本文對於前人有關《詩傳大全》取材來源的論述，僅取其比較重要的十一家說法，至於像清人皮錫瑞《經學歷史》等一類書籍，在討論此問題時，往往隨意引述《四庫全書總目》或朱彝尊等人之言作爲定論，這種僅在覆誦前人言論的意見，而毫不加核實而言者，本文則予以刪削不引。以下茲依各人時間先後分別引述其說法：

　　（1）清初王士禎（1634～1711）曾在所撰的《居易錄》一書中，提及明代的李默（1499～1556）曾認爲《詩傳大全》全係鈔錄元朝人劉瑾之書而成。他說：

　　　　明永樂間，胡廣等奉詔撰《五經大全》，皆鈔錄前人成書，竄易其名。

〔註10〕見《明實錄・太宗實錄》，卷274，頁4下～5上。
〔註11〕參見《性理大全》卷首的明成祖在永樂十三年十月初一日所寫的〈御製性理大全書序〉
〔註12〕（明）丘濬撰：〈一道德以同風俗〉，收入（明）黃訓編：《名臣經濟編》（臺北：臺灣商務印書館，1986年3月），卷27，頁2下。
〔註13〕（明）陸容撰：《菽園雜記》，收入（明）鄧士龍輯：《國朝典故》（北京：北京大學出版社，1993年月），卷75，頁1641。

《易》則董楷、董鼎、董眞卿，《詩》則劉瑾，《書》則陳櫟，《春秋》
則汪克寬。李太宰默《續孤樹裒談》曾及之。〔註14〕

李默並未明白指出鈔錄劉瑾何書，根據史志所言當係指劉瑾《詩傳通釋》一
書，該書係劉瑾一生「肆力治《詩》」的心血結晶，「其說宗朱子而間出其所
自得，又考正諸國世次，作者時世，察其源流，辨其音韻，審詩樂之合，窮
刪定之由，能闡發朱子之蘊。」〔註15〕是元代疏釋朱子《詩集傳》代表性的
著作，《詩傳大全》會以劉氏之書爲底本，參考劉氏的意見，實際上並不讓人
感覺意外。李氏指爲「鈔錄」劉氏書，又「竄易其名」，詳情如何，仍有待深
入核驗，以明白實際狀況。

（2）顧夢麟（1585～1653）在明思宗崇禎十五年（1642）爲所撰的《詩
經說約》一書作序時，談論到《詩傳大全》的勦襲來源出處，他說：

> 《詩大全》本《疏義》，猶《四書大全》本《輯釋》，皆抹去前人，
> 奄爲己物。然《四書大全》之爲數繁，繁則雖費料揀，已厭眾觀。《詩
> 大全》略矣，至《疏義》中，精析比興處，又盡芟之，此當求初本。
> 又合傳、箋、疏及宋元以來諸說家，於紫陽學揆一者附麗焉。〔註16〕

顧氏所說的《疏義》，係指元人朱公遷的《詩經疏義》。他批評《詩傳大全》的
編輯方式只是「皆抹去前人，奄爲己物」，又將朱公遷《詩經疏義》書中的「精
析比興處」，全部刪除淨盡，致使《詩傳大全》顯得疏略不堪，甚厭眾人的觀賞，
譏次胡廣等人的編纂是既抄襲又缺乏識見以抉擇去取，反而不如原本。

（3）顧炎武（1613～1682）親眼目睹明代喪亡之痛，回首前塵，深思檢
討，認爲是源於有明實行八股科舉制度，致使士子荒疏淺陋，其所以然，實
因成祖時所編修的《五經、四書大全》全係抄襲前代儒者成書所造成的惡劣
影響。因此，顧氏對《大全》的批評可說嚴厲又無情，其中談到《詩傳大全》
情形時說：

> 永樂中所纂……《詩經大全》則全襲元人劉瑾《詩傳通釋》（自注云：
> 此書與《胡傳纂疏》予今並有之），而改其中「愚按」二字爲「安成
> 劉氏曰」，其三經（按：指《周易傳義大全》、《書傳大全》及《禮記

〔註14〕見（清）王士禎撰：《居易錄》，卷9，頁5下。

〔註15〕參見（清）朱彝尊《經義考·詩傳通釋》條所引錄《吉安府志》之言，卷111，
頁3下。

〔註16〕見（明）顧夢麟撰：《詩經說約》（臺北：中央研究院中國文哲研究所籌備處，
1996年6月），〈詩經說約序〉，頁2上～3上。

集說大全》三部）後人皆不見舊書，亦未必不因前人也。當日儒臣
奉旨修《四書、五經大全》，頒餐錢，給筆札。書成之日，賜金遷秩，
所費於國家者不知凡幾。將謂此書既成，可以章一代教學之功，啓
百世儒林之緒，而僅取已成之書，抄謄一過，上欺朝廷，下誑士子。
唐宋之時，有是事乎？豈非骨鯁之臣已空於建文之代，而制義初行，
一時人士盡棄宋、元以來所傳之實學。上下相蒙以饗祿利，而莫之
問也？嗚呼！經學之廢實自此始！後之君子欲掃而更之，亦難乎其
為力矣！〔註17〕

顧氏批評胡廣等對《詩傳大全》的所謂編輯工作，只是在「全襲元人劉瑾《詩
傳通釋》，而改其中『愚按』二字為『安成劉氏曰』」，並無實際纂輯之勞，全是
一批「上欺朝廷，下誑士子」的欺世盜名之輩。顧氏非但因書廢人，更懷疑胡
廣諸人心術不正，欺詐立身，為儒林士子立下極惡劣模範，且將明代經學的衰
亡，完全歸因於永樂《五經、四書大全》的纂輯，真是「百世儒林」之羞恥。

（4）清初學者陳啓源（？～1689）也在所撰的《毛詩稽古編》中認為《詩
傳大全》是抄襲元人朱公遷《詩傳疏義》而成，他說：

> 元儒有朱克升者，著《詩傳疏義》，最重《集傳》，謂能以虛詞、助
> 詞發明《詩》蘊。（原注云：克升《疏義》為修《大全》諸臣所勦襲，
> 而沒其名併滅其書）〔註18〕

朱克升即朱公遷，陳氏認為《詩傳大全》實際上是勦襲元人朱公遷《詩傳義
疏》，而將書上的人名及書名全部予以滅沒，仍不脫明人的惡習。

（5）清初學者吳任臣（1629～1709）也同樣認為《詩傳大全》是全部抄
襲元人劉瑾《詩傳通釋》一書而成，他說：

> 《詩大全》纂修官亦四十二人……按是書止抄襲安成劉瑾《通釋》
> 一書，僅刪去數條，而劉本以〈詩小序〉隸各篇之下，是書則別為
> 一編，若似乎不同者，要之，當日元未嘗纂修也。〔註19〕

吳任臣的說法，基本上與顧炎武的看法並無不同。兩者所差異者，是吳氏認
為《詩傳大全》編者將劉瑾《詩傳通釋》書上的經說疏文刪略數條，又將原

〔註17〕見（清）顧炎武撰，黃汝成集釋：《日知錄集釋》（石家莊：花山文藝出版社，
　　　　1990年8月），卷20，頁525～526，〈四書五經大全〉條。
〔註18〕見（清）陳啓源撰：《毛詩稽古編》，卷25，頁8上。
〔註19〕見（清）朱彝尊撰：《經義考》，卷112，頁4下，《詩集傳大全》條。

分隸於《詩經》各篇之下的〈詩小序〉，合併在一起，別列一編，如是而已。

　　（6）朱彝尊（1629～1709）在所編撰的《經義考》中，往往不吝嚴厲批評一番，在《詩集傳大全》條引吳任臣的批評意見，又在著錄元人劉瑾《詩傳通釋》條下施加其個人的按語，他說：

　　　　按：劉氏《通釋》，永樂中，胡廣等攘其成書為《大全》，惟於原書「愚按」二字更作「安成劉氏」而已。〔註20〕

另外，又在《周易傳義大全》條下也施加個人意見，說：

　　　　按：永樂中詔修《五經、四書大全》，開館則給月饌，書成則賜鈔賜幣賜燕，又御製序文頒行，稱為廣大悉備，不知胡廣諸人止就前儒之成編，一加鈔錄而去其名。如《詩》則取諸劉氏……。於諸書外，全未寓目，所謂《大全》，乃至不全之書也。〔註21〕

朱氏的意見與吳任臣的看法差不多，他認為明成祖將編輯集大成式經學鉅著的重責大任交給胡廣等人去進行，纂修時「開館則給月饌，書成則賜鈔賜幣賜燕」，而且親「製序文頒行」，讚譽該書「廣大悉備」，可見其相當注重此一部典籍，然而胡廣等人的纂輯態度卻是「苟且游戲」，敷衍草率，《詩傳大全》僅係鈔錄元人劉瑾的《詩傳通釋》一書而成，胡廣等人所做的工作只是將《詩傳通釋》書中劉瑾的「愚按」二字更改為「安成劉氏」四字，也將劉氏的書名及作者換成胡廣等人而已，如此「攘私書為官書」膽大妄為的行徑，非但欺騙明成祖，辜負其美意，且為「博聞之士所不齒」。因此，朱氏進而懷疑胡廣等人所以如此做的緣故，完全是因胡廣個人「心術不純」所致，可謂斥責謾罵到極點了。

　　（7）徐乾學（1631～1694）在康熙十九年（1680）為其所編纂的《通志堂經解》撰寫〈經解序〉時，談論到《詩傳大全》鈔襲取材的來源，他說：

　　　　明興，敕天下學校皆宗程、朱之學。永樂時，詔輯《四書、五經、性理大全》，徵海內名士，開館東華門，御府給筆札，冀成鉅典。是時胡廣諸大臣虛糜廩餼，叨冒遷貲……《詩》則襲劉瑾《通釋》……，勦竊抄撮，苟以塞責而已。〔註22〕

徐氏的意見完全是承襲他舅父顧炎武的看法，同樣是指責「勦竊抄撮，苟以塞責」，抄襲劉瑾的《詩傳通釋》成書，徒然只是在「虛糜廩餼，叨冒遷貲」

〔註20〕見（清）朱彝尊撰：《經義考》，卷111，頁3，《詩傳通釋》條。
〔註21〕見（清）朱彝尊撰：《經義考》，卷49，頁8，《周易傳義大全》條。
〔註22〕見（清）徐乾學撰：《憺園集》卷21，頁29上，〈新刊經解序〉。

罷了，並無任何實效可言。

（8）陳廷敬（1639～1710）談論歷代經學發展及其家法時，曾批評永樂朝的《五經大全》全是匆忙間鈔襲前人舊書所完成的，是「甚不全之書也」，他說：

> 《大全》之書，明永樂朝急就之書也。七年開館於祕閣，十三年帝問纂修如何？館中人聞之懼，倉卒錄舊書，略加刪飾以進。《四書》則倪氏《輯釋》，《易》則董楷《輯疏》，《書》則董鼎《輯錄》，《詩》則劉瑾《通釋》，《春秋》則汪克寬《纂疏》，《禮記》則陳澔《集說》，故《大全》者，甚不全之書也。〔註23〕

陳氏認為《詩傳大全》既是有別於「專家之論」，也不是有「獨家見之論」的書，〔註24〕僅是害怕明成祖責其懈怠，倉促間無以交差，不得已乃勦襲前人成書的急就章之作。《詩傳大全》基本上是全部勦襲元朝人劉瑾的《詩傳通釋》一書，僅略加刪減修飾而已。

（9）方苞（1668～1749）在建議朝廷纂修《三禮》經疏時，引明代《五經大全》作為官修經籍注疏失敗的範例，應當引以為戒，他說：

> 竊惟明初《五經大全》，皆各主一人之說，且成於倉卒，不過取宋、元儒者一、二家纂輯之書，稍摭眾說以附之：數百年來，皆以為未盡經義，不稱《大全》之名。〔註25〕

方氏雖為說明《詩傳大全》鈔襲宋、元儒者何人之書，但揆其「成於倉卒，不過取宋、元儒者一、二家纂輯之書，稍摭眾說以附之」，因而認定「未盡經義，不稱《大全》之名」，可知其觀點基本上仍是沿襲顧炎武、朱彝尊等的論調。

（10）全祖望（1705～1755）在〈與謝石林御史論大學古本帖子〉一文中談論到明成祖永樂年間所修的《大全》，編纂重責大任係全部委託陳濟一人處理，他說：

> 太祖之頒經，許諸生皆得用注疏，至其於宋人之書，《周易》則兼用程、朱二家，《尚書》則兼用蔡、鄒、夏三家，《春秋》則兼用胡、張二家，未嘗墨守一說也。乃轉盼間，成祖修《大全》，而盡出於專門，

〔註23〕 見（清）陳廷敬撰：《午亭文編》（臺北：臺灣商務印書館，1986年3月），卷32，頁16下，〈經學家法論〉。

〔註24〕 參見陳廷敬撰：《午亭文編》，卷32，頁16上，〈經學家法論〉。

〔註25〕 見（清）方苞撰：《方苞集‧集外文》，卷2，頁564，〈擬定纂修三禮條例箚子〉。

則何故耶？當時之儒臣，皆憚諸說之繁，而不欲改元人之舊，故雖館閣之人如林，而實則委之毘陵徵士陳伯載，以一人任諸經之事。（原註：伯載名濟，布衣。）伯載於是爲簡易之法，……《詩》以劉氏……稍爲刪潤，而書成矣。〔註26〕

全祖望也認爲《詩傳大全》是全「竊鈔」劉瑾《詩傳通釋》而成，他的意見與顧炎武、朱彝尊等人的看法，事實上並無多大的分別，唯一有差異之處，僅在於全氏首次提出當時儒臣皆畏懼修纂工作的繁難，因而將《五經大全》的纂輯全部「委之毘陵徵士陳伯載，以一人任諸經之事」的說法。

（11）《四庫全書總目》（1774）基於彰顯本朝經學學術興盛，以迎合清高宗好大喜功的心理，撰寫提要之際，往往是以批評前朝學術弊病爲宗旨，尤其是對明代學術的攻擊更是不遺餘力，以此種做法來突顯明人經學的荒疏淺薄，與清代相對比，實有天壤之別，對《詩傳大全》的評論亦不例外，他說：

自宋以後，言《詩》者皆宗朱子《集傳》，其薈集眾說以相闡發者，毋慮數十種，往往得失互見，學者旁參博考，亦不能專主一家。至明成祖始命儒臣輯爲《大全》，以集其成，其與纂修者，自胡廣以下，如楊榮、金幼孜等凡四十二人，悉一時知名之士。然其書實本元安成劉瑾所著《詩傳通釋》而稍損益之，今劉氏之本尚存，取以參校，大約取其冗蔓者刪略數條。又劉本以〈詩小序〉隸各篇之下，是書別爲一編，小變其例，而大指則全相蹈襲，與《四書大全》之本倪士毅《輯釋》，《春秋大全》之本汪克寬《纂疏》者約略相似，故後人多所譏議。明代爲範經之學者，亦不盡據是書，然當時頒布學宮，凡士子之習舉子業者，必以此爲準則，乃一代定制所在，亦有未可竟廢者，故並著之於錄，以備參考焉。〔註27〕

又在《欽定詩經傳說彙纂》條提要說：

元延祐中行科舉法，始定《詩》義用朱子，猶參用古注疏也。明永樂中修《詩經大全》，以劉瑾《詩集傳通釋》爲藍本，始獨以《集傳》試士。然數百年來，諸儒多引據古義，竊相辨詰，亦如當日之攻毛

〔註26〕 見（清）全祖望撰：《鮚埼亭集》，外編，卷41，頁1269，〈與謝石林御史論大學帖子〉。

〔註27〕 見（清）紀昀等撰：文淵閣本《四庫全書》，《詩傳大全》書前提要，頁1上～2上。

鄭。……特明代纂修諸臣，於革除之際，老師宿儒，誅鋤略盡，不能如劉三吾等輯《書傳會選》，於蔡氏多所補正。又成祖雖戰伐之餘，欲興文治，而實未能究心經義，定眾說之是非，循聲附和，亦其勢然歟！〔註28〕

《四庫全書總目》認為《詩傳大全》完全是「以劉瑾《詩集傳通釋》為藍本」而「稍損益之」，所相異於劉氏之書的，「大約取其冗蔓者刪略數條」，又將劉書「本以〈詩小序〉隸各篇之下」，而《詩傳大全》則將它合為一編。又說《詩傳大全》的纂修者皆是「一時知名之士」，何以會幹出抄襲剽竊之事呢？這完全是因為「靖難以後，耆儒宿學，略已喪亡，廣等無可與謀」所造成的結果，不得已乃「剽竊舊文以應詔」。〔註29〕然而《四庫全書總目》纂修者卻又在明張溥所撰《詩經註疏大全合纂》條提要中說明《詩傳大全》襲取朱公遷《詩經疏義》，另外再增損劉瑾之《詩傳通釋》而成，《四庫全書總目》說：

> 明永樂中修《五經大全》，《詩》則取鄱陽朱克升《疏義》，增損劉瑾之書，懸為令甲，經學於是益荒。〔註30〕

此種說法，明顯與上面一種講法相互乖違，兩者說法並不相同，其所以然，大概是因《四庫全書總目》雖然掛名由紀昀總纂，實際是由各纂修官分撰各書的提要，再由紀昀、陸錫熊等人修改潤飾而成，〔註31〕由於成於眾人之手，其中難免有修飾未盡，相互矛盾之處，此處應當作如是觀，否則實難以分說其故。

（12）林慶彰師有感於明初的《詩傳大全》匯集宋、元儒者經說，為集宋學經說大成之《詩經》學重要典籍，然而學者在評價論斷該書時，卻往往以其書「沿襲前人成說，給予最壞的評價」，為求「協助讀者了解《大全》的真相」，〔註32〕因而撰寫〈《五經大全》之修纂及其相關問題探究〉一文來探討該問題，文中談到有關《詩傳大全》的取材來源問題時，他說：

〔註28〕見（清）紀昀等撰：《四庫全書總目》，卷16，經部，詩類二，頁18下～19上。

〔註29〕（清）紀昀等撰：《四庫全書總目》，卷16，頁10上，經部，詩類二，《詩經大全》條提要。

〔註30〕見（清）紀昀等撰：《四庫全書總目》，卷17，經部，詩類存目一，頁26下。

〔註31〕參見黃愛平撰：《四庫全書纂修研究》（北京：中國人民大學出版社，1989年1月），頁327～328。

〔註32〕見林師慶彰撰：〈《五經大全》之修纂及其相關問題探究〉，收入《明代經學研究論叢》（臺北：文史哲出版社，1994年5月），頁33～34。

顧炎武等人以爲《詩傳大全》全襲劉瑾的《詩傳通釋》，而略變其體例。所謂「略變其體例」，是指劉氏《通釋》以《詩小序》隸各篇之下，《大全》則合爲一篇。今將《大全》和《通釋》一一核對，可知確實是根據《通釋》而來。對《通釋》所引的某些說法，曾略加刪削，增入的宋、元人說法也不少。其中，朱子的說法增入最多，如〈詩傳大全綱領〉「古詩即今之歌曲」一則下，所引的「朱子曰」有三十條，爲《通釋》所無。《大全》對《通釋》所引的前人名氏，往往加以篡改，如「輔氏曰」改爲「慶源輔氏曰」；「黃實夫曰」改爲「黃氏曰」；「李迂仲曰」改爲「三山李氏曰」；「王介甫曰」改爲「臨川王氏曰」；「愚按」改爲「安成劉氏曰」；「彭氏曰」改爲「廣陵彭氏曰」；「蘇氏曰」改爲「眉山蘇氏曰」。另外，有不少劉瑾的說法，照例要加上「安成劉氏曰」的，也沒有加上。讀者很容易誤以爲是《大全》編者的說法。〔註33〕

林先生將《詩傳大全》與劉瑾《詩傳通釋》兩書一一核對後，證實《詩傳大全》確實是「根據《通釋》而來」，也得知《詩傳大全》對《通釋》所引的「某些說法，曾略加刪削，增入的宋、元人說法也不少」，對「前人名氏，往往加以篡改」，因此認定顧炎武等人的說法，是大抵可以相信的。

我們綜合上面十二家對於《詩傳大全》取材來源問題的敘述，可以很清楚看出諸家說法分爲兩種：一種認爲《詩傳大全》是以元人朱公遷的《詩經疏義》爲底本，「抹去向人，奄爲己物」，主張此種說法的僅有明人顧夢麟一人。而另一種看法是認爲《詩傳大全》鈔襲元人劉瑾《詩傳通釋》而成，其餘十家均主張此說，或謂「全襲」，或曰「勦竊」，或說以劉書爲「藍本」，儘管各家說法稍有出入及相異之處，但基本上都一致肯定的認爲《詩傳大全》是鈔襲元人劉瑾的《詩傳通釋》一書而成的。縱觀諸家所說，雖都肯定而明白的指證《詩傳大全》的抄襲來源，但諸家皆未能詳細說明全書共襲引用幾家宋、元人的經說？徵引幾條經說疏文？排列書中抄襲情形如何？又書內所增補的經說疏文究竟是僅「改其中『愚按』二字爲『安成劉氏』而已」，抑或也「對《通釋》所引的前人名氏，往往加以篡改」？又全書對劉氏《詩傳通釋》的增刪潤飾的情形爲何？其所佔的比例又有多少？凡此皆有待吾人作更

〔註33〕見林慶彰撰：〈《五經大全》之修纂及其相關問題探究〉，收入《明代經學研究論叢》，頁48～49，。

進一步的分析討論，以釐清全書抄襲的真相，尋找出更合理而確實的結論。

第三節　《詩傳大全》之實際取材來源

一、《詩傳大全》徵引經說疏文分析

　　據上一節所引述的取材說法，前人所認定的《詩傳大全》全書的經說疏文取材來源，大致可分為兩種：或說是抄自元人朱公遷的《詩經疏義》，或謂是襲自元人劉瑾的《詩傳通釋》，二種說法各不相同，究竟應當以那一種的說法比較可信？而確實取材情形又如何？要瞭解詳情實有賴從《詩傳大全》本書身上著手才行，而要探究此問題，最根本而有效的方法仍是以詳細確實的統計數字來加以檢驗證明，以證實諸家說法的詳實可信度。現今《詩傳大全》的板本雖以文淵閣本《四庫全書》所著錄較易取得，但因《四庫全書》本在抄錄時產生相當多的訛誤錯謬，〔註34〕故筆者不採用《四庫全書》本作為底本，而直接依據永樂內府刊本的《詩傳大全》作為統計底本，將全書中所徵引的宋、元儒者經說疏文逐條作統計，並列表詳細記錄其所引用的次數如下：

引用姓氏稱號	原姓名	引用次數	引用姓氏名稱	原姓名	引用次數
毛　氏	毛　萇	32	廬陵李氏	李如圭	38
鄭　氏	鄭　玄	169	胡　氏	胡　泳	2
陸　氏	陸　璣	36	北溪陳氏	陳　淳	8
杜　氏	杜　預	12	慶源輔氏	輔　廣	710
孔　氏	孔穎達	644	覺軒蔡氏	蔡　模	1
廬陵歐陽氏	歐陽脩	53	格庵趙氏	趙順孫	5
程　子	程　顥	68	天臺潘氏	潘時舉	6
程　子	程　頤	68	雙峰饒氏	饒　魯	13
張　子	張　載	20	龍舒王氏	王日休	3
眉山蘇氏	蘇　轍	56	潛室陳氏	陳　埴	4
臨川王氏	王安石	138	西山眞氏	眞德秀	22
南豐曾氏	曾　鞏	8	曹　氏	曹粹中	101

〔註34〕　《四庫全書》本的《詩傳大全》，根據楊氏用內府刊本比對的結果，發現全書共有一百二十八處的訛誤，詳細情形參見楊晉龍撰：〈論《詩傳大全》與《詩傳通釋》的差異〉，《中國文哲研究集刊》第八期（1996年3月），頁123。

引用姓氏稱號	原姓名	引用次數	引用姓氏名稱	原姓名	引用次數
華陽范氏	范祖禹	28	顏　氏	顏達龍	4
藍田呂氏	呂大鈞	1	容齋項氏	項安世	5
藍田呂氏	呂大臨	29	錢　氏	錢　氏	8
上蔡謝氏	謝顯道	3	華谷嚴氏	嚴　粲	316
龜山楊氏	楊　時	12	濮　氏	濮一之	42
元城劉氏	劉安世	3	新安王氏	王　炎	10
永嘉陳氏	陳鵬飛	41	段　氏	劉　氏	13
山陰陸氏	陸　佃	15	劉　氏	劉　濟	6
三山李氏	李　樗	156	東齋陳氏	陳大猷	2
黃　氏	黃　燻	46	建安熊氏	熊剛大	9
永嘉鄭氏	鄭　氏	3	疊山謝氏	謝枋得	109
長樂王氏	王　氏	4	勿軒熊氏	熊　禾	5
建安胡氏	胡安國	1	須溪劉氏	劉辰翁	32
長樂劉氏	劉　彝	37	建安何氏	何士信	9
渤海胡氏	胡　旦	3	竹房張氏	張學龍	5
莆田鄭氏	鄭　樵	2	廬陵彭氏	彭執中	57
致堂胡氏	胡　寅	1	新安胡氏	胡一桂	89
南軒張氏	張　栻	27	鄱陽董氏	董　鼎	7
東萊呂氏	呂祖謙	133	定宇陳氏	陳　櫟	43
董　氏	董　氏	37	東陽許氏	許　謙	12
丘　氏	丘　氏	10	安成劉氏	劉　瑾	588
徐　氏	徐　氏	2	廬陵羅氏	羅中行	64
三山林氏	林之奇	3	廬陵曹氏	曹居貞	11
止齋陳氏	陳傅良	13	豐城朱氏	朱　善	196

　　〈詩傳大全凡例〉中所列的「引用先儒姓氏」表共載錄先儒的姓氏七十個人（編者將其中的程顥、程頤；呂大鈞、呂大臨兄弟皆各合計為一人），在全書中總共被徵引四四○一條經說疏文。其中藍田呂氏兄弟二人，劉瑾《詩傳通釋》在書中引錄時，實際上將呂和叔（大鈞）及呂與叔（大臨）兄弟二人分開登錄，並不合併在一起，故統計時也將《詩傳大全》所引二人疏文依照《詩傳通釋》所列分別計算。在書上所徵引的諸儒經說疏文中，以輔廣七一○條、孔穎達六四四條、劉瑾五八八條、嚴粲三一六條、朱善一九六條、鄭玄一六九條、李樗

一五六條、王安石一三八條、呂祖謙一三三條、謝枋得一○九條、曹粹中一○
一條等幾家的經說疏文被徵引較多。〔註35〕

　　《詩傳大全》書中所徵引的「先儒姓氏」除上表所開列出的七十個人之
外，尚有許多先儒姓名在書中實際上有被引用，卻並未被編者載錄於「引用
先儒姓氏」表上，今亦一併列表具錄於下：

引用姓氏稱號	原姓名	引用次數	引用姓氏名稱	原姓名	引用次數
九峰蔡氏	蔡　沈	19	郭　璞	郭　璞	1
勉齋黃氏	黃　榦	9	蘇　氏	蘇　氏	1
王　氏	王　氏	5	蔡　氏	蔡　氏	1
廣平游氏	游　酢	2	呂　氏	呂　氏	2
臨川吳氏	吳　澄	1	嚴　氏	嚴　氏	1
樂菴李氏	李　氏	1	沈　氏	沈　氏	1
丹陽洪氏	洪興祖	1	徐　鉉	徐　鉉	1
游　氏	游　氏	1	沈　括	沈　括	1
趙　氏	趙　氏	1	劉　向	劉　向	1
皇甫謐	皇甫謐	1	張　氏	張　氏	1
汪　氏	汪　氏	1	吳　氏	吳　氏	2
朱　子	朱　熹	389	武夷胡氏	胡安國	5

　　上述所列共二十四人，合計在書中徵引四四九條經說疏文。其中「武夷
胡氏」的胡安國即是「引用先儒姓氏」表中所登錄的「建安胡氏」，一人而同
時使用兩個稱呼，容易引起讀者誤認為是兩個人，這種疏忽的情形，實際是
緣自劉瑾《詩傳通釋》書上，因《詩傳通釋》編纂時，已然將胡安國的姓名
稱號用「武夷胡氏」和「建安胡氏」兩個稱呼，胡廣等人在編纂《詩傳大全》
時，大概迫於時間緊急，無暇多做查閱，致襲引《詩傳通釋》書上資料時未
注意所產生的疏漏。

〔註35〕筆者根據永樂內府刊本《詩傳大全》統計全書所徵引經說疏文時，尚未見到
　　　　楊晉龍所撰：〈論《詩傳大全》與《詩傳通釋》的差異〉及《詩傳大全》來
　　　　源問題探究〉兩篇文章，迨楊氏文章發表，筆者撰寫此章文字，頗多參考楊
　　　　氏二文中的資料，特別在此作說明。唯此處筆者統計的經說疏文徵引數字與
　　　　楊氏頗有出入，此處所列出的統計數字，係據筆者所統計者，而非參考楊氏
　　　　之文，故稍有差異。

再者，《詩傳大全》所採用的《詩經》注解以朱熹《詩集傳》爲宗，故「引用先儒姓氏」並不登載朱子之名，然而書中在徵引先儒經說時，若朱子《語錄》、《文集》中言論有足供輔翼經注者，編者往往先載列朱子之言，文中一共徵引三八九條說解疏文（文中「又曰」皆各計數），今亦一併合計於此。

《詩傳大全》書中除以人名登錄所引用的經說疏文，又有爲數不少的解說疏文是以書籍名稱來引錄的。另外，《詩傳大全》編者凡是遇到劉瑾《詩傳通釋》書上以元代行政區域名稱所標示的郡縣地名，則一律依照《皇（明）朝郡邑志》所載地名改正，共有三十九處。又文中尚有五處說解是抄錄歷史史實來作疏解文字，因書中未明白標出引自何書，則以「史實」稱呼來標示，亦併計於此。

引用書名	引用次數	引用書名	引用次數
經典釋文	43	史 記	6
爾 雅	26	史記集解	1
爾雅注	14	史記索隱	2
爾雅疏	3	史記正義	2
爾雅翼	1	漢 書	19
埤 雅	33	後漢書	3
本 草	29	說文解字	12
本草注	28	列女傳	4
草木疏	1	晉天文志	3
左 傳	12	隋 志	2
左傳注	5	考古圖	5
公羊傳	4	通 典	2
公羊傳注	3	通典注	1
穀梁傳	1	字 書	1
春秋胡氏傳	1	韻 書	1
尙 書	3	廣韻注	4
周 易	2	韻 會	1
易程傳	1	孔子家語	1
周易本義	1	國 語	4

引用書名	引用次數	引用書名	引用次數
周　禮	30	國語注	4
周禮注	2	戰國策	1
周禮圖注	1	詩　考	5
儀　禮	16	白虎通	2
儀禮注	7	孔叢子	6
禮　記	9	齊民要術	1
禮記注	16	群書百考	1
孟　子	1	山堂考索	12
莊　子	1	杜詩注	1
離騷經	1	鄭　志	1
更改地名	39	史　實	5

　　上述係《詩傳大全》在直接引用先賢儒者外，又另行徵引的五十八種書籍，合計共四〇三條經說疏文。

　　另外，《詩傳大全》在鈔錄諸儒說法時，除徵引時標明先儒名號姓氏及書籍名稱外，更由於古今地理郡志更迭，名稱改異，爲求符合明代里籍郡制，乃依照《皇朝郡邑志》所列郡縣名稱更改劉瑾《詩傳通釋》書上的前代地名，此種更改地名者全書總共有三十九處。再者，書中又有既不標出姓氏里籍或書籍名稱，而僅鈔錄歷史事實資料者五條，亦一併附記其下。若將上面五十八種書籍四〇三條疏文，再加上更改地名三十九條、史實五條兩項，則合計共引用四四七條經說疏文。

　　楊晉龍先生研究明代《詩經》學，曾針對《詩傳大全》作過研究，撰有〈論《詩傳大全》與《詩傳通釋》的差異〉、〈《詩傳大全》來源問題探究〉兩篇文章，也對全書引用的經說資料作過統計，本文頗多參考其文章資料。唯此處統計表所登錄者，其中有幾點與楊晉龍所統計者不同，有需要稍作說明，第一：在書中卷四頁三十一上「禮所謂不得嗣爲兄弟是也」下所引《禮記‧曾子問篇》的「陳櫟解」及「陳澔解」，實際是出自陳櫟的《禮記集義》和陳澔的《禮記集說》書上，但因《詩傳大全》、《詩傳通釋》兩書均係合併爲一條經說疏文，故本文將它併計在《禮記》之下，當作一條經說疏文處理，不另計。第二：卷三頁十七下所引〈溝洫志〉一條疏文，實係班固《漢書》中

的〈溝洫志〉，不當另計為一書。第三：書中引有兩條唐杜佑《通典》（卷20，頁37下；〈詩序〉頁70上）文字，另有一條標為《通典注》（卷19，頁3下）的文字，本文均分開標列。第四：《詩傳大全》書中有一條標為「前漢孔光曰」（卷11，頁33下），實是出自《漢書・孔光傳》，本文改計入《漢書》條中。

《詩傳大全》編者除在經、傳文字之下，引錄先儒諸家經說疏文來說解朱熹《詩集傳》的文義之外，也另外注有許多的直音、反切、聲調、音義、板本異同等文字，以幫助讀者閱讀《詩傳大全》的經、傳文字，今參考楊晉龍先生所作統計，列表如下：

標注情形	引用次數	標注情形	引用次數
句　絕	2	直　音	352
板本異同	17	反　切	127
音　義	58	聲　調	117

上述的句絕、直音、反切、聲調、板本異同等五項共六一五條，均僅是全書輔助閱讀的音讀句逗，無關《詩傳大全》經、傳及所徵引先儒經說疏文文義，故本文不擬計入全書引用資料總數之中。至於音義一項，書上雖未標明其出處來源，因其或解釋字義，或音義全釋，屬解釋朱熹《詩集傳》經說疏文的「大全」部分，因而一併計入全書總數之中。

總合言之，若將《詩傳大全》中的「引用先儒姓氏」表載錄的七十位（實際七十二位）先儒四四○一條經說疏文，加上未列名的二十四人四四九條經說疏文及所徵引的五十八種書籍四○三條疏文，另外再加上更改地名三十九條、史實五條、音義五十八條三項，則全書總共徵引包括九十六位學者、五十八種書籍在內的五三五五條經說疏文。

二、實際取材來源及前人說法的檢討

（一）實際取材來源

由於《詩傳大全》的編者在〈詩傳大全凡例〉中明言「是經一以朱子《集傳》為主，《通釋》所采諸家之說與朱《傳》相矛盾者去之，庶無惑於學者。」「〈小序〉，朱子已辨其得失，《通釋》以隸各篇之下，今仍為一編，附于卷末，以還其舊。」「〈諸國世次〉及〈作詩時世圖〉，一依安成劉氏存之，以備觀覽。」編者在文中一再提及書上資料依循元人劉瑾《詩傳通釋》一書，可證知《詩

傳大全》和劉瑾《詩傳通釋》兩者之間有相當密切的關係。爲確實明白兩者之間的因襲情形，特別將兩部書作一詳實的核對，可以發現在《詩傳大全》全書總數五三五五條的經說疏文當中，與劉瑾《詩傳通釋》書上資料之間的因襲情況相當明顯，可知《詩傳大全》確實是以劉瑾的《詩傳通釋》一書作爲其編纂的參考底本。唯纂修時並非全盤搬移，一字不漏照抄，編修者仍然進行許多的增、刪、移、改情形，爲更清楚明白兩書之間的因襲改易，茲將比對情形列表如下，以清眉目：

增補刪改情形	更動次數	百分比%	全書抄補情形	引用次數	百分比%
增補完整經說疏文	549	10.25%	全書總數	5355	100%
刪改完整經說疏文	217	4.05%	增改經說疏文	908	16.96%
增補部分疏文文字	22	0.41%	抄襲經說疏文	4447	83.04%
刪改部分疏文文字	52	0.97%			
更改地名	39	0.73%			
移改疏文位置	24	0.45%			
合併疏文	5	0.09%			

由上表資料所顯示，可以很清楚看出，《詩傳大全》在全書總共五三五五條經說疏文當中，與劉瑾《詩傳通釋》完全相同者有四四四七條，佔全書總數的百分之八十三點〇四；而《詩傳大全》編者增補刪改的經說疏文有九〇八條，僅佔全書總數的百分之十六點九六。證實胡廣等人在編纂《詩傳大全》時，確實是以劉瑾的《詩傳通釋》爲參考底本進行修纂的，顧炎武等人的說法是大致可以相信的。

（二）前人說法的檢討

根據上節的比對分析資料，知道《詩傳大全》全書的經說疏文有八成三是參考劉瑾《詩傳通釋》編纂而成，另外將近一成七的經說疏文資料則是編者自行增刪補改的，並非全然鈔襲劉瑾之書。李默、吳任臣、朱彝尊、徐乾學、陳廷敬、全祖望、《四庫全書總目》等幾家的說法，基本上是大致可信的，但並非是如諸家所言僅「大約取其冗蔓者略刪數條」、「稍爲刪潤而書成」，也不是「惟於原書『愚按』二字更作『安成劉氏』而已」，後世學者茫然而不自覺，理所當然的沿襲其說法，甚至變本加厲，謂「明靖難難以後，耆宿略盡，

廣等無可與謀，倉促應詔，全採元人劉瑾《詩傳通釋》，而改其中『愚按』二字爲『安成劉氏』云云。」，〔註36〕可說完全無視於書中尚有六分之一的資料是編修者所增引刪改的存在，實在頗令人感到十分訝異！

　　至於顧夢麟、陳啓源及《四庫全書總目》另一說法，都認爲《詩傳大全》是抄襲元人朱公遷《詩經疏義》的說法，主要是因爲兩本書中的經說疏文資料，相同的非常多，甚至一些《詩傳大全》增補的朱善《詩經解頤》的資料，朱氏《詩經疏義》上也可看到，可知兩本書之間的關係也相當密切，但是根據楊晉龍研究的結果，他認爲朱公遷的《詩經疏義》一書，今天所見到之版本，實際上已非朱公遷原本，而是經過朱公遷、王逢、何英三人遞相附益，朱公遷原稿的面目，其中還雜有王逢《輯錄》和何英《增釋》，而該書與《詩傳大全》雷同的條目，除了《詩傳大全》因鈔錄劉瑾《詩傳通釋》而偶涉雷同的條目外，他如《詩經解頤》或劉瑾的說法，全部出現在《輯錄》底下，幾無例外，就是說這些條目是王逢所增入，並非朱公遷的原文。〔註37〕既是如此，則《詩傳大全》自然不可能是鈔襲朱公遷的《詩經疏義》而成書，楊氏的說法相當正確，顧夢麟等人說法之謬誤，自可不辨而明。

第四節　徵引前人經說之分析

　　胡廣等編纂《詩傳大全》時，明成祖急於見到成果，催促頗急，胡氏等受限於修纂時間緊迫之故，倉促間成編，勢非取材於前代儒者的經學著述以作爲其參考底本不可，然衡諸宋、元儒者有關疏解朱子《詩集傳》的經學著作，唯有元儒劉瑾《詩傳通釋》「采錄各經傳及諸儒所發要義」，最能闡發朱子《詩集傳》之義蘊，也較符合其編纂體例，遂取爲纂修取材依據，但《詩傳大全》編者在襲引鈔錄之際，仍進行有許多的增、刪、改、補等工作，以下即依序分項舉例敘述之。

〔註36〕此處丁氏之言，係完全抄襲顧炎武及《四庫全書總目》之言而成，無絲毫自己的見解。見清丁丙撰：《善本書室藏書志》（臺北：廣文書局，1967 年 8 月），卷 2，頁 6 下～7 上，《詩經大全》條。

〔註37〕參見楊晉龍撰：〈《詩傳大全》來源問題探究〉，收入《明代經學國際研討會論文集》（臺北：中央研究院中國文哲研究所籌備處，1996 年 6 月），頁 327～330。

一、增補疏文

《詩傳大全》編纂者在鈔錄襲引劉瑾《詩傳通釋》時，若覺得劉瑾《詩傳通釋》所引疏文文義有不足之處，或闡釋義理方面尚有未完備的地方，則編者會自行從其他宋、元儒者的《詩經》著述中引錄其言，以增補劉氏《通釋》之不足。《詩傳大全》增補疏文以補充解釋《詩集傳》文義的方式有二種：增補完整疏文及增補部分疏文文字兩類。

（一）增補完整疏文

係指《詩傳大全》編者在劉瑾《詩傳通釋》原本未曾徵引，或將原徵引者刪除而另外再增補入完整整條經說疏文者：

（1）〈鄘風・定之方中〉第三章：「靈雨既零……騋牝三千」經文下，朱子《詩集傳》：「此章又要其終而言也」句下，劉瑾《詩傳通釋》原無徵引諸家說解文字，《詩傳大全》在鈔錄時，自行增補「慶源輔氏（廣）」曰：「此章乃要其後日之終而言，觀其始之經營其國者如此其備，繼之勸勞於民者如此其勤，則其終之善與富亦宜矣。」及「廬陵曹氏（居貞）」曰：「人君之一心，萬事之本也。文公之能勤於農桑者，此心也，所以致牝馬之多者，亦此心也。一心之誠實淵深，則無所為而不成矣。」兩條說解疏文。〔註38〕

（2）〈魏風・十畝之間〉第一章：「十畝之間兮，桑者閑閑兮，行與子還兮」，朱子《詩集傳》傳文：「政亂國危，賢者不樂仕於其朝，而思與其友歸於農圃，故其詞如此」句下，劉瑾《詩傳通釋》並未引有疏文，《詩傳大全》鈔錄時，在其處增補慶源輔氏曰：「危邦不入，亂邦不居，君子仕止之常法也。使賢者不樂仕於其朝，則其政亂國危可知矣。夫以場圃之採桑者為自得，而思與其友歸焉，則其不樂仕之意可見矣。」〔註39〕

（3）〈鄭風・風雨〉第三章：「風雨如晦……云胡不喜」經文下，朱子《詩集傳》：「賦也。晦，昏；已，止也。」句下，劉瑾《詩傳通釋》原來並無引文，《詩傳大全》鈔錄時，在其下自行增補「東陽許氏（謙）」曰：「喈喈膠膠不已，皆雞聲紛雜之意。」及「慶源輔氏（廣）」曰：「喜甚於瘳，瘳甚於夷，云胡不喜，言如之何而不喜也，蓋喜劇之辭。」兩條疏文來補充朱子所未解釋的部分文義。〔註40〕

〔註38〕見《大全》，卷3，頁11上；《通釋》，卷3，頁20上。
〔註39〕見《大全》，卷5，頁20上；《通釋》，卷5，頁28下。
〔註40〕見《大全》，卷4，頁30上；《通釋》，卷4，頁46上。

(4)〈小雅·采芑〉第一章:「薄言采芑……鉤膺鞗革」經文下,朱子《詩集傳》:「田一歲曰菑,二歲曰新田,三歲曰畬。」句下,劉瑾《詩傳通釋》原本徵引有「孔氏(穎達)」一條疏文,胡廣等編輯《詩傳大全》時,除鈔錄劉氏書上的「孔氏」說解文字外,再自行增補《韻會》曰:「田一歲曰菑,始反草也;二歲曰畬,漸和柔也;三歲曰新田,已成田而尚新也;四歲則曰田矣。」一條疏文,以補充解釋經傳文意。〔註41〕

(5)〈大雅·甫田〉第三章「曾孫來止……農夫克敏」,朱子《詩集傳》:「而其農夫益以敏於其事也」之下,劉瑾《詩傳通釋》原來引有「廬陵彭氏(執中)」及呂東萊曰:「不曰喜曰不怒者,若不敏於農,則怒矣。」二條疏文,《詩傳大全》在鈔錄時,保留「廬陵彭氏」之言,而將「呂東萊」之疏文刪除,另外再增補入慶源輔氏(廣):「於田畯曰喜,於曾孫曰不怒,互文以見意也。田畯見之而喜,曾孫見之而不怒,則農夫益以敏於其事矣。謂不待督趣而自勸矣!」〔註42〕

(6)〈小雅·青蠅〉第一章「營營青蠅……無信讒言」下,朱子《詩集傳》:「青蠅汙穢能變白黑」句下,劉瑾《詩傳通釋》原本引有「歐陽子(修)」、「鄭氏(玄)」兩條疏文,《詩傳大全》鈔錄時,將《詩傳通釋》原本誤題「鄭氏」條疏文作者訂正更改爲「永嘉陳氏(鵬飛)」,另外再增引「鄭氏(玄)」曰:「蠅之爲蟲,汙白使黑,汙黑使白,喻佞人變亂善惡也。」〔註43〕

(7)〈大雅·瞻卬〉第一章「瞻卬昊天……靡有夷瘳」,朱子《詩集傳》:「此刺幽王嬖褒姒,任奄人」句下,劉瑾《詩傳通釋》本沒有引任何一條經說疏文,《詩傳大全》則在其下增引「廬陵羅氏(復)」曰:「奄人,《周禮·司刑》注,男女不以義交者其刑宮。〈酒人〉注,奄,精氣閉藏者,內門則用奄以守之。《釋文》掩、艷二音,《說文》作閹,音淹,與此通用。」〔註44〕

(8)〈周頌·豐年〉:「豐年多黍……降福孔皆」,朱子《詩集傳》:「而神降之福將甚遍也。」句之下,劉瑾《詩傳通釋》原引有「嚴氏(粲)」曰:「有此黍稷之多,以之爲清酒,以之爲醴,齊進與先祖先妣而祭祀之,所以會合其事神之眾禮百物,皆所以爲禮而行,禮以酒爲主也。」一條疏文,《詩傳大全》將

〔註41〕見《大全》,卷10,頁9下;《通釋》,卷10,頁12上。
〔註42〕見《大全》,卷13,頁21下;《通釋》,卷13,頁28上。
〔註43〕見《大全》,卷14,頁7下;《通釋》,卷14,頁10上。
〔註44〕見《大全》,卷18,頁53下;《通釋》,卷18,頁68上。

其完全刪除，另外再自行增補「豐城朱氏（善）」曰：「此詩朱子謂報賽田事之樂歌，《集傳》神字正指田祖先農方社而言。蓋言收入之多而得以供祭祀、備百禮者，皆豐年之所致，而田祖先農方社之所賜也，故報賽之際以降福孔皆歸功於其神焉。」及「廬陵曹氏（居貞）」曰：「以洽百禮，非特言祭祀而已，而養耆老、享賓客，皆在其中矣。」兩條經說疏文。〔註45〕

（二）增補部分疏文文字

　　所謂增補部分疏文文字，係指《詩傳大全》的編者們，針對劉瑾《詩傳通釋》書上所徵引的諸儒經說疏文，若覺得劉氏所引錄的經說疏文文意並不足以闡發朱《傳》文意，或增引時意義更加完整，則會翻閱原書增補部分疏文文字以足其文意，茲舉例述之如下：

　　（1）〈周南・關雎〉篇名之下，朱子《詩集傳》：「自上世以來，三代興廢，未有不由此者也。」句下，劉瑾《詩集傳》原本引錄有「前漢外戚傳」、「朱子」兩條疏文，《詩傳大全》除全部照鈔外，又在「朱子」條疏文之後增補「又曰：〈關雎〉一詩，文理深奧如乾坤卦一般，只可熟讀詳味，不可說。至如〈葛覃〉、〈卷耳〉，其言迫切，主於一事，便不如此了。」一段「朱子」的解說文字。〔註46〕

　　（2）〈召南・采蘩〉第一章：「于以采蘩……公侯之事」之下，朱子《詩集傳》：「此詩亦猶周南之有葛覃也」句下，劉瑾《詩傳通釋》原引有「朱子曰」一條疏文，《詩傳大全》纂修者又在其後增補「又問何故存兩說？曰：如今不見得果是如何，且與兩存，從來說蘩所以生蠶，可以供蠶事，何必抵死說道只為奉祭祀，不為蠶事。」一段文字，以補充說明朱子《詩集傳》傳文中何以〈采蘩〉有存「供蠶事」、「奉祭祀」兩種說法的理由。〔註47〕

　　（3）〈檜風・羔裘〉篇名之下，劉瑾《詩傳通釋》原引有蘇氏（轍）曰：「勞心忉忉，思之也。我心憂傷，悲之也。中心是悼，則知其不復可救也。羔裘如膏，日出有曜，其君之服飾非不美也，豈不爾思，中心是悼，則其所關者，蓋可知矣。」一段疏文，《詩傳大全》編者則在「蓋可知矣」之後又補入「又曰：心無二用，志於大者必遺於小，溺於小者，則亦無暇於大矣。檜君好潔其衣服，逍遙遊宴如此，則不能自強於政治也宜矣。然彼方冥行而不

〔註45〕見《大全》，卷19，頁21下；《通釋》，卷19，頁32下。
〔註46〕見《大全》，卷1，頁9下；《通釋》，卷1，頁12上。
〔註47〕見《大全》，卷1，頁1上～1下；《通釋》，卷1，頁44上。

覺，而詩人則為之憂勞傷悼，若不能以一朝居。夫人之心其出本同，而末流之弊相去如此遼絕，豈不哀哉！」一大段疏釋文字，又將作者名字「蘇氏」改為「慶源輔氏」。〔註48〕

（4）〈小雅・沔水〉第三章：「鴥彼飛隼……讒言其興」朱子《詩集傳》：「而卒反諸己也」句下，劉瑾《詩傳通釋》原來徵引「慶源輔氏（廣）」曰：「凡有不得者皆反求諸己，此自脩之事也。」一段疏釋文字，《詩傳大全》編纂者除將劉書所引「輔氏」之言全部照鈔外，又在它前面增補「衰亂之世，訛言繁興，使人無所適從，而卒歸於危亡禍敗，此所以嘆其寧莫之懲也。我友敬矣，讒言其興，此必有所指而言，其興則是無自而興也。先生所謂始憂於人而卒反諸己者，深得其意。」一大段疏解文字。〔註49〕

（5）〈大雅・大明〉篇名下，朱子《詩集傳》：「八章言武王克商以終首章之意」句下，劉瑾《詩傳通釋》原本徵引有「嚴氏（粲）」、「輔氏（廣）」兩條說解疏文，胡廣等編纂《詩傳大全》時，除全部照鈔《詩傳通釋》書上所引徵兩條疏文外，又在《詩傳通釋》所引「慶源輔氏（廣）」條疏文之後增補「又曰：此詩周公作以戒成王，前五章言周三王積德之盛，而天命之積亦非一日，有人力之所不得與者。後兩章言武王順天應人以伐紂，而克之有非得已者。成王聞之，思天命之不苟集，祖宗之於天下也非苟得，則兢兢業業以保守之，自有不能已者矣。」一段疏文文字。〔註50〕

二、合併疏文

胡廣等人在纂輯《詩傳大全》時，若碰到劉瑾《詩傳通釋》書上解釋不同字句的語辭時，或原屬同一人之經說疏文而分隸兩處者，或不同的兩條經說疏文，編纂者有時會將其合併在一起，改成同一條經說疏文，茲舉例如下：

（1）《詩傳大全》在卷首〈詩傳大全綱領〉所引《書・舜典》：「聲依永，律和聲」下，朱子：「又所以旋相為宮而節其聲之上下」傳文句下，編者引有「朱子」又曰：「詩之作本言志而已，方其詩也，未有歌也；及其歌也，未有樂也，以聲依永，以律和聲，則樂乃為詩而作，非詩為樂而作也。問詩樂既廢，如何？曰：既無此家具，也只得以義理養其心，涵泳從容，無斯須不和不樂，便是樂。」

〔註48〕見《大全》，卷7，頁11上～11下；《通釋》，卷7，頁15下～16上。
〔註49〕見《大全》，卷10，頁23下；《通釋》，卷10，頁30下。
〔註50〕見《大全》，卷16，頁16下；《通釋》，卷16，頁22下。

一條疏文，係將劉瑾《詩傳通釋》的〈外綱領‧詩樂〉項下「朱子曰」條下所徵引的兩條朱子疏文合併在一起，再將其移改過來。〔註51〕

（2）〈大雅‧文王〉第二章：「亹亹文王……不顯亦世」句下，朱子《詩集傳》：「亦世世修德與周匹休焉」句之後，劉瑾《詩傳通釋》原本引有「輔氏（廣）」、「李迂仲」、「嚴氏（粲）」、「黃實夫」、「彭氏（執中）」、「嚴氏（粲）」等六條疏文，《詩傳大全》引錄時全部照鈔，唯有其中「華谷嚴氏（粲）」一條係將《詩傳通釋》書上的第一條「嚴氏」曰：「使周之臣子皆光明俊偉，其德甚顯，亦世世相傳與周匹休焉。」及第六條「嚴氏」曰：「此述文王德澤之遠也。」兩條說解疏文合併而成。〔註52〕

（3）〈大雅‧天作〉：「天作高山……子孫保之」下，朱子《詩集傳》：「子孫當世世保守而不失也」句下，劉瑾《詩傳通釋》徵引有「嚴氏（粲）」、「黃實夫」、「段氏」、「嚴氏（粲）」、「輔氏（廣）」等五條說解疏文，《詩傳大全》在勦襲過錄《詩傳通釋》書上的疏文時，見所徵引的第一條疏文：「作者造立之言也，遷岐非得已，而周以岐興，詩人以為是非人所能為，故言此岐山，天實為之也。」及第四條疏文：「太王、文王之業，子孫當保守而不墜也。成功告神明之頌，多言子孫當保守之意，蓋子孫能保守，則可以慰祖宗之心矣。」皆為「華谷嚴粲」之言，於是將兩條說解疏文合併在一起，以「又曰」二字相連。〔註53〕

三、移改疏文位置

劉瑾《詩傳通釋》書上所引用的前人經說疏文，胡廣等人在編輯《詩傳大全》時，若覺得劉氏《通釋》書上所引錄的文句，和朱子《詩集傳》所解釋的文義意思不相符，或批駁朱子之意見，或所解經義比較合乎他處經傳文字時，則編者會在編纂時，將其經傳解說疏文改移至其認為較恰當之經傳文句之下，此種情形在全書中，共計有二十四處，茲舉例敘述如下：

（1）《詩傳大全》在〈詩傳大全綱領‧大序〉：「發言為詩」下，朱子《詩集傳》：「心之所之謂之志，而詩之所以言志也」句下，引錄有「孔氏（穎達）」、「慶源輔氏（廣）」、「鄭氏（玄）」、「黃氏（實夫）」四條說解疏文，其中「孔氏」、「慶源輔氏」兩條疏文係鈔錄劉瑾《詩傳通釋》卷首〈詩傳綱領‧大序〉

〔註51〕見《大全》，綱領，頁11上～11下；《通釋》，卷首，頁39上～39下。
〔註52〕見《大全》，卷16，頁3下；《通釋》，卷16，頁4上～4下。
〔註53〕見《大全》，卷19，頁7下；《通釋》，卷19，頁10上。

下所引的疏文，另外「鄭氏（玄）」曰：「《詩》之興也，諒不於上皇之世，大庭軒轅遠於高辛，其時有亡，載籍亦蔑云焉。〈虞書〉曰：『《詩》言志』，然則《詩》昉於此乎？」及「黃氏（實夫）」曰：「自有天地有萬物而詩之理已寓，嬰兒之嬉笑，童子之謳吟，皆有詩之情而未動也。桴以簣，鼓以土，籥以葦，皆有詩之用而未文也。康衢順則之謠，元首股肱之歌，皆詩也；故曰詩言志。至於五子述大禹之戒，相與歌詠，傷今而思古，則變風變雅已備矣。」兩條疏文，劉瑾《詩傳通釋》原列在書卷首〈外綱領・詩源流〉中，《詩傳大全》編者在鈔錄時，將其改移置於〈詩傳大全綱領・大序〉之下。〔註54〕

（2）劉瑾《詩傳通釋》卷首〈詩傳綱領・大序〉：「是謂四始，詩之至也」下，朱子《詩集傳》：「所謂四始也」句後，原本徵引有「王介甫」、「彭氏（執中）」兩條疏文，《詩傳大全》除全部襲引外，又增引有「程子」曰：「《詩》有四始而風居首，本乎一人而成乎國俗謂之風，發於正理而形於天下謂之雅，稱美盛德與告其成功謂之頌。先之家及於政以底成功，其敘然也。」一條疏文，此條疏文實際上是《詩傳大全》編者自劉瑾《通釋・刪次》中的「程子曰」一條內移改而來。〔註55〕

（3）〈周南・關雎〉第三章：「參差荇菜……鐘鼓樂之」下，朱子《詩集傳》：「故其喜樂尊奉之意不能自已又如此云」句下，劉瑾《詩傳通釋》僅徵引「呂東萊」一條疏文，《詩傳大全》直接襲引，「東萊呂氏」之後又有「慶源輔氏（廣）」曰：「此詩皆興而比，首章以關雎起興，因以關雎摯而有別為比，二章、三章以荇菜起興，亦以為比。但先儒皆取於荇菜之潔淨柔順，而《集傳》不言，只言其不可不求之意者，豈非所謂不可不求者，正以其潔淨與柔順之故乎？」一條解說疏文，其中自「二章三章以荇菜起興」以下一段文字係編者自劉氏《通釋》書上的第二章「至於如此也」之下移改而來，另外編者再自行從輔廣《詩童子問》一書增補前面開頭「此詩皆興而比，首章以關雎起興，因以關雎摯而有別為比」等二十三字。〔註56〕

（4）〈小雅二〉，朱子《詩集傳》：「正大雅，會朝之樂，受釐陳戒之辭也。」句，劉瑾《詩傳通釋》在「受釐」之下，原有劉氏「愚按」：「釐與禧同，祭而受福也。」一條說解文字，《詩傳大全》在鈔錄時，將其移置於「受

〔註54〕見《大全》，〈綱領〉，頁1上；《通釋》，卷首，頁28上〜28下。
〔註55〕見《大全》，綱領，頁10上；《通釋》，卷首，頁40下。
〔註56〕見《大全》，卷1，頁7上；《通釋》，卷1，頁8上〜8下。

－140－

鼇陳戒之辭也」句之下。〔註57〕

　　（5）〈小雅・北山〉第六章：「或湛樂飲酒……或靡事不爲」下，朱子《詩集傳》：「言親信而從容也」句之下，《詩傳大全》引有「慶源輔氏（廣）」：「燕，安也。重言之，見安之甚也。或燕燕而自居於休息，或盡瘁而力爲國事，或息偃在床以自逸，或不已於行以自若，或深居而不接人聲，或憂慘而自極劬勞，或栖遲于家而偃仰自適，或煩勞於國而儀容不整，或耽樂飲酒以自樂，或慘慘畏咎以自憂，或出入風議而親近從容，或靡事不爲而疏遠勞勤。」一條說解疏文，劉瑾《詩傳通釋》則將它引在前面第五章之下，《詩傳大全》卻將其移改於末章之後。〔註58〕

　　（6）〈小雅・楚茨〉第二章：「濟濟蹌蹌……萬壽無疆」下，朱子《詩集傳》：「孔，甚也；明，猶備也，著也」句後，劉瑾的《詩傳通釋》原本引有「慶源輔氏（廣）」曰：「王氏云：凡祀裸鬯則求諸陰，焫蕭則求諸陽，索祭祀于祊，則求諸陰陽之間。蓋魂無不之，神無不在，求之之備如此。祀事所以孔明也者是矣。《集傳》又以爲明字兼備、著兩義者尤善。」一條說解疏文。《詩傳大全》則將其移改於朱《傳》上一句「故使祝博求之於門內待賓客之處也」句之下，並且刪除在最後的「祀事所以孔明也者是矣。《集傳》又以爲明字兼備、著兩義者尤善。」一段二十五字的說解疏文。大概因爲此二十五字係解釋「孔，甚也；明，猶備也，著也。」一句，與移改之處朱《傳》文句不合，因而將它予以刪除。〔註59〕

四、刪除疏文

　　《詩傳大全》編修者基於其纂輯中心思想與編纂目的之關係，若發覺劉瑾《詩傳通釋》書上所引錄的文句，和其全書編纂的宗旨有所違背時，胡廣等往往會將劉瑾書上所徵引的疏解文字加以刪除。這種刪除疏文的方式，可分爲刪除整條完整疏文和刪除部分文字兩類，以下即依序舉例敘述如下：

（一）刪除完整疏文

　　《詩傳大全》編者在襲引劉瑾《詩傳通釋》時，若遇到《通釋》所引說解疏文意見與《大全》宗旨相背離或是批評朱熹《詩集傳》，則會將整條的經

〔註57〕　見《大全》，卷9，頁1上；《通釋》，卷9，頁1下。
〔註58〕　見《大全》，卷13，頁2下；《通釋》，卷13，頁3上～3下。
〔註59〕　見《大全》，卷13，頁9下；《通釋》，卷13，頁12下。

說疏文完全刪除，不留隻字片語。

（1）〈周南・關雎〉第一章：「關關雎鳩……君子好逑」下，朱子《詩集傳》：「可謂善說《詩》矣」句下，劉瑾《詩傳通釋》原來徵引有「輔氏」、「毛氏」兩條說解疏文，胡廣等修纂《詩傳大全》時，將劉書上的「輔氏（廣）」曰：「匡衡善說《詩》者，一是漢時去古未遠，猶有師承傳受；二是詁訓未備，讀《詩》者只玩味經文，故見得古人正意出；三是人心尙淳樸，未會穿鑿得在。」一條說解完全刪除，僅鈔錄「毛氏」之說，另外又再增補「豐城朱氏（善）」一條疏文。〔註60〕

（2）〈邶風・匏有苦葉〉第一章：「匏有苦葉，濟有深涉，深則厲，淺則揭。」之下，朱子《詩集傳》：「然今尙有葉，則亦未可用之時也」句下，劉瑾《詩傳通釋》原本引有「孔氏（穎達）」曰：「《外傳・魯語》叔向曰：『苦匏不材于人，供濟而已。』韋昭注云：『不材于人，言不可食也。』」及嚴氏（粲）曰：「匏經霜其葉枯落，然後乾之，腰以渡水。」兩條疏文。《詩傳大全》在鈔錄時，僅引錄其「華谷嚴氏（粲）」一條經說疏文，而將「孔氏（穎達）」一條經說疏文文字全部予以刪除。〔註61〕

（3）〈陳風・東門之枌〉第一章：「東門之枌……婆娑其下」下，朱子《詩集傳》：「婆娑，舞貌」句下，劉瑾《詩傳通釋》原徵引有「張子」曰：「婆娑不必是舞，但裴徊翱翔之義。」胡廣等在編輯《詩傳大全》時，因張子之言有駁斥朱子之意，遂將此條疏解文字全部予以刪除，而未再徵引任何說解文字。〔註62〕

（4）〈小雅・鹿鳴〉第一章：「呦呦鹿鳴……示我周行」朱子《詩集傳》：「我，主人也，賓所燕之客，或本國之臣，或諸侯之使也。」句下，劉瑾《詩傳通釋》書上，原本附有劉氏按語曰：「愚按《周禮》王燕則以膳夫爲獻主，《儀禮》諸侯燕其臣或外使，亦以宰夫代爲主人，而皆不自爲主，燕卿與大夫則別立大夫爲賓，燕外使則以其介爲賓而皆不以所爲宴者爲賓，曰主曰賓，皆代爲之，則君與所爲宴之臣各得全其尊也。」胡廣等在編輯《詩傳大全》時，將此條疏文全部予以刪除，而未引任何說解文字。〔註63〕

〔註60〕見《大全》，卷1，頁1下；《通釋》，卷1，頁7上。
〔註61〕見《大全》，卷2，頁17下；《通釋》，卷2，頁26下。
〔註62〕見《大全》，卷7，頁2下；《通釋》，卷7，頁3下。
〔註63〕見《大全》，卷9，頁2上；《通釋》，卷9，頁3上。

（5）〈小雅·采菽〉第三章：「赤芾在股……福祿申之」下，朱子《詩集傳》：「而申之以福祿也」句之下，劉瑾《詩傳通釋》原有徵引「鄭氏（玄）」曰：「天子賜之，神則以福祿申重之。」及「董氏」曰：「天子之命則有命服、有命爵、有命車，其命之則路車、乘馬、玄袞及黻是也。古者發大命、頒爵祿，必自其祖廟，示不敢專，則以德受命，其得於神也宜矣。」兩條說解疏文，《詩傳大全》將其全部刪除，另外再自行增補「豐城朱氏（善）」曰：「禮以齊遬爲敬，彼交匪敖，則萬福之所求；彼交匪紓，則天子之所予，即福祿之所申也。」一條疏文以申其義。〔註64〕

（6）〈大雅·既醉〉第三章：「昭明有融，高朗令終。令終有俶，公尸嘉告。」朱子《詩集傳》：「融，明之盛也。《春秋傳》曰：『明而未融。』朗，虛明也。」句下，劉瑾《詩傳通釋》原本引有「輔氏（廣）」曰：「昭明有融者，欲其明德之極於盛也。既言昭明，又言高朗者，昭明但言其明德而已。言高則見其超然於事物之表，言朗則又見其中虛而表裏瑩徹也。」及「彭氏（執中）」曰：「昭明至於融，所以加施於萬方，赫赫乎萬目，無不見之也。高朗則發於天地之間無不照。」二條疏文，《詩傳大全》編者在鈔錄時，將其全部刪除，不予徵引。〔註65〕

（7）〈大雅·抑〉第十一章：「昊天孔昭……亦聿既耄。」下，朱子《詩集傳》：「左史所謂年九十有五時也」句下，劉瑾《詩傳通釋》原本引有「輔氏（廣）」曰：「昊天孔昭，我生靡樂者，言昊天甚明，具知我生之靡樂也。其所以靡樂者，即下文所謂『視爾夢夢，我心慘慘』也。武公平日之視人，想亦如此，故令人誦詩以警己而云然也。」及「曹氏（居貞）」曰：「前云『借日未知，亦既抱子』，是方壯時也；今日『借日未知，遂至於耄』，則終無所知矣。」兩條說解疏文，《詩傳大全》編者將它全部予以刪除，而未再補引其他疏文。〔註66〕

（二）刪除部份疏文文字

《詩傳大全》在引錄劉瑾《詩傳通釋》時，若覺得劉氏所引諸家解釋文字與其編纂宗旨有所出入或違背時，往往會將部分不合的疏釋文字予以刪除，茲舉例如下：

〔註64〕見《大全》，卷14，頁16上；《通釋》，卷14，頁21下。
〔註65〕見《大全》，卷17，頁13上；《通釋》，卷17，頁17下。
〔註66〕見《大全》，卷18，頁14上；《通釋》，卷18，頁16上。

（1）〈周南‧卷耳〉篇名之下，朱子《詩集傳》「然不可考矣」之下，劉瑾《詩傳通釋》在其後原徵引有「輔氏（廣）」及劉氏「愚按」兩條疏文，《詩傳大全》鈔錄時兩條全引，唯其中「慶源輔氏」曰：「先生又嘗曰：此詩後三章，只是承首章之意，欲登高望遠而往從之，則僕馬皆病而不得往。故欲酌酒以自解其憂傷耳，大意與〈草蟲〉詩相似。又張平子〈四愁詩〉云：『我所思兮在泰山，欲往從之兮梁父艱。』亦暗合此意。」《詩傳大全》鈔錄時，以「又張平子〈四愁詩〉」以下二十九字與闡釋〈卷耳〉全詩詩義無甚關係，而將其予以刪除。〔註67〕

（2）〈邶風‧燕燕〉篇名之下，劉瑾《詩傳通釋》原引有「潘氏（時舉）」及「胡庭芳」兩條說解疏文，《詩傳大全》在引錄時，除在上述所引「天臺潘氏（時舉）」、「新安胡氏（庭芳）」之外，自行增補「豐城朱氏（善）」一條疏文。又將「新安胡氏」曰：「黃氏云：觀此詩，見其與商之三仁去就更相警戒，各欲自靖自獻于先王者無異。國風雖變，猶有如是之婦人，此所謂先王之澤未泯，而康叔之餘烈猶在也。」一條說解疏文的前半段「黃氏云：觀此詩，見其與商之三仁去就更相警戒，各欲自靖自獻于先王者無異」三十一字予以刪除。〔註68〕

（3）〈魏風‧碩鼠〉第一章：「碩鼠碩鼠……爰得我所」下，朱子《詩集傳》：「故託言大鼠害已而去之也」句之下，劉瑾《詩傳通釋》原來徵引有「慶源輔氏（廣）」曰：「三歲貫女，則民之於上至矣；莫我肯顧，則上之於民甚矣。於是而決去焉，非民之罪也。逝將去女云者，則是將去而猶有不忍之意也。不然，尚何言之有。」一條說解疏文，《詩傳大全》鈔錄時，僅鈔錄「輔氏」前半部分的說解文字，而將後半部分「逝將去女云者」以下文字予以刪除。〔註69〕

（4）〈豳風‧七月〉第五章「五月斯螽動股……入此室處」之下，朱子《詩集傳》：「東萊呂氏曰：十月而日改歲，三正之通於民俗尚矣，周特舉而迭用之耳。」句之下，劉瑾《詩傳通釋》原本引有「朱子」及劉氏「愚按」兩條說解疏文。其中劉瑾「愚按」的後半部分「然考東萊《詩記》『周』字上有『商』字，似謂子丑之正非創自商周，商周迭興，不過舉前代之制而迭用

〔註67〕見《大全》，卷1，頁13下；《通釋》，卷1，頁22下～23上。
〔註68〕見《大全》，卷2，頁9上；《通釋》，卷2，頁14上。
〔註69〕見《大全》，卷5，頁22上；《通釋》，卷5，頁32上。

之耳。今朱子所引乃無『商』字，而又謂周人三正皆曾用，似與東萊本意不同，未知何也？」一大段文字，其文意有懷疑朱子之嫌，與《詩傳大全》全書尊朱的編輯宗旨有所違背，因而將其刪除，不予鈔錄。〔註70〕

（5）〈大雅・文王〉第四章「穆穆文王……侯于周服」之下，朱子《詩集傳》・「而今皆維服于周矣」句下，劉瑾《詩傳通釋》原本徵引有「孔氏（穎達）」、「慶源輔氏（廣）」及「華谷嚴氏」三條說解疏文。其中「華谷嚴氏」條疏文在「此章述文王以敬德爲受命代商之由也。」句之前，原本有「服，事也，用也。故爲臣而見用謂之服，言服行其職也。」一段文句，《詩傳大全》在纂輯時，將其刪除不引。〔註71〕

（6）〈周頌・潛〉篇名之下，劉瑾《詩傳通釋》原本徵引有「慶源輔氏（廣）」曰：「魚乃澤物之美者，故薦之宗廟，以致其孝心焉。今〈月令〉但有季冬薦寢廟之文而已。季春薦鮪，乃〈序〉說也。古注以爲冬魚性定，春鮪始來，似亦可取。魚性定，故其肉味美可薦，但春鮪始來，尤可貴耳。」一條疏文，胡廣等編輯《詩傳大全》時，在鈔錄「慶源輔氏（廣）」此條疏文時，刪除後半段「古注以爲冬魚性定」以下一大段疏釋文字。〔註72〕

第五節　結　語

根據上文對於《詩傳大全》的綜合分析論述，約可得出下列幾點結論：

第一，明成祖敕令胡廣等纂修《詩傳大全》，其《詩經》經文的注解是選定以朱熹的《詩集傳》爲宗，胡廣等是在朱熹《詩集傳》之下，纂錄漢代至宋、元諸儒有關《詩經》經義的疏解文字，諸家說法以能闡釋發揚朱子《詩集傳》或補充其說法者，至於諸家意見與朱子《詩集傳》相違背，甚或批評朱子之說者，編者則一律予以刪除。因此，《詩傳大全》書名中之「詩」指《詩經》本文，「傳」是指朱熹的《詩集傳》，「大全」則是指胡廣等人所匯輯纂錄的諸家經說疏文，書名恰好能適當涵括全書內容，職是之故，是書當以《書傳大全》爲其正名，證諸明永樂間內府刊本原書題名即可清楚知悉。但是，前人往往以其書經注是宗主朱子《詩集傳》，因而稱之爲《詩集傳大全》，雖

〔註70〕見《大全》，卷8，頁8下；《通釋》，卷8，頁10上～10下。
〔註71〕見《大全》，卷16，頁5上；《通釋》，卷16，頁6上。
〔註72〕見《大全》，卷19，頁24上；《通釋》，卷19，頁35下～36上。

不能謂爲全誤，已非原書本名。至於顧夢麟稱該書爲《詩大全》，而顧炎武、《四庫全書總目》等則稱呼是書爲《詩經大全》，此類書名皆只能視作《詩傳大全》的簡稱罷了。

第二，前人發表有關《詩傳大全》取材來源的問題，比較值得注意者，約有十一家。大約可分爲三類：第一類認爲是全襲元人劉瑾《詩傳通釋》一書，李默、顧炎武及其他人主張此種說法；第二類認爲是全本元人朱公遷的《詩經疏義》，抹去前人名字，改換成胡廣等人之名，顧夢麟主張此說；第三類以爲《詩傳大全》是採取朱公遷《詩經疏義》，另外再增損劉瑾《詩傳通釋》，《四庫全書總目》另一說主張此種看法。

第三，《詩傳大全》在卷首〈凡例〉中曾明白說明修纂的體例，及其所徵引的七十二位歷代儒者的姓名，但是我們實際統計全書所引用的經說疏文當中，可以發現全書徵引的七十二位儒者共徵引四四〇一條經說疏文。除〈凡例〉所列的七十二人以外，書中尚有二十三位儒者姓名並未被載入，共徵引四四九條經說疏文。另外編者也有以書籍名稱徵引者，共引用包括《左傳》等在內的五十八種書籍，合計共四〇三條經說疏文。更改劉瑾《詩傳通釋》書上所註的元代地名有三十九處，及未標出姓氏里籍或書籍名稱，而僅鈔錄歷史事實資料者五條，未標示出處的解說音義疏解五十八條，全書合計總共徵引五三五五條經說疏文。

第四，《詩傳大全》徵引歷代儒者的《詩經》學有關著作來疏解朱子《詩集傳》，全書總共引錄五三五五條經說疏文，其中和劉瑾《詩傳通釋》書上所徵引的經說疏文完全相同者有四四四七條，佔全書總數的百分之八十三點〇四；而《詩傳大全》編者自行增補刪改的經說疏文則有九〇八條，僅佔全書總數的百分之十六點九六。由此數據可以證實胡廣等人在編纂《詩傳大全》時，確實是以劉瑾的《詩傳通釋》爲參考底本進行修纂的，李默、顧炎武等人的說法大致上是可以相信的。唯顧氏諸人認爲《詩傳大全》是「全襲元人劉瑾《詩傳大全》」、「但改其中『愚按』二字爲『安成劉氏曰』」、「僅刪去數條」、「大約於其太冗蔓者略刪數條，而餘文如故」等誇大而不務實際的情緒性評論文字，實皆有加以修正之必要，以免後世學者繼續踵事增華，肆無忌誕的批評。

第五，胡廣等在編纂《詩傳大全》時，雖受到明成祖急於見到成果影響，緊促催趕，胡氏等受限於修纂時間緊迫之故，勢非採取前代儒者經學著述作爲纂輯參考底本不可，而衡諸宋、元儒者有關疏解朱子《詩集傳》的經學注

疏，僅有元儒劉瑾《詩傳通釋》一書係「采錄各經傳及諸儒所發要義」，最能
闡發朱子《詩集傳》之義蘊，也較符合其編纂體例，遂取爲纂修取材底本，
但《詩傳大全》編者在抄襲引錄之際，仍進行許多的增、刪、改、補等工作，
其徵引劉瑾《詩傳通釋》疏文的方式，綜合來說約有：增補疏文、合併疏文、
移改疏文位置、刪除疏文等四種方法。

第七章 《禮記集說大全》研究

第一節 《禮記集說大全》之名義及其撰述體例

一、《禮記集說大全》之名義

　　《禮記集說大全》三十卷，是胡廣等奉敕纂修《五經大全》的第四部，前人多以《禮記大全》來稱呼它，實際上這僅是本書的簡稱，而非全名。此種書名稱呼的起源，就今所知見文獻資料記載，似乎始見於清代陸元輔〔1617～1691〕，其後朱彝尊〔1629～1709〕〔註1〕承續沿用，迨清高宗乾隆年間纂修文淵閣本《四庫全書》時，著錄該書時就據以直標爲《禮記大全》，此後學者由於受其影響，沿襲不改，直至今日，《禮記大全》四字似已成爲《禮記集說大全》一書的當然全稱，而眞正的書名反而罕有人知道。對於這種問題，前人不是人云亦云，不知其所以然，就是闕而弗論，置而不言。因之，要探討《禮記集說大全》取材來源問題之前，實有必要對此相沿已久而不正確書名的由來，稍加解說，以明白其形成的緣由。

〔註 1〕 根據（清）顧炎武（1613～1682）《日知錄·四書五經大全》條的說法，除論及《四書大全》抄襲元人倪士毅《四書輯釋》外，又指出「《春秋大全》則全襲元人汪克寬《胡傳纂疏》，但改其中『愚按』二字爲『汪氏曰』，及添盧陵李氏等一二條而已。《詩經大全》則全襲元人劉瑾《詩傳通釋》，而改其中『愚按』二字故略去不算。爲『安成劉氏曰』，其三經後人皆不見舊書，亦未必不因前人也。」（臺北：文史哲出版社，1979 年 4 月），卷 20，頁 525。顧氏文中並未提及《禮記大全》，

　　《禮記集說大全》係由官府編修頒布，刊行天下，以作爲明代科舉考試時的標準用書，並且一再下令「申嚴新說之禁，并出入于《大全》者皆以爲異說。」〔註2〕因而坊肆間刊板行世以應士子之需者頗多，就今所存見《禮記集說大全》板本而論，國家圖書館善本書室所藏明建刊本《禮記集說大全》，卷首首行頂格雖題書名《禮記集說大全》，然而板心中間的書名卻改題作《禮記大全》，可見明代當時已有將書名省作《禮記大全》的作法。而另一本由張瑞圖（1576～1641）、沈宗正校訂的明坊刊本《張翰林校正禮記大全》，卷首首行書名更直標《禮記大全》，板心上書名也全部記爲《禮記大全》，可見在明代民間刻書已有將該書直接稱爲《禮記大全》，而非始自清代陸、朱等人。雖然此種書名稱呼法是前有所承，表面上看來似乎並無不妥，但若就最早由禮部刊刻的內府刻本凡例來看，即可知道此種書名稱呼是不對的。《禮記集說大全》卷首凡例第一條云：

　　　　今編以陳氏《集說》爲宗，諸家之說有互相發明及足其未備者分註于下，不合者不取。

據此可知胡廣等人在纂修《禮記集說大全》時，其經傳文字是以元人陳澔《禮記集說》爲本，因而書名明標「《禮記集說》」。而後再將宋、元諸儒有關《禮記》解說的文字分別移置該段經傳文句之下，是爲集宋、元諸儒義疏之大成，故題爲「大全」。《禮記集說大全》的書名恰好含括《禮記集說》及所徵引的數十家宋、元人之說，而《禮記大全》一名則略去陳澔《禮記集說》，無法顯示其編書之所本，因此，循名責實，書名仍當以內府刊本之《禮記集說大全》爲是。

二、《禮記集說大全》之撰述體例

　　《禮記集說大全》係以元陳澔《禮記集說》爲宗進行編修。陳澔之書博綜群籍，薈萃衍繹，附以己見，撰爲《禮記集說》，原本分爲三十卷，〔註3〕《禮記集說大全》完全按照陳氏《禮記集說》原來的卷數篇目，依舊分爲三

〔註2〕　參見（清）孫承澤撰《春明夢餘錄》（臺北：大立出版社，1980年10月），卷40，頁24。

〔註3〕　《禮記集說》今坊間流傳本子皆作十卷，根據清《四庫全書總目・雲莊禮記集說》提要云：「朱彝尊《經義考》作三十卷，今本十卷，坊賈所合併也。」（卷21，頁7～8）又書前卷首陳澔序後本有《禮記集說・凡例》，今傳本往往予以刪除，可知坊間通行的《禮記集說》刻本已非原來面目。

十卷。書前卷首有〈凡例〉四條，其目爲：

1. 今編以陳氏《集說》爲宗，諸家之說有互相發明及足其未備者分
   註于下，不合者不取。
2. 陳氏《集說》舊例：
   （1）校讎經文　蜀大字本、宋舊監本、興國于氏本、盱郡重刊廖氏
   　　本、建本註疏南康《經傳通解》。
   （2）援引書籍　漢鄭氏註、唐孔氏疏等三十九種典籍。
   （3）註說去取　凡名物度數，據古註正義，道學正論，宗程子朱子，
   　　精義詳盡，則泛取諸家，發明未備，則足以己意。
   （4）音文反切　義同古註，則依陸氏《釋文》，發明新義，則各據
   　　諸家。
   （5）章句分段俗本古註章斷皆圈，今依註疏及蜀本、廖本古註皆勿
   　　圈。
3. 今所取諸儒姓氏，除舊引書籍已見外，餘開于左：計有周子、涑
   水司馬氏、永嘉周氏等四十二人。
4. 奉敕纂修諸臣胡廣、楊榮等四十二人職銜姓名。

上述所引錄的四條〈凡例〉，第四條所列出四十二位纂修儒臣銜名，實際上並
非〈凡例〉，可不予計入外，實際上〈凡例〉僅有三條，根據這三條〈凡例〉，
我們可以知道《禮記集說大全》的編纂有幾點值得注意：

1. 全書的內容係以元代陳澔的《禮記集說》一書作爲《禮記》經文的標
   準注解。
2. 書中所採錄的諸家說法，以能夠闡發陳氏《禮記集說》之義理蘊涵，
   或可以補充其說法的爲標準，說法凡是與陳氏相矛盾的，則予以刪
   除，一概不取。
3. 所援引前儒之說，除陳氏《禮記集說》本身所引的三十九種典籍外，
   胡廣等人又另行增補宋、元人四十二家之說。唯書上並未說明這四十
   二家說法是出自何人之書？因此，前人在論斷《五經大全》抄襲來源
   時，其他四部《大全》皆能指陳其出處，唯獨《禮記集說大全》無法
   具體說明來源，即此緣故。

卷首〈凡例〉之後有〈禮記集說大全總論〉，採錄程子、永嘉周氏（行己）、
延平周氏（諝）、朱子、慮氏等五條論述。〈總論〉之後爲陳澔〈禮記集說序〉。

《禮記集說大全》全書的篇卷內容，經文每節提行，大字書寫，陳澔《禮記集說》注文另行低一格，而《大全》纂修者所引錄的宋、元諸家經注疏釋文字，大都標明其籍貫姓氏而以小字雙行分註於其下，以示區別。遍覽而觀，可知全書的內容計分為經文、傳文、疏文三種文字方式排列，層次分明，令人一目瞭然。

第二節　前人認定之《禮記集說大全》取材來源

　　明末清初的顧炎武（1613～1682）在所著的《日知錄》中批評《五經四書大全》係勦襲前人成編，以欺騙朝廷士子時，曾舉《四書大全》、《春秋大全》、《詩經大全》三部《大全》的勦襲情形為例，隨後馬上就以極肯定的態度下斷語說：

> 其三經後人皆不見舊書，亦未必不因前人也。〔註4〕

在此顧氏實際上並不清楚《周易大全》、《詩經大全》《禮記大全》三部書的真實勦襲狀況，僅僅是根據其所約略瞭解的情形，去推測所未知之事。以顧炎武在清代學術界之地位與聲望，立言嚴厲批評《五經大全》的缺失，其影響力是相當廣大而深遠的，後人凜於其在學術上的威名，往往毫不加思考，即紛紛隨聲附和，援引來作為評斷《五經大全》意見的定論，恣意批判《五經大全》，唯恐有落人後。以《禮記集說大全》為例，自清代以來，輕信前人成見，毫不加徵實的去做翔實考察，即率爾援引成說來批評，此種態度實有失學術上凡事實事求是之精神。就前人有關《禮記集說大全》取材來源的論述，根據筆者知見所及，約有七家，茲依時間先後分別引述如下：

　　（1）陸元輔（1617～1691）首先就《禮記集說大全》的取材來源提出看法，他說：

> 《禮記大全》就陳氏《集說》而增益之，凡四十二家。……當日諸
> 經《大全》，皆攘竊成書以冒其上，此亦必元人成書，非諸臣所排纂
> 也。〔註5〕

陸氏認為《禮記集說大全》是就陳澔《禮記集說》增編而成的，所增補諸家

〔註4〕 見（清）顧炎武撰，黃汝成集釋：《日知錄集釋》（石家莊：花山文藝出版社，1990 年 8 月）卷 20，頁 525，〈四書五經大全〉。

〔註5〕 見（清）朱彝尊撰：《經義考》（京都：中文出版社，1978 年 8 月），卷 144，頁 1 下。

之說共有四十二家。陸氏的這種看法，僅不過是就《禮記集說大全》書前卷首〈凡例〉第三條提及所徵引諸儒姓氏的四十二人而言，實際上也並不清楚這四十二家之說取材自何書？陸氏可能並未確實去查核驗證，因而有此種看法，其說法是否可信，仍有待我們進一步驗證。

（2）朱彝尊（1629～1709）在《經義考》中雖引錄陸元輔之言，但並不完全同意陸氏的觀點，他說：

> 按永樂中詔修《五經四書大全》，開館則給月饌，書成則賜鈔賜幣賜燕，又御製序文頒行，稱爲「廣大悉備」，不知胡廣諸人止就前儒之成編一加抄錄，而去其名，……《禮》則於陳氏《集說》外，增益吳氏之《纂言》。……於諸書外，全未寓目，所謂《大全》，乃至不全之書也。〔註6〕

朱氏的意見，實際上僅是在修正陸元輔的說法，並進一步明確指出是在陳澔《禮記集說》之外，另行增補元人吳澄的《禮記纂言》一家之言而已。然朱氏在指責胡廣領銜修纂時，完全抄襲前人成書之後，更進一步批評他的爲人「心術不正」，連帶批評同修纂者將編纂一代盛世典籍視同兒戲，足見其對《五經大全》的厭惡與憎恨。

（3）陳廷敬（1639～1710）以爲《禮記集說大全》是倉促間勦襲元人陳澔《禮記集說》而成。他說：

> 且《大全》之書，明永樂朝急就之書也。七年開館於祕閣，十三年帝問纂修如何？館中人聞之懼，倉卒錄舊書，略加刪飾以進。……
> 《禮記》則陳澔《集說》，故《大全》者，甚不全之書也。〔註7〕

依明成祖永樂年間所制訂科舉定式，所宗《五經》注解爲：《易》主程頤《易傳》、朱子《易本義》；《書》主蔡沈《書集傳》；《詩》主朱子《詩集傳》；《春秋》主左氏、公羊、穀梁及胡安國《傳》；《禮記》止用陳澔《禮記集說》。陳氏《禮記集說》本就作爲科舉考試經傳之標準範本。陳廷敬在文中已明白指出《易》、《書》、《詩》、《春秋》四經勦襲取材來源，獨有《禮記》一經陳氏找不到其勦襲的取材來源，卻反而指說是勦襲陳澔《禮記集說》而成，若依其邏輯推理，豈非要說《尚書》勦襲蔡沈《書集傳》、《詩經》勦襲朱子《詩集傳》、《春秋》勦襲胡安國《傳》？由此可知陳氏說法的荒謬而不足採信。

〔註6〕 見（清）朱彝尊撰：《經義考》，卷49，頁8，《周易傳義大全》條按語。
〔註7〕 見（清）陳廷敬撰：《午亭文編》，卷32，頁16下，〈經學家法論〉。

（4）方苞（1668～1749）也對《五經大全》取材來源提出他的看法，他
說：

> 竊惟明初《五經大全》，皆各主一人之說，且成於倉卒，不過取宋、
> 元儒者一二家纂籍之書，稍摭眾說以附益之；數百年來，皆以爲未
> 盡經義，不稱《大全》之名。〔註8〕

方氏文中雖然認爲《禮記集說大全》是襲自宋、元人之書，大概亦是抄襲清
初顧炎武等人的成說，唯並未明確指出抄自何人何書，無法明瞭所言，因此
可置而不論。

（5）全祖望（1705～1755）則認爲《五經大全》全爲當時布衣陳濟一人
所纂修，陳濟爲求簡便省事，因而將元人陳澔《禮記集說》稍加改編而成的，
他說：

> 當時之儒臣，皆憚諸說之繁，而不欲改元人之舊，故雖館閣之人如
> 林，而實則委之昆陵徵士陳伯載（原註：伯載名濟，布衣），以一人
> 任諸經之事，伯載於是爲簡易之法……《禮》以陳氏……稍爲刪潤
> 而書成矣。〔註9〕

全氏的看法實際上和陳廷敬的說法是相同，僅是在文後多加一句「稍爲刪潤
而書成」而已，兩者實則並無不同之處。

（6）《四庫全書總目》著錄《禮記大全》時，在提要中襲引陸元輔之言
作爲其對該書的總體評價，說：

> 元延祐科舉之制，《易》用程子、朱子，《書》用蔡氏，《詩》用朱子，
> 《春秋》用胡氏，仍許參用古註疏。然鄭《註》古奧，孔《疏》浩
> 博，均猝不能得其要領，故廣等作是書，獨取其淺近易明者，以陳
> 澔《集說》爲宗，澔書之得列學官實自此始。其採掇諸儒之說凡四
> 十二家，朱彝尊《經義考》引陸元輔之言謂：「當日諸經《大全》，
> 皆攘竊成書以罔其上，此亦必元人之成書，非諸臣所排纂」云云。
> 雖頗涉鄰人竊鈇之疑，然空穴來風，桐乳來巢，以他經之盜竊例之，
> 或亦未必無因歟！〔註10〕

〔註8〕見（清）方苞撰：《方苞集·集外文》，卷2，頁564，〈擬定纂修三禮條例箚
子〉。

〔註9〕見（清）全祖望撰：《鮚埼亭集·外編》，卷41，頁1269，〈與謝石林御史論
古本大學帖子〉。

〔註10〕見（清）紀昀等撰：《四庫全書總目》，《禮記大全》書前提要，頁1。

《四庫全書總目》的編者並未求實查核，即本其一貫批評明人竊盜勦襲，不學無術的觀點，毫不考慮陸元輔、朱彝尊等前人所言之可信度，即直接採信襲引以作爲其批判《禮記集說大全》抄襲之證據，說法依然有待進一步加以驗證。

（7）林慶彰師在檢討前人對《五經大全》觀念的誤解時，也對《禮記集說大全》的取材問題提出他的意見，他說：

> 今以《大全》和陳澔之《集說》相比對，確知《大全》以《集說》爲底本，再增入宋、元人之說數十家，如「西山眞氏曰」、「馬氏曰」、「永嘉周氏曰」、「藍田呂氏曰」……等皆是。另外，《大全》將陳氏《集說》抄入時，並未加上「陳澔曰」等字，讀者很可能誤以爲是《大全》編者的說法。《大全》中所錄陳氏之說有數百處，皆未注出處。此種疏漏，實不可原諒。〔註11〕

林師之說，雖已修正前人的部分意見，但基本上仍係同意清人陸元輔、《四庫全書總目》的意見，認爲《禮記集說大全》是抄襲元人陳澔的《禮記集說》之外，然後再增採宋、元四十二家儒者的經說以補之。

上面所引述七家對於《禮記集說大全》取材來源問題的看法，總括而言，大約可歸納爲三類：一類是認爲《禮記集說大全》抄襲元人陳澔《禮記集說》之書，如陳廷敬、全祖望等人；一類認爲是就陳澔《禮記集說》再增益四十二家之言而成，如陸元輔、《四庫全書總目》等；一類認爲是在陳澔《禮記集說》之外，僅增補元人吳澄《禮記纂言》一書之言而已，如朱彝尊。三類說法雖有少許的差異，但幾乎都一致認爲是勦襲元人陳澔《禮記集說》一書。所不同之處，僅是對於所增補諸儒之說究竟爲何人上有所出入而已。有的認爲在《禮記集說》之外，另行增補四十二家之說，有的則認爲是僅增補吳澄《禮記纂言》一書而已。但究竟《禮記集說大全》眞正取材來源爲何？是誠如諸家所言僅勦襲陳澔之書而已呢？抑或在陳澔之書外，另外有所增補？而所增益的諸儒說法又有幾家？這三類意見，究竟誰的說法可信度較高呢？其眞實對錯情形又如何？實仍有待吾人進一步再詳加分析，重新討論，以釐清整個問題眞實性的必要。

〔註11〕 見林慶彰撰：《明代經學研究論集》，頁49，〈《五經大全》之修纂及其相關問題探究〉。

第三節　《禮記集說大全》的實際取材來源

一、《大全》引用疏文分析

　　要瞭解《禮記集說大全》的取材來源，究竟是僅止抄錄「陳澔《集說》」呢？還是「以陳澔《集說》爲宗」，「而增益之凡四十二家」呢？抑或僅是另外「增益吳氏（澄）《禮記纂言》」而已？要明白前人說法的可信度與正確性，唯有以詳細確實的比對統計資料，尋根討源，才是徹底解決諸家有關《禮記集說大全》勦襲取材來源眾說紛紜困擾的有效方法。以避免後人異日在論述明代經學時，再次掉入前人只是一味抄襲成說，因循苟且，不求詳細瞭解眞相，以訛傳訛的因襲陋習之中。根據永樂內府刊本《禮記集說大全》書前〈凡例〉第一條所述「以陳氏《集說》爲宗，諸家之說有互相發明及足其未備者分註于下，不合者不取。」所謂「諸家之說」，當指〈凡例〉第三條所列的宋、元諸儒四十二人。爲瞭解《禮記集說大全》是否僅是「元人之成書，非諸臣所排纂」，試將全書傳文之下所引宋元人疏文作詳實統計，共計引用二一一六條疏文。若再加上書前〈禮記集說大全總論〉所引程子、永嘉周氏、延平周氏、朱子、慮氏五條，則合計當爲二一二一條疏文。以下爲方便討論，先將卷首所開列諸儒姓氏及其引文次數列成統計表格如下：

引用姓氏稱號	原姓名	引用次數	引用姓氏稱號	原姓名	引用次數
周　子	周敦頤	1	何　氏	何平叔	2
涑水司馬氏	司馬光	0	西山眞氏	眞德秀	14
永嘉周氏	周行己	3	金華邵氏	邵　淵	14
慶源輔氏	輔　廣	81	永嘉戴氏	戴　溪	15
華陽范氏	范祖禹	0	新定顧氏	顧元常	2
山陰陸氏	陸　佃	126	番陽洪氏	洪　邁	1
廬陵胡氏	胡　銓	17	清江劉氏	劉　敞	4
吳郡范氏	范成大	3	莊　氏	莊　夏	1
延平周氏	周　諝	94	慮　氏	慮　氏	3
吳興沈氏	沈清臣	2	新安王氏	王　氏	10
慈湖楊氏	楊　簡	2	蔣　氏	蔣君實	14
錢塘于氏	于有成	1	眉山孫氏	孫　佖	1

引用姓氏稱號	原姓名	引用次數	引用姓氏稱號	原姓名	引用次數
廣安游氏	游 桂	17	盧 氏	盧 氏	1
江陵項氏	項安世	2	許 氏	許 氏	2
北溪陳氏	陳 淳	2	王 氏	王 蘋	1
石林葉氏	葉夢得	67	晏 氏	晏 光	4
長樂劉氏	劉 彝	41	李 氏	李 氏	13
永嘉徐氏	徐自明	7	毘陵慕容氏	慕容彥達	7
延平黃氏	黃 裳	5	劉 氏	劉孟冶	2
長樂黃氏	黃 幹	2	金華范氏	范 鍾	1
王 氏	王子墨	3	臨川吳氏	吳 澄	112

　　陸元輔、《四庫全書總目》所指「採掇諸儒之說，凡四十二家」，根據統計資料可確證是指上表所列的四十二人無誤。唯其中「毘陵慕容彥達，字叔遇」的姓名，根據宋衛湜《禮記集說》書前〈集說名氏〉所引姓名則題爲「毘陵慕容彥逢，字叔遇」，又據文淵閣本《四庫全書》所著錄的宋慕容彥逢撰《摛文堂集》書末附錄宋人蔣瑎所撰〈慕容彥逢墓誌銘〉亦題作「慕容彥逢」，〔註12〕可證「慕容彥達」應爲「慕容彥逢」之誤。此種姓名之錯誤，或許是《禮記集說大全》纂修者一時疏忽所誤記。

　　上述四十二人，實際上眞正被《禮記集說大全》纂修者所引用者僅有四十人，合計被引用的疏文有七〇〇條，佔全書總數百分之三十三。其中以山陰陸氏（佃）一百二十六條最多，其次爲臨川吳氏（澄）一一二條，再次爲延平周氏（諝）九十四條、慶源輔氏（廣）八十一條、石林葉氏（夢得）六十七條等。其中有涑水司馬氏（光）、華陽范氏（祖禹）二人，《禮記集說大全》書上實際上並未稱引，編者亦將其列名在上面，應當將其刪除才對。

　　《禮記集說大全》於所引用的前人經說疏文當中，除上述表列的四十二位列名者之外，另有二十一人並未標明於「所取諸儒姓氏」的凡例當中，這二十一位學者經說被引錄情形，今亦列表統計如下：

〔註12〕根據《摛文堂集》卷末附錄所載宋蔣瑎撰寫的〈慕容彥逢墓誌銘〉說：「（宋徽宗）政和七年（1117）夏五月壬子薨于寢，享年五十有一。……自幼嗜學問，晚節益篤，藏書數萬卷，朝夕繙閱不去手，自經史諸子百家之言，靡不洽通。」（頁5～10），又書前淳熙十四年象州州學教授劉興祖序文曰：「公諱彥逢，字叔遇，文友其諡云。」書前提要亦云：「彥逢字叔遇，宜興人。」

引用姓氏稱號	原姓名	引用次數	引用姓氏稱號	原姓名	引用次數
嚴陵方氏	方 慤	731	臨川王氏	王安石	2
藍田呂氏	呂大臨	104	程 子	程 頤	11
長樂陳氏	陳祥道	205	王 氏	王昭禹	2
馬 氏	馬睎孟	210	新定邵氏	邵 甲	1
金華應氏	應 鏞	48	張 氏	張 氏	2
張 子	張 載	37	賈 氏	賈公彥	1
朱 子	朱 熹	48	黃 氏	黃 氏	1
五峰胡氏	胡 宏	1	丘 氏	丘光庭	1
盱江李氏	李 覯	1	吳 莘	吳 莘	1
龍泉葉氏	葉 適	3	王 氏	王 氏	3
東萊呂氏	呂本中	8			

　　綜合二十一位學者的經說疏文，《禮記集說大全》合計引用一千四百二十一條，佔全書百分之六十七。其中以嚴陵方氏（慤）七百三十一條、馬氏（睎孟）二百一十條、長樂陳氏（祥道）二○五條、藍田呂氏（大臨）一百零四條等四家被引用最多，方、馬、陳、呂四家合計被徵引一千二百五十條，約佔全書百分之五十九，超過全書所徵引前人經說疏文的一半以上。

　　根據筆者上述的初步統計，《禮記集說大全》編纂者在全書中引錄宋、元人經說疏文共計有二千一百十六條（卷首〈禮記集說大全總論〉所引程子等五條疏文不計），所開列的「所取諸儒姓氏」四十二人，若扣除未見稱引的涑水司馬氏（光）、華陽范氏（祖禹）二人，則在實際稱引經說疏文的四十位儒者，總共引用六九七條，僅佔全書將近三分之一而已。反而在四十二家之外所增補的宋、元二十一家說法，引錄一四一九條，卻佔全書三分之二。

　　現在，我們可以上述統計資料為依據，進一步來討論前人對於《禮記集說大全》取材來源問題的三種看法是否可信。首先，是陳廷敬、全祖望認為《禮記集說大全》是鈔錄陳澔《禮記集說》的說法，考《明史·選舉志》所載，陳澔《禮記集說》本係明代科舉考試時，《禮記》一經解經的定本，何來抄錄陳氏《集說》之舉？可知持此種說法者，或許連《禮記集說大全》本書都未曾翻閱過，即已有先入為主的錯誤觀念，率爾批評《大全》抄襲陳澔《禮記集說》，實屬荒謬之至。其次，是清儒陸元輔及《四庫全書總目》以為《禮記集說大全》是「就陳氏《集說》而增益之凡四十二家」、「採掇諸儒

之說凡四十二家」的說法，從所統計的資料，四十二家被引用的經說疏文，僅佔全書所引經說疏文的三分之一，陸氏等認為是「就陳氏《集說》而增益之凡四十二家」的說法，實有重加修正之必要。第三，朱彝尊認為《禮記集說大全》是在陳澔《禮記集說》之外，僅「增益吳氏之《纂言》」一家，證諸上面所表述，吳澄的《禮記纂言》只是《禮記集說大全》所增補諸家之書中的一種，並非僅僅增補吳澄之書，朱氏的說法僅是其一貫批評《五經大全》抄襲觀念的一種想當然爾的臆測而已，不可信以為真。諸家的說法既然都不可信以為據，然陸元輔、朱彝尊他們都是清初學術界頂尖的領袖人物，其一言一行，往往影響學術界相當廣泛而深遠，何以對於《禮記集說大全》取材來源問題的指陳，顯得相當粗疏而輕率，說法與實際情形竟有如此大的出入，實在令人難以相信呢？若仔細思考其原由，或許只能藉林慶彰師所說陸氏、朱氏等人大概「僅將《大全》和元人的經書匆匆過目，並未詳加核對，所以才有此疏誤。」來解釋，〔註13〕否則實在難以理解。

二、《禮記集說大全》實際取材來源

　　眾所周知，唐太宗時詔令孔穎達修纂《禮記正義》，其《禮記》經注係取漢鄭玄《禮記注》，而義疏則以皇侃《禮記義疏》為主，熊安生《禮記義疏》為輔，〔註14〕卻從未聽聞歷代有人說孔穎達《禮記正義》係抄襲鄭玄《禮記注》而成的。同樣的道理，胡廣等修纂《禮記集說大全》，因朱熹並未注解《禮記》，不得已而取元儒陳澔的《禮記集說》一書作為其解釋《禮記》經義的定本，如此而言，則《禮記集說大全》自然是絕不可能以陳澔《禮記集說》作為纂修時取材的依據。但《大全》修纂時間，前後不到一年，時限可說相當緊迫，若說胡廣等編纂者在纂修該書時，全然未參考取材前代儒者有關的《禮記》注疏之書，而自行徵引宋、元儒者之經說，實難令人相信，再依《周易》、《尚書》、《詩經》、《春秋》四部《大全》之因襲取材於元人著作之例來看，《禮記集說大全》在情理上也應係取材前代的書，當無可置疑。然而《禮記集說大全》纂修者在書前〈凡例〉中又不明言其底本所出，而前人有關《禮記集

〔註13〕見林慶彰師撰：〈《五經大全》之修纂及其相關問題探究〉，《明代經學研究論集》（臺北：文史哲出版社，1994年5月），頁50。

〔註14〕參見張寶三撰：《五經正義研究》（臺北：國立臺灣大學中國文學研究所博士論文，1992年6月），頁63。

說大全》取材來源的看法，又都錯謬而不可信，那麼《禮記集說大全》的編者在編修該書時，究竟是取材於何人之書呢？實在是頗令人費解。清儒俞樾曾說：「自唐以前，多有以《禮》學名家者；宋、元以來，《禮》學衰息，儒者說經喜言《易》而畏言《禮》，《易》可空談，《禮》必徵實也。」〔註15〕《周易》尚卦象、義理，易於比擬附會，可供闡釋發揮之處甚多；《禮》則多言古代禮儀名物及典章制度，禮俗典制都有一定之例制，較不易附會闡釋，又因時間遷革，古今異制，往往造成禮俗制度混淆，駁雜難明，處處需賴詳審徵實之考證，否則難以為力，較不容易研究。因之，宋儒幾乎都重視《周易》的研究，而較不注重《儀禮》、《禮記》的研究。《禮記》各篇之內容，「或述政治制度，或述禮節儀式，或說禮意，或記日常行事法則，或記先秦儒家雜事。」〔註16〕保存極豐富的先秦儒家學術思想史資料，符合宋儒闡釋義理的學術趨勢，因而研究者也不少，但都僅限於少數篇章，著力於全書通解者僅僅只有三、四家而已。〔註17〕宋儒有關《禮記》的著作，根據朱彝尊《經義考》所著錄者雖然不少，但大部分朱氏不是注明已「佚」，即是題為「未見」，現今所存者，則除宋代的衛湜《禮記集說》、魏了翁《禮記要義》、陳祥道《禮書》等少數幾種書外，幾乎都已佚失殆盡。元儒之書，亦僅存吳澄《禮記纂言》、陳澔《禮記集說》二種而已。

　　為求徹底瞭解《禮記集說大全》一書的真正取材來源，及明白前人說法的可信度為何，筆者試將上述宋、元儒者衛湜、魏了翁、陳祥道、吳澄四家之書，逐一加以檢視，發現只有宋衛湜《禮記集說》全書體例與《禮記集說大全》的體例較為接近，取材資料亦頗多相同。今即試以永樂間內府刊本《禮記集說大全》〔註18〕與《通志堂經解》本《禮記集說》二書相比對，而以國

〔註15〕見俞樾撰：〈禮書通故序〉，《春在堂雜文三編》（臺北：環球書局，1968 年 10
　　　　月影印《春在堂全書》本），卷 3，頁 26 上。
〔註16〕見屈萬里撰：《古籍導讀》（臺北：臺灣開明書店，1978 年 9 月），下編，頁
　　　　182。
〔註17〕黃震《讀禮記日抄・自序》說：「吳郡衛湜集《禮記解》，自鄭康成而下，得
　　　　一百四十六家，惟方氏、馬氏、陸氏有全書，其餘僅解篇章。凡講義論說嘗
　　　　及之者，皆取之以足其數。」（臺北：大化書局，1984 年 12 月），卷 14，頁 1
　　　　上。可見宋儒解《禮記》大都係單篇文章作義理的闡釋較多，少有全書篇章
　　　　的完整解說。
〔註18〕文淵閣本《四庫全書》中著錄之《禮記大全》，由於編修者在修纂之際，往往
　　　　對原書頗多刪削，如將書前之〈凡例〉、〈所取諸儒姓氏〉、〈纂修諸臣職銜〉、
　　　　〈陳澔禮記集說序〉予以刪除，僅保留〈禮記大全總論〉一項，又文中頗多

家圖書館所藏藍格舊鈔本衛湜《禮記集說》相參校，茲先將其書之體例形制列表如下：

通志堂本禮記集說	藍格鈔本禮記集說	禮記集說大全
魏了翁禮記集說序	魏了翁禮記集說序	凡　例
衛湜禮記集說序	進禮記集說表	所取諸儒姓氏
衛湜禮記集說後序	衛湜禮記集說序	纂修諸臣職銜
統　說	統　說	禮記集說大全總論
進禮記集說表	集說名氏	陳澔禮記集說序
集說名氏	正　文	正　文
正　文	衛湜禮記集說後敘	

　　根據國家圖書館所藏藍格舊鈔本衛湜《禮記集說》，其排列次序與《通志堂經解》本稍有出入，鈔本〈進禮記集說表〉置於魏了翁〈禮記集說序〉之後，衛湜〈禮記集說後敘〉移置於全書正文之後，而〈集說名氏〉則移置於〈統說〉之後。

　　我們若將衛湜《禮記集說》和《禮記集說大全》二書相比較，則可發現衛湜《禮記集說》書上的〈統說〉一項，胡廣等修纂《禮記集說大全》時則將它改稱為〈禮記集說大全總論〉，而衛氏《禮記集說·統說》下原本徵引有「孔氏」、「河南程氏」、「橫渠張氏」、「永嘉周氏」、「延平周氏」、「新安朱氏」、「盧氏」、「江陵項氏」等八條先儒有關《禮記》一書的總論，但是胡廣等卻將《禮記集說大全·禮記集說大全總論》中的「孔氏」、「橫渠張氏」、「江陵項氏」三條予以刪除，只引錄「程子」、「永嘉周氏」、「延平周氏」、「朱子」、「盧氏」等五條先儒言論。至於衛氏〈集說名氏〉一項，《禮記集說大全》則改題為〈所取諸儒姓氏〉，只錄所引用者姓名，唯其中先儒姓名大都與衛湜《禮記集說》書上所著錄者相同，僅另行增補元代儒者而已。另外，衛湜在《禮記集說》的正文之下，直接引錄「鄭康成」、「孔穎達」等一百四十六家先儒的經說疏文；而《禮記集說大全》則在正文之下先引錄陳澔《禮記集說》的解說作為《禮記》經注文字，在陳澔經注文字之下才徵引衛湜《禮記集說》

　　　　鈔錄時所產生的訛誤情形，也有因疏忽導致漏抄者，如卷四末即漏抄「嚴陵方氏」、「金華應氏」、「長樂陳氏」三條疏文，因有上述諸多缺失，故本文不取以參校。

的經說文字作爲《大全》的疏解文字。由此可見兩書在體例及引用前儒疏文方面的關係相當密切。

　　元儒陳澔《禮記集說》宗主朱子學說，但因《禮記》書中〈大學〉、〈中庸〉兩篇，朱子在撰寫《四書章句集注》時，已將它收入其中，因而將二篇刪除不予注解。同樣的，胡廣等編纂《禮記集說大全》係以陳澔《禮記集說》爲宗，亦刪略〈大學〉、〈中庸〉兩篇。若將二篇亦刪去不計，則衛湜《禮記集說》全書共計引錄前儒疏文一○八八一條。將衛湜《禮記集說》持與《禮記集說大全》作詳細確實之核對，《禮記集說大全》在全書所引用的二一二一條經說疏文中，與衛湜《禮記集說》書上所引錄經說疏文完全相同者合計有二千零七條，約佔全書的百分之九十四點六三；胡廣等纂修者自行增補的經說疏文僅有一一四條，約佔全書的百分之五點三七。根據上述實際的統計比對資料顯示，可以證實胡廣等人在纂修《禮記集說大全》時，實際上是以宋人衛湜的《禮記集說》一書爲本進行刪削增益而成的，而非與其書名相同的陳澔之書。但是胡廣等在纂修其他四部《大全》時，往往會在該書的〈凡例〉當中載明其取材來源所出，很容易讓後人瞭解輯編資料之處，唯有纂修《禮記集說大全》時，卻並不詳加說明事實眞相，導致後人不明所以的誤以爲所謂「《禮記集說》」必然就是指陳澔之書無疑，因而造成後人種種誤解的產生。胡廣等人何以不說出《禮記集說大全》的出處和底本，究竟是因時間匆忙忘記記載？抑或故意隱瞞不說，因缺乏文獻資料的佐證，事情的眞實爲何，目前無法知悉。

第四節　徵引前人經說之分析

　　根據上一節的詳實核對，資料分析，證實《禮記集說大全》確係取材於宋人衛湜《禮記集說》，清代朱彝尊、陸元輔、《四庫全書總目》等歷來視爲已成定論的說法，實皆不可相信，需要重新加以修正，以免後人以訛傳訛，再受朱氏等人錯誤意見的影響。《禮記集說大全》雖然是以衛湜《禮記集說》爲藍本進行編修，但二書之間仍存在有許多差異之處，《禮記集說大全》編纂者胡廣等人在修纂時，並非一字不漏照抄《禮記集說》書上的文字，仍然在引錄時進行相當多的刪削改易內容之情況，值得吾人加以分析注意。以下即依據上文核對統計時所發現的情形，分別敘述，並舉例說明之：

一、增補疏文

　　《禮記集說大全》在引錄衛湜《禮記集說》書上的經說疏文時，若《禮記集說》原本沒有疏文或疏文文義上有不充足之處，則編纂者會另行自他書增補經說疏文以補充闡發之，此種情形計有吳澄一一二條，朱子、陳淳各一條，合計有一一四條。其增補的方式大別有二種：

（一）刪除衛湜《禮記集說》書上全部經說疏文，《禮記集說大全》再自他書另行增補者：

　　〈曲禮上〉：「父子不同席」，《禮記集說大全》在衛湜《禮記集說》：「尊卑之等異也」之下，自行增補臨川吳氏（澄）曰：「古者一席坐四人，言父子偶共一處而坐，雖止一人，必各坐一席，蓋以父昭子穆、父穆子昭，尊卑不同故也。」〔註19〕

　　（1）〈檀弓上〉：「讀賵，曾子曰非古也，是再告也。」《大全》在衛湜《禮記集說》：「車馬曰賵，賵所以助主人之送葬也。……故曾子以為再告也。」之下，增補臨川吳氏曰：「按〈士喪禮〉下篇，祖奠畢，公賵賓賵，其時賵者已致命於柩。凡所賵之物，書之於方，及次日遣奠畢苞牲行器之後，主人之史讀賵。若欲神一一知之，前既致命，今又讀之，是再告于神也。蓋古者但有賵時致命之禮，無後來再讀之禮，故曾子以為非古。」〔註20〕

　　（2）〈樂記〉第十九篇篇名之下，衛湜《禮記集說》原引有孔氏曰一條疏文，《大全》以全部予以刪除，再另增補臨川吳氏曰：「《禮經》之僅存者，猶有今《儀禮》十七篇，《樂經》則亡矣，其經疑多是聲音樂舞之節，少有辭句可讀誦記識，故秦火之後無傳，諸儒不過能言樂之義而已。而劉向所得〈樂記〉二十三篇，又與河間獻王所撰二十四卷不同，其二十三篇內之十一合為一篇者，蓋亦刪取要略，非全文也。」〔註21〕

　　（3）〈問喪〉：「三日而斂，在床曰尸，在棺曰柩。動尸舉柩，哭踊無數。惻怛之心，痛疾之意，悲哀志懑氣盛，故袒而踊之，所以動體安心下氣也。」衛湜《禮記集說》下原有鄭氏、孔氏、嚴陵方氏、山陰陸氏等四條經說疏文，《大全》編者將其全部刪除，而另外增補臨川吳氏曰：「動尸謂初死至斂時，舉柩謂啟殯至葬時。動親之尸，舉親之柩，孝子哀甚，故哭踊無數。懑與悶

〔註19〕見《大全》卷1，頁30；《集說》卷5，頁9上。
〔註20〕見《大全》卷3，頁53下；《集說》卷19，頁5上。
〔註21〕見《大全》卷18，頁1上；《集說》卷91，頁1上。

同，心煩鬱也。氣盛，氣懣塞也。袒而踊以運動其身體，體動則庶幾可以安靜其心使不煩鬱、降下其氣使不懣塞也。」〔註22〕

（4）〈服問〉第三十六篇篇名之下，衛湜《禮記集說》原有孔氏、山陰陸氏二條疏文，《禮記集說大全》予以刪除，而另外增引臨川吳氏曰：「此篇所記與〈喪服小記〉篇內喪服一章相類，無問辭而名曰服問者，蓋是有人問喪服，而知禮者援據《禮經》傳記，逐節答之如此，記者但記其所答之辭為一篇，而不復記其所問之因也。」〔註23〕

（二）刪除衛湜《禮記集說》書上部分經說疏文，《禮記集說大全》又另行增補疏文者：

（1）〈檀弓上〉：「孔子哭子路於中庭，有人弔者而夫子拜之，既哭，進使者而問故，使者曰醢之矣，遂命覆醢。」之下，衛湜《禮記集說》原有鄭氏、孔氏、臨川王氏、長樂陳氏、山陰陸氏、廣安游氏六條疏文，《禮記集說大全》刪除鄭氏、孔氏、臨川王氏、廣安游氏四條疏文，僅引用山陰陸氏：「哭以師友之間，進之也。」及長樂陳氏：「遂命覆醢者，非特不忍食之，又不忍見之也。」兩條，而刪除長樂陳氏前面大部份的疏文，《大全》編者再自行增補臨川吳氏曰：「哭師於寢，哭朋友於寢門外。中庭在寢之外，寢門外之內，故陸氏謂之師友之間。」一條。〔註24〕

（2）〈禮器〉：「三代之禮一也，民共由之，或素或青，夏造殷因。」《大全》在陳澔《禮記集說》之下，引錄衛湜《禮記集說》中嚴陵方氏一條疏文，刪除鄭氏、孔氏、盧陵胡氏三條疏文，另外再增補臨川吳氏曰：「言夏殷周三代之時，禮之儀文雖小有損益，而其所以為禮者則一，故天下之民皆可通行。蓋損益而異者，禮之文耳；禮之本，則相因不變而無不同也。又曰所尚之色，雖有或素或青之異，然禮之本，則夏造作於前，殷因襲於後，無不同者。」疏文一條。〔註25〕

（3）〈學記〉：「三王之祭川也，皆先河而後海，或源也，或委也，此之謂務本。」衛湜《禮記集說》原本引有鄭氏、孔氏、庾氏、長樂陳氏、嚴陵方氏、山陰陸氏、新安朱氏、慶源輔氏、四明沈氏、吳興沈氏、永嘉戴氏十

〔註22〕見《大全》卷27，頁28上；《集說》卷143，頁15上～16上。
〔註23〕見《大全》卷28，頁1上；《集說》卷144，頁1上。
〔註24〕見《大全》卷3，頁6下；《集說》卷15，頁13上。
〔註25〕見《大全》卷10，頁22下；《集說》卷61，頁4上。

一條疏文，《大全》僅引錄朱子、永嘉戴氏兩條，刪除其餘九條，又再另外增補臨川吳氏的疏文。〔註26〕

　　（4）〈表記〉：「今父之親子也親賢兒而下無能」至「親而不尊鬼尊而不親」節，衛湜《禮記集說》原本引有鄭氏、孔氏、長樂劉氏、藍田呂氏、嚴陵方氏、馬氏六條疏文，《大全》編纂時，僅引錄馬氏一條，其餘五條疏文全予以刪除，再另行增補臨川吳氏：「上言至德之君子能兼有父母之尊親，此則言其各偏於一而不兼有者。」〔註27〕

二、合併疏文

　　《禮記集說大全》編者在纂修時，將衛湜《禮記集說》書上原屬同一人之經說疏文而分隸兩處者，或不同作者之經說疏文，合併成爲一條經說疏文，舉例如下：

　　（1）〈月令〉：「毋覆巢，毋殺孩蟲胎夭飛鳥，毋麛，毋卵。毋聚大眾，毋置城郭，掩骼埋胔。」句下，《禮記集說大全》引錄有嚴陵方氏及馬氏兩條疏文。其中嚴陵方氏一條係將衛湜《禮記集說》：「是月也命樂正入學習舞」節下及「乃修祭典，命祀山林川澤」節下之兩條嚴陵方氏疏文合併在一起。〔註28〕

　　（2）〈郊特牲〉：「天子之元子，士也。天下無生而貴者也。繼世以立諸侯，象賢也。以官爵人，德之殺也。死而謚，今也。古者生無爵，死無謚。」句下，《禮記集說大全》後有「延平周氏」一條疏文，係合併「繼世以立諸侯象其祖考之賢也」一節及「謚者行之跡」一節兩段文字而成。〔註29〕

　　（3）〈祭義〉：「樂正子春下堂而傷其足，數月不出，猶有憂色。……不辱其身，不羞其親，可謂孝矣。」句下，衛湜《禮記集說》原有鄭氏、孔氏、長樂劉氏、嚴陵方氏、馬氏、延平周氏、《講義》、新安朱氏等八條疏文，《禮記集說大全》在引錄時，刪去鄭氏、孔氏、延平周氏、新安朱氏四條疏文，僅引長樂劉氏、嚴陵方氏、馬氏及《講義》四條疏文。但是將馬氏曰：「身體髮膚不敢毀傷，所以不虧其體；立身揚名於後世，所以不辱其身。」及《講義》曰：「昔曾子啟手足之際，然後釋淵冰之懼，樂正子春，門人也，安得而

〔註26〕見《大全》卷17，頁18下；《集說》卷90，頁18下～19下。
〔註27〕見《大全》卷26，頁17上；《集說》卷139，頁2上。
〔註28〕見《大全》卷6，頁10下；《集說》卷39，頁14上～16上。
〔註29〕見《大全》卷11，頁33下～34上；《集說》卷67，頁9上～10上。

不憂乎？」兩段疏文合併在一起，改列於「馬氏」名下。〔註30〕

（4）〈明堂位〉：「成王以周公爲有勳勞於天下」至「祀帝于郊，配以后稷，天子之禮也。」句下，《禮記集說大全》在陳澔《禮記集說》之後引有「新安王氏」曰：「此漢儒誇辭不可信也……天子地方千里，謂之萬乘，若魯地方七百里，半天子之畿，何止有車千乘耶？伊川程氏曰：成王之賜，伯禽之受，俱非也。以愚觀之，成王未必賜，伯禽未必受，蓋魯人僭用天子禮樂爾。」疏文一條，此處根據衛湜《禮記集說》書上所錄，「伊川程氏曰」以上爲「新安王氏」之言，以下爲「伊川程氏」之言，截然分爲兩條，係不同作者之疏文，《大全》編者將其合併爲一條，不知是偶然誤合？抑或另有版本依據？實無法確知其詳細原因。〔註31〕

三、移改疏文位置

衛湜《禮記集說》原書上所引的經說疏文，《禮記集說大全》編纂者若覺其所釋文句不妥，則會將其經說疏文移改至所當釋經傳文句之下，茲舉例如下：

（1）〈檀弓上〉：「伯魚之母死，期而猶哭，夫子聞之曰：誰與哭者？門人曰鯉也。夫子曰嘻，其甚也。伯魚聞之，遂除之。」之下，衛湜《禮記集說》原有鄭氏、孔氏、橫渠張氏三條疏文，《禮記集說大全》全部予以刪除，再將原在經文「子路有姊之喪可以除之矣而弗除也……子路聞之遂除之」節下之廣安游氏曰：「天下之禮，苟循其情而爲禮，則子路、伯魚不知其所終；約其不及之情而爲禮，則原壤、宰予不可以爲訓。故禮者，通乎賢不肖而爲之，不可以過，不可以不及也。」移置其下，以疏解其意義。〔註32〕

（2）〈王制〉：「天子之縣內，方百里之國九，七十里之國二十有一，五十里之國六十有三，凡九十三國。名山大澤不以盼，其餘以祿士，以爲間田。」句下，衛湜《禮記集說》原有鄭氏、孔氏、長樂陳氏、馬氏、山陰陸氏、盧陵胡氏、永嘉徐氏、嚴陵方氏、延平周氏等九條疏文，《禮記集說大全》編者皆予以刪除，再從經文「凡四海之內九州州方千里」句下，將嚴陵方氏曰：「名山，若魯之泰山、晉之梁山之類；大澤，若豫之孟豬、楚之雲夢之類。

〔註30〕見《大全》卷22，頁38；《集說》卷113，頁6下～7上。
〔註31〕見《大全》卷14，頁4；《集說》卷79，頁7下～8上。
〔註32〕見《大全》卷3，頁19上；《集說》卷16，頁14上。

山澤之大者，則必有其名焉，於山曰名，於澤曰大，蓋互言之爾。名山大澤，神物之所藏，寶貨之所出，非外內諸侯所得專而有之，故於外則不以封，於內則不以盼焉。外則度土而封之使傳嗣也，故曰封；內則分邑以盼之使食祿而已，故曰盼。」移置於其下，以疏解之。〔註33〕

（3）〈禮器〉：「有以素爲貴者：至敬無文，父黨無容。大圭不琢，大羹不和，大路素而越席，犧尊疏布冪，樿杓。此以素爲貴也。」句下，《禮記集說大全》引用嚴陵方氏、長樂陳氏、許氏等三條疏文，其中許氏一條疏文，衛湜《禮記集說》原引在經文「有以少爲貴者：天子無介，祭天特牲」至「諸侯視朝，大夫特，士旅之。此以少爲貴也。」句之下，《大全》將其末「後世言禮者不知聖人」以下四十七字刪除，再移改至「以素爲貴者」句之下。〔註34〕

（4）〈內則〉：「三十而有室，始理男事，博學無方，孫友視志。」句下，《禮記集說大全》有慶源輔氏曰：「博學不教，內而不出，獨善而已。獨善其身，未足以善人也。博學無方，孫友視志，取諸人以爲善也，取諸人以爲善，則善足以及人矣。」疏文一條，衛湜《禮記集說》原置於前段經文「十有三年學樂誦詩舞勺」至「博學不教內而不出」之下。《大全》將其移改至後一段經文文句之下。〔註35〕

（5）〈間傳〉：「斬衰三升齊衰四升」至「此哀之發於衣服者也」句下，《禮記集說大全》下引「馬氏」一條疏文，衛湜《禮記集說》原書在篇首開頭「斬衰何以服苴苴惡貌也」至「此哀之發於聲音者也」句下，《大全》將其移改至此段經文文句之後以釋其義。〔註36〕

四、刪除疏文

《禮記集說大全》在抄錄引用衛湜《禮記集說》書上的經說疏文時，若其解說與朱子之意或陳澔《禮記集說》有所出入時，爲避免與其宗奉程朱學說之宗旨有所違背，編纂者往往會將部分經說疏文予以刪除或刪略，而未全部加以採用，例如：

（1）〈王制〉：「天子命之教然後爲學，小學在公宮南之左，大學在郊，

〔註33〕見《大全》卷5，頁7上～8上；《集說》卷26，頁1上～6下。
〔註34〕見《大全》卷10，頁14下～15上；《集說》卷60，頁4下～5下。
〔註35〕見《大全》卷12，頁40下；《集說》卷72，頁16下～17上。
〔註36〕見《大全》卷28，頁11；《集說》卷144，頁13下。

天子曰辟雍，諸侯曰頖宮。」《禮記集說大全》在陳澔《禮記集說》之下，引錄衛湜《禮記集說》中嚴陵方氏、臨川王氏二條之言，而刪除鄭氏、孔氏、橫渠張氏、長樂劉氏、長樂陳氏、山陰陸氏等六條疏文。〔註37〕

（2）〈學記〉：「玉不琢不成器，人不學不知道，是故古之王者建國君民，教學為先，〈兌命〉曰：念始終典於學。其此之謂乎！」衛湜《禮記集說》原引用鄭氏、孔氏、長樂陳氏、嚴陵方氏、山陰陸氏、永嘉戴氏、李氏、慶源輔氏八條疏文，《禮記集說大全》編纂時，僅引錄永嘉戴氏：「玉不琢而碔砆琢之，則碔砆猶為可用，玉蓋不及也。大抵資質之美不足恃，資質之美而未嘗學問，其與資質不美者均爾。」一段，而刪除其後半文字，及其餘七家之疏文。〔註38〕

（3）〈坊記〉第三十篇名之下，衛湜《禮記集說》原來引錄有孔氏、嚴陵方氏、龍泉葉氏三條疏文，《大全》刪除孔氏、龍泉葉氏兩條，僅引用嚴陵方氏一條疏文。〔註39〕

（4）〈緇衣〉第三十三篇名之下，衛湜《禮記集說》原本引錄有孔氏、陸氏、藍田呂氏、長樂陳氏、新安朱氏、嚴陵方氏六條疏文，《禮記集說大全》抄錄引用時，刪除四家之言，只抄錄藍田呂氏曰：「此篇大指言為上者言行好惡，所以為民之所則傚，不可不愼也。篇中有好賢如緇衣之言，故以是名篇。」及朱子曰：「緇衣兼惡惡，獨以緇衣名篇者，以見聖人有心於勸善，無心於懲惡也。」〔註40〕

（5）〈緇衣〉：「子言之曰為上易事也，為下易知也，則刑不煩矣。」衛湜《禮記集說》原有鄭氏、孔氏、藍田呂氏、長樂陳氏、長樂劉氏、石林葉氏、廬陵胡氏七條疏文，《禮記集說大全》抄錄時，僅引用長樂劉氏曰：「上難事則下難知，上易事則下易知，好惡悖於正，喜怒失其常，於是有匿其誠信以為容悅者，屈其忠直以為阿諛者，包其禍心以為詐偽者，苟可以罔上而免其咎罰者，奚所弗至哉，為下如是，可謂難知也。」一條，其餘六條疏文均予以刪除。〔註41〕

〔註37〕見《大全》卷5，頁21；《集說》卷29，頁7上。
〔註38〕見《大全》卷17，頁2上；《集說》卷88，頁3下～5下。
〔註39〕見《大全》卷25，頁1上；《集說》卷121，頁1上。
〔註40〕見《大全》卷27，頁1；《集說》卷141，頁1。
〔註41〕見《大全》卷27，頁1下；《集說》卷141，頁1下～2下。

第五節　結　語

　　根據上面對於《禮記集說大全》取材來源問題的探討，經過資料檢核，比對分析，我們可以歸納得出下列數條結論：

　　其一，《禮記集說大全》是以元人陳澔《禮記集說》爲經解標準範本，陳氏《集說》之下再另外增補纂輯宋、元儒者有關《禮記》疏解文字進行修纂而成的，蘊含有集宋、元儒者說《禮》之大成之意，因而稱爲《大全》，故本書全稱當名爲《禮記集說大全》。《四庫全書》將該書簡稱爲《禮記大全》，此種稱呼係沿襲明代民間之習慣用法，雖亦來源有據，實際上並不能凸顯其經宗主陳澔《禮記集說》之意，亦不能涵蓋全書內容，使書名與全書內容相符，是錯誤而不正確的，循名責實，當以原書名《禮記集說大全》爲準。

　　其二，前人認定之《禮記集說大全》取材來源，大約可歸納爲三類：一類認爲是完全勦襲元人陳澔《禮記集說》一書而成；一類認定係在陳澔《禮記集說》之外，另行增補宋元儒者四十二家之說；一類認爲是在陳澔《禮記集說》之外，增補元儒吳澄《禮記纂言》一書而已。三種說法，雖稍有出入，但都認定《禮記集說大全》係抄襲元陳澔《禮記集說》一書。然明代科舉考試，《禮記》一經注疏本就選定陳澔《禮記集說》作爲該經標準本，這是眾所皆知之事，如今陸元輔、朱彝尊、《四庫全書總目》等人反而說《禮記集說大全》係抄襲自陳澔《禮記集說》，其說法之謬誤，可不辨而知。

　　其三，就《禮記集說大全》的實際取材來源而言，經過詳加核校，仔細比對，實際上，《禮記集說大全》當係以宋人衛湜《禮記集說》一書爲本進行刪削損益而成。在《禮記集說大全》全書所徵引的二千一百二十一條宋、元經說疏文中，與衛湜《禮記集說》書上完全相同者共有二千零七條，約佔全書疏文的百分之九十四點六三，而纂修者自行增補者僅有一百一十四條，佔全書疏文的百分之五點三七，從上述統計資料，可以證明《禮記集說大全》確實是以衛湜《禮記集說》爲本進行纂編，而非鈔錄元人陳澔之《禮記集說》，前人的各種說法，皆完全不正確，實有重新修正之必要。

　　其四，前人大都認爲《禮記集說大全》在引錄前儒經說疏文時，皆是抄襲書前〈凡例〉所列周敦頤、司馬光等四十二人之說，然經過筆者實際統計，資料顯示引錄之前儒經說共有六十三家，多出二十一家皆是編者自行增補的，遠超出清人所習知認定的數目。朱彝尊以爲僅增益元人吳澄《禮記集說》一家之言的說法，是絕不可信。而列名參考引用書目的四十二家，其所引錄

之經說疏文則僅有七百條，佔全書總數百分之三十三，約爲全書三分之一。
而《禮記集說大全》編者所自行增補引用的二十一家經說疏文，合計有一千
四百二十一條，約佔全書總數的百分之六十七，約當三分之二。

　　其五，持《禮記集說大全》與衛湜《禮記集說》相比對，可知《大全》
纂修者在編修時，並非完全如清人所言「僅取已成之書，抄謄一過」、「皆攘
竊成書以罔其上」，而係就前人之書刪削改易潤飾成編，其間仍有相當大的差
異。《禮記集說大全》徵引前儒經說疏文的方式有：增補疏文、合併疏文、移
改疏文位置、刪除疏文等四種方式。

第八章 《春秋集傳大全》研究

第一節 《春秋集傳大全》之名義及其撰述體例

一、《春秋集傳大全》之名義

　　《春秋集傳大全》三十七卷，是明成祖詔命翰林學士胡廣、侍講楊榮、金幼孜等所纂輯之《五經大全》的第五部。是書自纂輯成書以來，學術界的評價，普遍都認定不高，清朝乾隆年間修纂《四庫全書》時，不但不承認它對學術有功，反而更認為《春秋大全》的修纂，是促「使春秋大義，日就榛蕪」的罪魁禍首，又說：

> 廣等舊本，原可覆瓿置之，然一朝取士之制，既不可不存以備考，
> 且必睹荒途之蒙翳，而後見芟蕪除穢之功；必經岐徑之迷惑，而後
> 知置郵樹表之力。存此一編，俾學者互相參證，益以見前代學術之
> 陋，而聖朝經訓之明也。〔註1〕

《四庫全書》編纂者著錄《春秋集傳大全》的真正用意，既非重在表揚前代學術，亦非基於其書有重要的學術典藏價值，僅僅只是用來作為嘲諷明代學術荒蕪疏陋的樣本，並藉此以襯托清代經學興盛的寫照而已，並不安任何好意。紀昀在書前提要中恣意譏諷一番後，並將該書書名題稱為《春秋大全》，後人凜於《四庫全書》是中國有史以來最大的叢書，震於其浩繁博大，盛名遠播，尊崇莫名，一般人往往不自覺地，甚至是不加思辨，即隨手稱引《四

〔註1〕 參見（清）紀昀等撰：《欽定四庫全書總目》（臺北：藝文印書館，1979 年 12
　　　 月），卷 28，23 頁上。

庫全書》的說法以作爲其對問題論述的定論，《春秋集傳大全》的全書題名
也不例外。〔註2〕但是，我們若詳細加以考查探究，則會發現實際上情形並
非如此，仍有待辨名正實，以還該書的本來稱謂。

　　據《明史‧選舉志》記載，明初定科舉之制，大抵皆沿襲元代舊法，「《春
秋》主《左氏》、《公羊》、《穀梁》三傳及胡安國、張洽《傳》。」及至「永樂
間，頒《四書、五經大全》，廢註疏不用。其後，《春秋》亦不用張洽《傳》。」
〔註3〕可知在明成祖永樂年間所頒行的《春秋集傳大全》，雖廢棄宋人張洽的
《春秋集註》，卻仍閱讀《左氏傳》、《公羊傳》、《穀梁傳》三傳及胡安國《春
秋傳》四部經傳文字。又據明成祖在〈御制性理大全書序〉中所說的編纂原
則是：「集諸家傳註而爲《大全》，凡有發明經義者取之，悖於經旨者去之。」
〔註4〕可知此書編纂目的本來就在匯集歷代諸家有關《春秋》學注解說法的大
成。胡廣等即遵照明成祖所指示的原則去進行編纂，據永樂內府刊本的《春
秋集傳大全》書前〈凡例〉說：

> 經文以胡氏爲據，而詳註各傳異同增損於下。（第二條）

> 諸傳以胡氏爲主，大字錄於經後，而《左氏》、《公羊》、《穀梁》三
> 傳雖有異同，難輕去取，今載其全文，同先儒表著事變始終之要，
> 分註經下。（第三條）

> 程子、朱子說并三傳註疏，有發明經意者，繼三傳後。諸儒之說與
> 胡《傳》合而有相補益者，附註胡《傳》下。文異旨同者去之，其
> 或意義雖殊，而例理可通，則別附于後。（第四條）

從這三條〈凡例〉的敘述，可知《春秋集傳大全》全書所依據的《春秋經》
經文是以胡安國的《春秋傳》爲主。《春秋經》經文的注解也以胡氏《春秋傳》

〔註2〕　有關於諸家經學概論、經學史等著作及論述沿襲顧炎武及《四庫全書總目》
　　　　說法的，爲數相當多，如皮錫瑞的《經學歷史》（北京：中華書局，1989 年 9
　　　　月），頁 289、馬宗霍的《中國經學史》（臺北：臺灣商務印書館，1979 年 9
　　　　月），頁 133、本田成之的《中國經學史》（臺北：古亭書屋，1975 年 4 月），
　　　　頁 253～254、何耿鏞的《經學簡史》（廈門：廈門大學出版社，1993 年 12 月），
　　　　頁 213～214、楊成孚的《經學概論》（天津：南開大學出版社，1994 年 5 月），
　　　　頁 180、張積的《四書五經》（北京：新華出版社，1993 年 12 月），頁 107 等。

〔註3〕　見清張廷玉等撰：《明史》（臺北：鼎文書局，1979 年 12 月），卷 70，〈選舉
　　　　志〉，頁 1694。

〔註4〕　實際上該序係《五經、四書、性理大全》三部《大全》的總序，而刊刻在《性
　　　　理大全書》書前。

爲主，而將《左傳》、《公羊傳》、《穀梁傳》三傳解釋《春秋經》經文者或與經文事件相關聯者，則分別載錄經文之下。因此，《春秋集傳大全》書名中的「集傳」二字，應當是指集「胡安國《春秋傳》、《左傳》、《公羊傳》、《穀梁傳》」四部《春秋經》的傳注而言。「大全」即是指所匯集的歷代諸家說法，亦即意在集《春秋》注解的大成，顧名思義，該書實應正名爲《春秋集傳大全》，而不宜隨意簡省其書名才對。

二、《春秋集傳大全》之撰述體例

　　胡廣等人在編輯《五經大全》時，或許因時間過於急迫，以致五部《大全》之中，僅有《周易傳義大全》書前編有該書總目錄，其餘四部《大全》都沒有編輯全書目錄，以供讀者查閱索引之用，對讀者頗爲不便。又各書也都沒有序言，因此，要清楚明白《春秋集傳大全》的編撰體例，兼及下文所要討論的全書取材來源問題，都有必要先從該書卷首前所附的〈春秋集傳大全凡例〉去瞭解才行。據永樂內府刊本《春秋集傳大全》的〈凡例〉所記，總共有十二條，除上節已引其中三條，爲方便下文敍述討論，再將其餘九條具錄於下：

> 紀年依汪克寬《纂疏》例，註甲子於各年行上，分註周紀年始終於年上，齊、晉諸國於年下。（第一條）
>
> 周及列國易世嗣位，齊晉秦楚大夫爲政，有繫乎王伯夷夏之輕重者，依林堯叟例，備列于十二公之首，以便觀覽。（第五條）
>
> 胡《傳》引用本經內前後事證不復重見，止云見某傳某公某年，其諸經子史者，並註本末於傳下。（第六條）
>
> 凡引先儒之說，但順經意編次，不以時之先後爲序。（第七條）
>
> 《左傳》或先經始事，或後經終義，或經不載而傳載者，皆依次序先後附錄各年之內，其獲麟後無係於聖經不錄。（第八條）
>
> 諸傳與經意不侔者，引啖氏、趙氏、劉氏、汪氏、李氏諸說附斷於後，仍加圈以別之。（第九條）
>
> 經內地名，杜氏、張氏、汪氏各有註釋，然時代沿革不同，今依李廉《會通》例，有關經義者存之，餘不錄。（第十條）
>
> 先儒格言，別爲總論類次冠於經端，庶使學者易知要領。（第十一條）

年表及列國圖說，並依胡《傳》存於卷首，以備考訂。（第十二條）

由上面〈凡例〉所言，知《春秋集傳大全》的編纂有幾個要點：第一、有關《春秋》的紀年問題，完全依循元汪克寬《春秋胡氏傳附錄纂疏》書上的體例；第二、各諸侯國的嗣位易世及齊、晉、楚、秦四大國由大夫主政，只要其事有關乎「王伯夷夏之輕重」的，則遵循林堯叟書（按：當指《春秋經左氏傳句解》）的體例；第三、書中有關《春秋經》的註解雖然宗主胡安國《春秋傳》，但仍載錄《左傳》、《公羊傳》、《穀梁傳》三傳的全文，分註經文之下，可知書中實際收錄四傳文字，而非僅胡《傳》；第四、所引經傳文意不同，則引諸儒經說來作論斷；第五、引用的諸家經說，不按照世代時間先後排列，而係依經意內容爲準；第六、經文中的地名，由於時移世變，古今往往異稱，爲避免複雜糾纏，故遵循元李廉《春秋諸傳會通》的體例，僅擇錄其「有關經義者」的部分，其餘皆予以刪除；第七、先儒的格言總匯爲總論、年表及圖說均載列於卷首。

據〈凡例〉所言，《春秋集傳大全》全書的卷帙及體例如下：《春秋集傳大全》卷首有〈春秋集傳大全凡例〉、〈引用先儒姓氏〉、〈春秋序論〉（含有〈胡氏傳序〉、〈綱領〉、〈總論〉）、〈春秋二十國年表〉、〈諸國興廢說〉、〈春秋列國東坡圖說〉、〈東坡指掌春秋列國圖〉等七種。正文有三十七卷：卷一至卷三爲隱公，卷四至卷六爲桓公，卷七至卷十爲莊公，卷十一爲閔公，卷十二至卷十六爲僖公，卷十七至卷十八爲文公，卷十九至卷二十一爲宣公，卷二十二至卷二十四爲成公，卷二十五至卷二十八爲襄公，卷二十九至卷三十三爲昭公，卷三十四至卷三十五爲定公，卷三十六至卷三十七爲哀公。

《春秋集傳大全》在十二公之前，都先有詳細記載「周及列國易世嗣位，齊晉秦楚大夫爲政，有繫乎王伯夷夏之輕重者」之事。全書《春秋經》經文以大字頂格書寫，其下以小字雙行載錄《左傳》、《公羊傳》、《穀梁傳》及諸家說法。胡安國《春秋傳》傳文低一格書寫，諸家先儒的《春秋》註文則以小字雙行書寫。全書《春秋經》及胡《傳》大字排印，三傳及諸家註文小字雙行排印。據此可知，全書的經、傳、註文，排列主從分明，層次顯然，令人一目瞭然。

第二節　前人認定之《春秋集傳大全》取材來源

《五經大全》在修纂完成，頒行當世，列爲科舉考試範本後，影響明代學術發展甚劇，導致在明、清兩代頗受到學者的嚴厲譏評，甚至以一種不屑

的態度來看待他。《春秋集傳大全》是其中一種，所受到的待遇當然也是與其他《易》、《詩》、《書》、《禮》四部《大全》相同。前人談論到《春秋集傳大全》取材來源問題的資料，就筆者現今知見所及，約有十家，至於像皮錫瑞《經學歷史》等經學史或經學概論等著作，皆係抄襲前人成說而毫無己見者則不予計入，茲依序引述諸家說法如下：

（1）明代李默（1499～1556）首先談論到《春秋集傳大全》蹈襲前人舊說的情形，王士禎（1634～1711）曾在其《居易錄》中引述他說法：

> 明永樂間，胡廣等奉詔撰《五經大全》，皆抄錄前人成書，竄易其名，……《春秋》則汪克寬。李太宰默《續孤樹裒談》曾言之。〔註5〕

李默認爲《五經大全》都是胡廣等人抄襲元人成書，更換書名而已。其中《春秋集傳大全》謂係抄襲元朝人汪克寬（1304～1372）的《春秋胡氏傳附錄纂疏》而成，僅是將汪氏的名字改換成胡廣等人罷了。李氏此說一出，明、清兩代學者的看法幾乎一致的全都襲引他的說法而無異辭，若有則僅係在文句上作增損補充說明而已。

（2）顧炎武（1613～1682）身歷亡國之痛，檢思滅亡之因由，往往歸罪於明代科舉制度所實行八股取士的方法，而八股取士的標準參考書爲明成祖永樂年間敕纂的《五經、四書大全》，因此，對該書深加痛斥。當然《五經大全》中的《春秋大全》也不能倖免，同樣遭到嚴屬的指責其全然因襲前人成書，他說：

> 《春秋大全》則全襲元人汪克寬《胡傳纂疏》（自注云：字德輔，隱居不仕，以十年之功爲此書。），但改其中「愚按」二字爲「汪氏曰」，及添盧陵李氏等一二條而已。……將謂此書既成，可以章一代教學之功，啓百世儒林之緒，而僅取已成之書，抄謄一過，上欺朝廷，下誑士子。唐宋之時，有是事乎？……嗚呼！經學之廢實自此始！
>
> 〔註6〕

顧氏的看法與李默相同，都同樣認爲《春秋集傳大全》是全部抄襲元人汪克寬的《春秋胡氏傳附錄纂疏》，而他們抄襲的方法是將汪氏《纂疏》書上的「愚按」兩個字改成「汪氏曰」，另外增添一、二條「盧陵李氏」的經說疏文而已。顧氏所指的「盧陵李氏」，即是《春秋集傳大全》書前「引用先儒姓氏」表的

〔註5〕見（清）王士禎撰：《居易錄》，卷9，頁5下。
〔註6〕見（清）顧炎武撰：《日知錄》，卷20，頁525～526，〈四書五經大全〉條。

盧陵李廉，李氏著有《春秋諸傳會通》一書傳世，顧氏以爲《大全》書上所增補的經說，完全出自該書，而且所增添的僅有一、二條疏文，爲數相當少，因而認爲胡廣等人毫無編輯纂修之功，僅是一批尸位素餐之輩而已。

（3）吳任臣也以斷然的口氣認定《春秋集傳大全》僅僅只抄襲汪克寬《春秋胡氏傳纂疏》一書而已，並未參考其他書籍，他說：

> 永樂中，敕修《春秋大全》，纂修官四十二人，……其發凡云：『紀年依汪氏《纂疏》，地名依李氏《會通》，經文以胡氏爲據，例依林氏。』其實全襲《纂疏》成書，雖奉敕纂修，而實未纂修也，朝廷可周，月給可糜，賜予可要，天下後世詎可欺乎！〔註7〕

《春秋集傳大全》的〈凡例〉曾明白交代其修纂依據，吳氏全然不予採信，認爲只是《大全》編者們的推託之辭，實際上是隻字未修。

（4）朱彝尊（1629～1709）在所修纂的《經義考》卷二百著錄《春秋集傳大全》時，曾引用吳任臣的話批評《春秋集傳大全》纂修的草率，之後又在宋人張洽（1161～1237）所撰的《春秋集注》條下按語說：

> 按張氏《集注》釋『春王正月』云：『此所謂春，乃建子月冬至陽氣萌生在三統曰天統，蓋天統以氣爲主，故月之建子即以爲春，其說與胡氏夏時冠周月之義別，一開卷便枘鑿不相入，宜士子棄之惟恐不遠矣。今《春秋大全》專襲環谷汪氏《纂疏》，汪氏既主胡《傳》，故張氏之注不復見錄。若纂修《大全》諸公，張氏《集注》并未寓目，非以其與胡氏刺戾去之也。〔註8〕

朱彝尊以張洽、胡安國兩家對「春王正月」條經文解釋，見出兩家之說，違礙悖逆，互相出入，難以會通。汪克寬《春秋胡氏傳附錄纂疏》既宗胡安國《春秋傳》，勢必不會徵引張洽的說法，而《春秋集傳大全》又專門抄襲汪克寬之書，當然更是不會引用張洽之說。朱氏卻認爲《春秋集傳大全》所以不引張洽之說，實際上是因《春秋集傳大全》的編者連張洽《春秋集注》一書都沒看過，而不是因爲張氏的說法與胡《傳》相悖戾的緣故。

（5）徐乾學（1631～1694）在編輯刊刻《通志堂經解》時，對於《春秋集傳大全》的勦襲前人成書，苟且塞責的纂修態度，大表不滿，他說：

> 明興，敕天下學校皆宗程、朱之學。永樂時，詔輯《四書、五經、

〔註7〕 見（清）朱彝尊撰：《經義考》，卷200，頁1上～1下，《春秋集傳大全》條。
〔註8〕 見（清）朱彝尊撰：《經義考》，卷189，頁3上～3下，《春秋集注》條。

性理大全》，徵海內名士，開館東華門，御府給筆札，冀成鉅典。是
時胡廣諸大臣虛麋廩餼，叨冒遷賚，……《春秋》則襲汪克寬《纂
疏》，勒竊抄撮，苟以塞責而已。〔註9〕

徐氏是顧炎武的外甥，在學術思想上的見解觀念，兩者的看法完全相近，甚
或遵照顧氏主張，實屬極平常之事。因此，徐氏認爲《春秋集傳大全》全抄
襲自汪克寬《春秋胡氏傳附錄纂疏》的看法，當是受顧炎武的影響，並不讓
人覺得意外。

　　（6）陳廷敬（1639～1710）在談論經學的家法時，也對明成祖敕纂的《春
秋集傳大全》提出嚴厲的批判，他說：

《大全》之書，明永樂朝急就之書也。七年開館於秘閣，十三年帝
問纂修如何？館中人聞之懼，倉卒錄舊書，略加刪飾以進……《春
秋》則汪克寬《纂疏》……故《大全》者甚不全之書也。然學者猶
憚其煩苦而不之讀，所服習者：《本義》、《集傳》、蔡沈、胡安國、
陳澔之所謂五經而已。《易》、《詩》、《書》、《禮經》，學文者猶加誦
習焉，《春秋》則概刪聖人之經不讀，讀胡氏《傳》，《傳》亦不盡讀。
擇其可爲題目者，以其意鋪敘爲文，不敢稍渝分寸，以求合於有司。
又最甚者，擇取《傳》中字句文義，以意牽合，妄託聖經，移彼就
此，名爲合題，豈惟不合經意，揆之傳者之意，亦初不自知其何以
位置安排顛錯之如此也。〔註10〕

陳氏認爲《春秋集傳大全》是纂修者畏懼明成祖催促早日成編，不得已遂倉
卒間抄錄元人汪克寬的《春秋胡氏傳纂疏》，「略加刪飾以進」的，因此以爲
《春秋集傳大全》是「甚不全之書」。唯陳氏謂《大全》是「七年開館於秘閣」，
是不正確的，據《明太宗實錄》記載，係在永樂十二年（1414）十一月甲寅
下詔修纂，而非在七年（1409），不知陳氏據何而言？

　　（7）《四庫全書總目》在《春秋大全》書前提要下云：

《元史‧選舉志》載延祐科舉新制，始以《春秋》用胡安國《傳》，
定爲功令，汪克寬作《春秋纂疏》，一以安國爲主，蓋遵當代之法耳。
廣等之作是編，即因克寬之書稍爲點竄。朱彝尊《經義考》引吳任
臣之言：「永樂中敕修《春秋大全》，纂修官四十二人。其發凡：『紀

〔註9〕見（清）徐乾學撰：《憺園集》，卷21，頁29，〈新刊經解序〉。
〔註10〕見（清）陳廷敬撰：《午亭文編》，卷32，頁16下～17上，〈經學家法論〉。

－177－

年依汪氏《纂疏》，地名依李氏《會通》，經文以胡氏爲據，例依林
氏。』實則全襲《纂疏》成書，雖奉敕纂修，實未纂修也。朝廷可
罔，月給可糜，賜予可邀，天下後世詎可欺乎！」云云。於廣等之
敗闕，可謂發其覆矣。其書所採諸說，惟胡氏定去取而不復考論是
非，有明二百餘年，雖以經文命題，實則屈經以從傳。至於割傳中
一字一句，牽連比附，謂之合題，紛紜糾結，使《春秋》大義日就
榛蕪，皆廣等導其波也。

又在《春秋胡傳附錄纂疏》的書前提要中說：

明永樂中，胡廣等修《春秋大全》，其凡例云：『紀年依汪氏《纂疏》，
地名依李氏《會通》，經文以胡氏爲據，例依林氏。』其實乃全襲克
寬此書，原本具在，可一一互勘也。

《四庫全書總目》襲引吳任臣、朱彝尊的意見，也認定《春秋集傳大全》是全
襲汪克寬《春秋胡氏傳附錄纂疏》一書，其看法與前面諸家的說法完全相同。

（8）全祖望（1705～1755）在〈與謝石林御史論大學帖子〉談論到明太
祖朱元璋頒經時，尚允許兼用漢、唐古注疏及宋人經注，參考諸家，不曾專
主一家之說，而明成祖纂修《大全》，卻違反祖制，專門墨守一家說法，他說：

太祖之頒經，許諸生皆得用注疏，至其宋人之書：《周易》則兼用程、
朱二家，《尚書》則兼用蔡、鄒、夏三家，《春秋》則兼用胡、張二
家，未嘗墨守一說也。乃轉盼間，成祖修《大全》，而盡出於專門，
則何故耶？當時之儒臣，皆憚諸說之繁，而不欲改元人之舊，故雖
館閣之人如林，而實則委之昆陵徵士陳伯載，以一人任諸經之事（自
注云：伯載名濟，布衣），伯載於是爲簡易之法：……《春秋》以汪
氏……稍爲刪潤，而書成矣。當時歲縻廩祿，月費俸錢，而其實竊
鈔舊本以成之，罔上行私，莫或糾舉，其遑問漢、唐以來之源流乎？
故《易》之程氏僅得存，而《尚書》之鄒氏、夏氏，《春秋》之張氏，
亦無有過而問者矣。〔註11〕

陳濟曾經參與《永樂大典》的修纂，他讀書過目成誦，通經史百家之言，博聞
強記，時人曾譽稱爲「兩腳書廚」。〔註12〕全氏認爲胡廣等纂修大臣，畏懼艱難，

〔註11〕 見（清）全祖望撰：《鮚埼亭集》，（臺北：華世出版社，1977 年 3 月），外編，
卷 41，頁 1269。

〔註12〕 （明）焦竑云：「昆陵陳濟先生善記書，其長子道侍側，問曰：『外人云翁善記，

將全部《大全》編修工作委託給陳濟，陳氏由於工作繁重，乃採行投機取巧的簡便方法，專鈔元人一家之說，《春秋集傳大全》則採汪克寬《春秋胡氏傳附錄纂疏》，僅稍作刪潤而已，如此作法非但「歲糜廩祿，月費俸錢」，且是一種「罔上行私」的行為，導致明成祖的尊朱是「無事於學術，而適以便其狹隘僻陋之私」，因而斷言「朝廷之修官書，足以為害，不足以為益」。〔註13〕

（9）清代乾隆年間知名的詩人蔣士銓（1725～1783）也說：

> 胡廣等永樂時奉敕所撰諸經《大全》，皆蹈襲前人舊說以愚天下，功
> 罪各不相掩也。〔註14〕

蔣氏未指明諸經《大全》究竟抄襲自何人之說，即率然就說「皆蹈襲前人舊說以愚天下」。蔣氏雖是當時知名詩人，然對經學或許並未作過精深研究，才會「隨人道短長」〔註15〕的在未能舉證之下即歸罪《五經大全》，其說法實不足以作為論斷依據。

（10）林慶彰師鑑於《春秋集傳大全》自修纂成書後，長期以來遭到眾多學者的誤解，因此在檢討前人對於《春秋集傳大全》修纂取材來源問題時，就提出他的看法：

> 顧炎武等人皆以為《春秋大全》襲自汪克寬《春秋胡傳纂疏》，而稍
> 去其冗。今以《大全》和汪氏《纂疏》一一核對，可知《大全》以
> 《纂疏》為底本，再略加增刪。且將汪氏書中的「愚按」改為「汪
> 氏曰」。當時，汪氏的注解，未加上「愚按」二字的也不少。《大全》
> 的編者抄錄時，也未加上「汪氏曰」字樣。這些說法很多，讀者很
> 容易誤以為是《大全》編者的說法。至於顧炎武所說：「但改其中『愚
> 按』二字為『汪氏曰』，及添廬陵李氏等一二條而已。」此種說法，
> 與事實略有出入。因為，《大全》所加入的宋、元人說法甚多，並不

試探一書請誦之可乎？』曰：『可。』因探得朱子成《書》，曰：『是書固難記，
汝可舉首句。』如其然，遂朗誦終篇，不誤一字。當時文廟嘗謂濟『兩腳書廚』
云。」詳焦氏撰：《玉堂叢語》（臺北：漢京文化事業公司，1984年7月），卷
1，〈文學〉，頁19。

〔註13〕參見（清）全祖望撰：《鮚埼亭集》，外編，卷41，〈與謝石林御史論古本大學
帖子〉，頁1270。

〔註14〕見（清）蔣士銓撰：《忠雅堂集校箋》，文集，卷2，頁2031。

〔註15〕參見（清）趙翼〈論詩〉第三首，《甌北集》（上海：上海古籍出版社，1997
年4月），卷28，頁630。

像顧氏所説的一、二條而已。〔註16〕

林慶彰師經過核對後，認爲《春秋大全》確實是以汪克寬的《春秋胡氏傳附錄纂疏》爲底本進行編纂，另外再增補不少宋、元人的經說，而且將汪克寬書中的「愚按」兩字改爲「汪氏曰」三字。因此，林師認爲顧炎武的說法「與事實略有出入」，有必要加以修正。

根據上面所引述的十家對於《春秋集傳大全》取材來源問題的意見，可以很明顯看出各家的看法相當一致，幾乎都認爲《春秋集傳大全》是鈔襲元人汪克寬的《春秋胡氏傳附錄纂疏》一書而成。其間僅有顧炎武多加「但改其中「愚按」二字爲「汪氏曰」，及添盧陵李氏等一二條而已」幾句，陳廷敬說是「略加刪飾以進」，全祖望則說成「稍爲刪潤，而書成矣」，林慶彰師也說《大全》是「再略加增刪，且將汪氏書中的「愚按」改爲『汪氏曰』。」意見說法也是大同小異，實質上並無多大差別。縱觀諸家所說，都肯定而明白的指證《春秋集傳大全》抄襲來源，但諸家因未能詳細說明全書共引用幾家宋、元人經說？徵引幾條經說疏文？排列書中抄襲情形如何？又書內所增補的經說疏文究竟是僅「添盧陵李氏一二條而已」，抑或不止此數？又全書增刪潤飾的情形爲何？其所佔的比例又有多少？凡此皆有待吾人作更進一步的分析討論，以釐清全書抄襲的眞相，尋出更合理而確實的結論。

第三節　《春秋集傳大全》的實際取材來源

一、《春秋集傳大全》徵引經說疏文分析

根據上一節的敘述，我們可以得知明、清兩代學者的意見，幾乎都一致的認定《春秋集傳大全》實際上是全部鈔襲元朝儒者汪克寬的《春秋胡氏傳附錄纂疏》一書而成。諸家說法中又以清人顧炎武、朱彝尊、《四庫全書總目》等說法最具有代表性，也影響後世學者對《春秋集傳大全》的思想觀念最深。爲確實核檢顧氏諸人說法的可信度及其正確性，仍有需要進一步對《春秋集傳大全》全書所引用的宋、元人經說疏文作一更詳細而確實的統計與核對，以實際被徵引的統計數字來說明其實際鈔襲引用汪克寬《春秋胡氏傳附錄纂

〔註16〕見林慶彰撰：《明代經學研究論集》，頁 49～50，〈《五經大全》之修纂及其相關問題探究〉。

疏》的情形。以下將《春秋集傳大全》全書所引錄諸儒姓氏稱號及引用疏文次數列表如下：

引用姓氏稱號	原姓名	引用次數	引用姓氏稱號	原姓名	引用次數
左　氏	左　傳	1554	黎　氏	黎　錞	1
公羊氏	公羊傳	552	劉　氏	劉　本	2
穀梁氏	穀梁傳	729	任　氏	任公輔	19
董　子	董仲舒	10	鄭　氏	鄭　樵	3
劉　氏	劉　向	5	高　氏	高　閌	653
賈　氏	賈　逵	3	陳　氏	陳傅良	353
服　氏	服　虔	3	陵陽李氏	李　氏	0
鄭　氏	鄭　玄	16	呂　氏	呂本中	24
徐　氏	徐　邈	4	東萊呂氏	呂祖謙	15
江　氏	江　熙	0	王　氏	王　葆	178
何　氏	何　休	214	南軒張氏	張　栻	5
許　氏	許　慎	1	薛　氏	薛季宣	115
杜　氏	杜　預	731	張　氏	張　洽	571
范　氏	范　寧	179	林　氏	林堯叟	2
郭　氏	郭　象	0	勉齋黃氏	黃　榦	5
孔　氏	孔穎達	25	九峰蔡氏	蔡　沈	13
楊　氏	楊士勛	7	信齋楊氏	楊　復	1
徐　氏	徐　彥	8	項　氏	項安世	13
啖　氏	啖　助	156	永嘉呂氏	呂大圭	91
趙　氏	趙　匡	197	輔　氏	輔　廣	1
陸　氏	陸　淳	112	五峰胡氏	胡　宏	5
陳　氏	陳　岳	27	茅堂胡氏	胡　寧	196
李　氏	李　瑾	6	丹陽洪氏	洪興祖	1
何　氏	何濟川	2	象山陸氏	陸九淵	13
齊　氏	齊　氏	4	吳興沈氏	沈　棐	3
劉　氏	劉　炫	0	蜀杜氏	杜　諤	90
盧　氏	盧　仝	5	孫　氏	孫　炎	2
王　氏	王　氏	35	李　氏	李堯俞	5
安定胡氏	胡　瑗	8	宋　氏	宋　氏	8

引用姓氏稱號	原姓名	引用次數	引用姓氏稱號	原姓名	引用次數
孫　氏	孫　復	213	石　氏	石　氏	12
劉　氏	劉　敞	483	吳郡李氏	李　琪	0
高郵孫氏	孫　覺	70	家　氏	家鉉翁	352
程　子	程　頤	250	可堂吳氏	吳仲迂	5
張　子	張　載	0	新安羅氏	羅　願	3
邵　子	邵　雍	3	臨川吳氏	吳　澄	290
襄陵許氏	許　翰	157	鼎峰趙氏	趙良鈞	0
常山劉氏	劉　絢	22	新安俞氏	俞　皋	0
東坡蘇氏	蘇　軾	2	番易萬氏	萬孝恭	17
蘇　氏	蘇　轍	35	番易馬氏	馬端臨	1
胡　氏	胡安國	13	資中黃氏	黃　澤	7
尹　氏	尹　焞	1	雙峰饒氏	饒　魯	1
龜山楊氏	楊　時	7	建安葉氏	葉　采	0
朱　子	朱　熹	142	魯齋許氏	許　衡	1
沙隨程氏	程　迥	17	師　氏	師　氏	8
蜀孫氏	孫　抃	1	汪　氏	汪克寬	1496
吳郡朱氏	朱長文	1	廬陵李氏	李　廉	618

　　以上是《春秋集傳大全》的「引用先儒姓氏」表中所記載的九十二位古今先賢儒者。其中有一點需要加以說明，就是所登錄列名的九十二位儒者當中，有江熙、郭象、劉炫、張載、陵陽李氏、李琪、趙良鈞、俞皋、葉采等九人，在《春秋集傳大全》的全書當中，實際上並未徵引他們任何一條經說疏文，然而《春秋集傳大全》的編者卻也將他們列入「引用先儒姓氏」名單之中，這恐怕是《春秋集傳大全》的編者在纂輯時間緊迫，匆忙之下，來不及仔細檢查所造成的疏失。

　　經過筆者將《春秋集傳大全》書內所徵引的經說疏文逐一核對統計，卷首「引用先儒姓氏」表中列名的八十三人（扣除上面未徵引任何疏文的九位儒者），書上總共徵引一一二〇九條經說疏文。其中包括《春秋集傳大全》在「附錄」欄下所徵引的《左傳》傳文三五二條。在「引用先儒姓氏」表所徵引的諸家經說疏文當中，以汪克寬一四九六條、杜預七三一條、高閌六五三條、李廉六一八條、張洽五七一條、劉敞四八三條、陳傳良三五三條、家鉉

翁三五二條等幾家被引用較多。

　　《春秋集傳大全》書上徵引的先儒經說，除上面「引用先儒姓氏」表上所登載的九十二人之外，實際上還有書上徵引其經說疏文卻未被登錄的，包括有《史記》等五十四種經史典籍及漢孔安國等三十九位先儒，茲再將《春秋集傳大全》書上所引述的名稱及其引用次數列表詳記如下，以方便討論：

引用書籍名稱	引用次數	引用姓氏名稱	原姓名	引用次數
史　記	33	漢孔氏	孔安國	2
尚　書	25	毛　氏	毛　亨	1
詩　經	20	歐陽氏	歐陽容	2
周禮及注疏	44	鄭子美	鄭　玉	1
儀　禮	9	余　氏	余　氏	2
禮記及注疏	90	京　房	京　房	3
易　經	4	邢　氏	邢　昺	1
爾　雅	4	王安石	王安石	1
前漢書	37	范祖禹	范祖禹	1
後漢書	10	山陰陸氏	陸　佃	1
國　語	15	徐　廣	徐　廣	1
李氏集義	6	格庵趙氏	趙順孫	2
輿地志	2	木訥趙氏	趙鵬飛	2
晉　書	7	干　寶	干　寶	1
通　鑑	13	劉　攽	劉　攽	1
唐　書	11	劉　歆	劉　歆	5
說文解字	4	延平李氏	李　氏	1
春秋繁露	1	周　子	周敦頤	1
經典釋文	1	顏師古	顏師古	2
五代史	7	王申子	王申子	1
穆天子傳	1	徐　乾	徐　乾	1
春秋元命包	1	韋　昭	韋　昭	1
荀　子	6	柳宗元	柳宗元	1
孟　子	2	潛室陳氏	陳　埴	1
莊　子	4	司馬氏	司馬光	1

引用書籍名稱	引用次數	引用姓氏名稱	原姓名	引用次數
法言（含李注）	3	番易沈氏	沈貴寶	3
道德經	1	三山林氏	林之奇	1
呂氏春秋	1	蔣　氏	蔣　氏	1
淮南子	1	覺軒蔡氏	蔡　模	1
戰國策	1	匯澤陳氏	陳　澔	1
孔子家語	6	馮　氏	馮　氏	1
說苑新序	1	融堂錢氏	錢　時	1
三國志	8	陳用之	陳用之	1
宋　鑑	3	永嘉吳氏	吳　氏	1
舉要曆	1	陳祥道	陳祥道	1
文中子	3	趙　子	趙　匡	1
列女傳	1	江陰陸氏	陸　氏	1
楊氏辨要	2	鄭　嗣	鄭　嗣	1
白虎通	1	張　純	張　純	1
大戴禮記	1			
李衛公問對	2			
南　史	2			
括地志	1			
武陽記	1			
連叢子	1			
古今注	1			
孫　子	2			
唐順宗實錄	1			
論　語	2			
逸周書	1			
初學記	1			
李氏正義	1			
公羊穀梁傳	1			

　　上述所列有兩條經說疏文需稍作說明，就是《春秋集傳大全》引用《說苑新序》（卷35，頁29上）和《公羊穀梁傳》（卷6，頁7上）的疏文各一條，

這是將原本均為兩部書的《說苑》和《新序》合併為《說苑新序》及《公羊穀梁傳》，這兩條疏文皆是編者抄襲自汪克寬的《春秋胡氏傳附錄纂疏》書上，而未作刪改訂正者。又上面《春秋集傳大全》的「引用先儒姓氏」表所未登載的三十九位儒者，共被引用五十三條經說疏文。另外，書中也有不用人名而直接引用書籍名稱的有五十三種的四百零八條疏文，兩者合併計算總共徵引四六一條。

我們若將《春秋集傳大全》卷首「引用先儒姓氏」表所列名者徵引的一萬一千二百零九條經說疏文，及未列名引用表者被徵引的四百六十一條經說疏文，全部加在一起計算，則《春秋集傳大全》全書總共徵引了一萬一千六百七十條經說疏文，數量可說相當繁多。

《春秋集傳大全》書上除徵引先儒經說疏文外，又常在經文當注音讀的地方，標示出該字的反切、直音或聲調，以方便讀者識別閱讀。又《春秋經》的經文，雖然《左傳》、《公羊傳》、《穀梁傳》三傳書中皆有，但三傳所引經文文字並不盡相同，南宋胡安國（1074～1138）在撰寫《春秋傳》時，傳中所引的《春秋經》經文係參考三傳而訂定的。《春秋集傳大全》既尊胡《傳》，經文自然以胡《傳》為主，因此為方便讀者明白板本之間的字句異同，將三傳間的經文異同詳註於下，便於讀者參照，今皆一併統計其標注次數，列表如下：

標注方式	引用次數
反切字音	190
直音	114
聲調	11
板本異同	299

反切字音、直音、聲調及板本異同四類合計，總共引用六百一十四條，全部是引錄自元人汪克寬《春秋胡氏傳附錄纂疏》書上，由於反切字音、板本異同等項僅是《春秋集傳大全》全書的輔助，並非全書正文，無關經義，故本文不擬計入全書經說疏文總數之中。

二、實際取材來源及前人說法的檢討

（一）實際取材來源

元人汪克寬的《春秋胡氏傳附錄纂》三十卷，今據國家圖書館所藏的元

至正八年建安劉叔簡日新堂刊本觀之，書前有汪澤民〈序〉、虞集〈春秋胡氏傳附錄纂疏序〉及吳國英〈跋〉、「先儒格言」、〈春秋胡氏傳附錄纂疏凡例〉十條，〈凡例〉之後為汪克寬的〈自序〉、〈春秋胡氏傳附錄纂疏引用諸儒姓氏書目〉、〈春秋胡氏傳序〉（含〈論名諱箚子〉、〈進表〉）、〈胡氏春秋總論〉（含〈述綱領〉、〈明類例〉、〈謹始例〉、〈敘傳授〉）等。正文中，《春秋經》經文以大字頂格書寫，胡安國《春秋傳》低一格書寫，以作為區別。經、傳文字之下，皆以小字雙行夾註，註文輯錄諸家之說。汪氏自述撰作之目的在「詳註諸國紀年、謚號，而可究事實之悉備；列經文同異，而可求聖筆之真；益以諸家之說，而裨胡《傳》之闕遺；附以《辨疑》、《權衡》，而知三傳之得失；庶幾初學者得之不待遍考群書，而辭義粲然。」〔註17〕可知汪氏對胡《傳》溯流尋源，詳考精究，一一加以附註，以明其「援據之所自與音讀之所當」，〔註18〕旨在幫助學者閱讀該書，其書體例與《春秋集傳大全》最為相似，《大全》當是襲仿自該書。

前人屢言《春秋集傳大全》是全部鈔襲自汪克寬《春秋胡氏傳附錄纂疏》一書而來，今證以兩書體例相仿，可知兩者關係密切，前人之說並非毫無根據。為求進一步確定兩書之間的關聯，有必要將兩書拿來逐條核對，今即以國家圖書館所藏元刊本汪克寬《春秋胡氏傳附錄纂疏》和永樂內府刊本的《春秋集傳大全》互相比對，「一一互勘」，發現《春秋集傳大全》全書所徵引的一萬一千六百七十條經說疏文中，《大全》自行增補完整經說疏文的有一千五百一十四條，約佔全書總數的百分十三；而與汪氏《纂疏》相同的有一萬零一百五十六條，約佔全書總數的百分之八十七。假若單純的以上述數據而論，《春秋集傳大全》與汪氏《春秋胡氏傳附錄纂疏》兩者雷同率高達八成七，可知《春秋集傳大全》確實是以汪氏《春秋胡氏傳附錄纂疏》為底本進行修纂而成的。

若再進一步分析《春秋集傳大全》襲引自汪氏《春秋胡氏傳附錄纂疏》書上相同的八成七經說資料中，胡廣等人在修纂鈔錄時，也並非是一字不漏的照鈔汪氏的書，仍然進行不少的增刪移改工作，其中包括：刪改部分疏文

〔註17〕參見（元）汪克寬《春秋胡氏傳附錄纂疏》的〈自序〉（元至正八年建安劉叔簡日新堂刊本），頁3下～4上。
〔註18〕見（元）汪克寬《春秋胡氏傳附錄纂疏》（元至正八年建安劉叔簡日新堂刊本），（元）虞集〈春秋胡氏傳附錄纂疏序〉，頁2上。

文字者有二百一十四條，增補部分疏文文字者有六百二十五條，合併疏文文字者有一百一十四條，分散疏文者有二十七條，移改疏文位置者有十二條，五種加起來共計九百八十二條，約佔全書總數的百分之八點四一。爲求更清楚顯示《大全》所改動的情形，茲將上述核對情形，列表如下，並注明其所佔全書的百分比：

增補刪改情形	更動次數	百分比%
增補完整經說疏文	1514	12.97%
刪改部分疏文文字	214	1.83%
增補部分疏文文字	625	5.36%
合併疏文	114	0.98%
分散疏文	27	0.23%
移改疏文位置	12	0.10%

《春秋集傳大全》針對襲引自汪氏書上的九九二條經說資料所做的增補刪改工作，基本上可算是《大全》編者的個人意見及工作成果。我們若將上述九百九十二條經說疏文和《大全》纂修者自行增補的一百五百一十四條疏文合併計算，則兩者總數達二千五百零六條，約佔全書總數的百分之二十一點四七，表列如下：

全書抄補情形	引用次數	百分比%
全書總數	11670	100%
增補經說疏文	2506	21.47%
抄襲經說疏文	9164	78.53%

由此表資料顯示，《春秋集傳大全》書中的疏文資料，有百分之七十八點五三是完全鈔錄自元人汪克寬《春秋胡氏傳附錄纂疏》的書上，可知《春秋集傳大全》確實是以汪氏《纂疏》爲底本，另外再進行頗多的增刪移改工作，證實李默、顧炎武等人認爲《春秋集傳大全》書中的疏文資料襲自汪氏《纂疏》的說法，基本上是可信的，只是前人所認定的「全襲」、「皆抄錄前人成書，竄易其名」或「實則全襲《纂疏》成書，雖奉敕纂修，實未纂修也」之類全盤否定的情緒性批評語氣，既不符合全書的實際情況，也有礙學術思想的發展，實在都有重新修正之必要。

（二）前人說法的檢討

明、清兩代的學者大都認為《春秋集傳大全》是全部抄襲汪克寬的《春秋胡氏傳附錄纂疏》一書而編成的，胡廣等人事實上並無絲毫編纂之功，眾口一辭，交相指責，胡氏等人幾乎已成學術的千古罪人，為求徹底釐清問題眞相，唯有以兩書逐一比對，提出確實結論，方能實際解決問題。

根據上節以《春秋集傳大全》與汪克寬《春秋胡氏傳附錄纂疏》兩書逐條詳細核對後，從表列的結果可以很清楚看出兩者之間的關係。胡廣等人在纂輯《春秋集傳大全》時，確實是以汪氏《春秋胡氏傳附錄纂疏》為主要參考底本，這是不可否認的事實。但是《春秋集傳大全》雖是鈔襲汪氏《春秋胡氏傳附錄纂疏》成書，可是書中仍然進行為數不少的增補刪改的工作，前人說法顯然都有待修正。首先是明代李默說「抄錄前人成書，竄易其名」，似乎以為胡廣等人所做是公然剽竊前人成書，改變書名及作者，此種論調與事實有相當大的出入。清初顧炎武更是批評《春秋集傳大全》「全襲」汪克寬之書，僅是「改其中『愚按』二字為『汪氏曰』，及添廬陵李氏等一、二條而已。」這種說法與事實不符，且對《春秋集傳大全》的傷害極大。因為《春秋集傳大全》書中所增添的宋、元人經說有一千五百多條，其增添的有包括《史記》在內等五十四種書籍及孔安國等三十九位儒者，而非只有增添「廬陵李氏等一、二條」，以顧氏在學術上的領袖地位，及其治學凡事「必窮源溯本，討論其所以然」「有一疑義，反覆參考，必歸于至當」〔註19〕的態度，其論斷與事實相差如此之大，是頗令人感到驚訝。

至於吳任臣、朱彝尊、《四庫全書總目》的看法相同，也都是強調《春秋集傳大全》「全襲」、「專襲」汪氏之書。只是朱彝尊認為明初太祖頒布科舉定式時，《春秋》尚准參用宋張洽的《春秋集註》，而成祖所修《春秋集傳大全》全未見錄，其原因在於「纂修《大全》諸公，張氏《集注》并未寓目」之故，但據筆者比對資料顯示，可知《春秋集傳大全》在書中共徵引張洽的疏文有四六二條，其中有三十五條完整疏文是編者自行從張氏《春秋集注》書上增補的，另外有六條增補部分疏文文字的，也是直接從張氏書上引錄的，只要翻閱一下張氏原書即可清楚，朱氏輕率的指責胡廣等人連張洽《春秋集注》原書都未過目，實在是有點「因人廢書」，指責稍嫌過重了。

〔註19〕參見（清）顧炎武撰、黃汝成集釋的《日知錄集釋》（石家莊：花山文藝出版社，1991年8月）書前的潘耒序言。

徐乾學、陳廷敬、全祖望等的意見大都不出顧炎武、朱彝尊等人的說法，其偏差相同，不需另論。總要言之，諸家對於《春秋集傳大全》取材來源問題的看法，只有林慶彰師的說法是比較符合實際修纂情況，其餘諸家皆有待修正。

第四節　徵引前人經說之分析

胡廣等在編纂《春秋集傳大全》時，由於受限於修纂時間緊迫之故，取材於前代儒者的經學著作，以作為其纂修參考底本，乃勢屬必然之事，然衡諸宋、元儒者有關疏解胡安國《春秋傳》的經學著作，唯有元儒汪克寬《春秋胡氏傳附錄纂疏》一書較符合其編纂體例，遂取為纂修取材依據，修纂編輯過程當中，《春秋集傳大全》的編者仍舊進行頗多的增刪移改工作，主要約可分為增補疏文、合併疏文、刪除疏文、移改改疏文位置等幾種，以下茲依序敘述：

一、增補疏文

《春秋集傳大全》編纂者在襲引汪克寬《春秋胡氏傳附錄纂疏》時，若覺得汪克寬《纂疏》所引疏文文義有不足之處，或義理闡釋有未完備者，則自行從他書引錄增補疏文以補充解釋《春秋》經文，其增補方式有二種：增補完整疏文及增補部分文字兩類。

（一）增補完整疏文

所謂增補完整疏文，是指《春秋集傳大全》鈔錄汪克寬《春秋胡氏傳附錄纂疏》時，自行增補汪氏《纂疏》未收，而又能夠闡釋胡《傳》經義，以補汪書不足者，茲舉例如下：

（1）《春秋經》隱公元年：「多，十有二月，祭伯來。」胡安國《春秋胡氏傳》：「來朝于魯而直書曰來，不與其朝也。」傳文之下，汪克寬《春秋胡氏傳附錄纂疏》本有劉氏（敞）、汪氏（克寬）兩條疏文，《春秋集傳大全》編者在汪氏原引錄劉氏及汪氏兩條疏文外，又在後面增補張氏（洽）曰：「書祭伯來，所以見周室法度，至此蕩然，故特去其朝，以存內外之防也。」及東萊呂氏（祖謙）曰：「凡《春秋》書來，其義有三：內女書來，例也；中國書來，貶也；戎狄書來，略也。祭伯以畿內諸侯而書來，意者以私交而貶之

乎？祭伯爲周卿士，親見王綱頹廢，不能佐天子而一正之，乃下比外交於列國，宜聖人深貶之也。昔召伯亦嘗爲王卿士矣。黍苗之詩曰：『芃芃黍苗，陰雨膏之。悠悠南行，召伯勞之。』召伯一行，而四國被其澤，至與上天之膏雨分功，其盛乃如此。祭伯一出，而《春秋》賤之，使與介葛盧白狄比，抑何衰耶？召伯，伯也，祭伯亦伯也，班爵同而榮辱異，作經者豈有憎愛於其間哉？咸其自取之耳。」〔註20〕

（2）《春秋經》莊公十四年：「夏，單伯會伐宋。」經文之下，汪克寬《春秋胡氏傳附錄纂疏》並無徵引三傳任何文字，《春秋集傳大全》編者纂錄時自行增引《左傳》：「春，諸侯伐宋。齊請師于周。夏，單伯會之。取成于宋而還。」《公羊傳》：「其言會伐宋何？後會也。」《穀梁傳》：「會事之成也。」三條三傳文字來解釋經文文意。經文下，胡安國《春秋傳》：「隱公四年諸侯伐鄭，翬帥師會伐，則再舉宋、陳、蔡、衛四國之名，……言之不足，故再言之，而聖人之情見矣。」汪克寬《纂疏》原徵引孫氏（復）、高氏（閌）、張氏（洽）、劉氏（敞）、汪氏（克寬）五條疏解文字，《春秋集傳大全》編者徵引時，僅抄錄孫、高、張、劉四條疏文，而刪除孫氏之言，另外又再增引臨川吳氏（澄）曰：「伐宋之役，齊止用近宋之陳、曹，而不煩遠兵。然魯方從伯，故齊雖不徵於魯，而魯自遣單伯以兵往會也。」及盧陵李氏（廉）曰：「左氏以爲王臣，其辨已見逆王姬下，然內大夫會伐者八，獨翬會四國伐鄭，與單伯會伐宋，皆先列諸國之伐然後稱會，蓋後會之文也。」二條經說疏文。〔註21〕

（3）《春秋經》莊公二十二年：「癸丑，葬我小君文姜。」胡安國《春秋傳》：「文姜之行甚矣，而用小君之禮……文姜已歸爲國君母臣子致送終之禮，雖欲貶之，不可得矣。」傳文之下，汪克寬《春秋胡氏傳附錄纂疏》原有徵引陸氏（淳）、高氏（閌）、臨川吳氏（澄）三條疏解文字及三則標明胡氏《春秋傳》典故出處的汪氏按語，《春秋集傳大全》在過錄汪書上的疏解時，除汪氏三則按語刪除外，其餘陸淳、高閌、吳澄三條疏文全部照抄，編者又自行增引沙隨程氏（迴）曰：「婦人之諡從夫，文姜別作諡，以其得罪於先公其後或妾母僭稱夫人，或雖正嫡亦不能從夫諡者，著禮之變也。」〔註22〕

〔註20〕見《大全》卷1，頁24上；《纂疏》卷1，頁17下。
〔註21〕見《大全》卷8，頁34；《纂疏》卷8，頁23。
〔註22〕見《大全》卷9，頁20下～21上；《纂疏》卷9，頁5上～5下。

　　（4）《春秋經》宣公十七年：「冬，十有一月，壬午，公弟叔肸卒。」《胡氏傳》：「稱弟，得弟道也；稱字，賢也。」句下，汪克寬《春秋胡氏傳附錄纂疏》本來有兩條按語，《春秋集傳大全》編者將兩條按語合併在一起，改稱「汪氏曰」，又在其後增補何氏（休）曰：「宣公篡立，叔肸不仕其朝，不食其祿，終身於貧賤，故孔子曰：『篤信好學，守死善道，危邦不入，亂邦不居，天下有道則見，無道則隱，此之謂也。』禮，盛德之士不名。」的注解文字。〔註23〕

　　（5）《春秋經》成公十六年：「春，王正月，雨木冰。」胡安國《春秋傳》：「雨木冰者，雨而木冰也。」句下，汪克寬《春秋胡氏傳附錄纂疏》本來徵引有杜氏（預）、王氏兩條疏文，《春秋集傳大全》編者刪除杜預曰：「寒過節冰封著樹」的注解，而另外補入孔氏（穎達）曰：「正月今之仲冬，時猶有雨，未是盛寒，雨下即著樹爲冰，記寒甚之過其節度。」〔註24〕

　　（6）《春秋經》襄公十六年：「叔老會鄭伯晉荀偃衛甯殖宋人伐許。」經文下，汪氏《春秋胡氏傳附錄纂疏》原引有《左傳》、高氏（閌）、襄陵許氏（翰）、張氏（洽）、劉氏（敞）等五條疏文，《春秋集傳大全》除全部照抄外，另自行增補陳氏（傅良）曰：「鄭非主兵也，曷爲會鄭伯，春秋不以大夫主諸侯，則推而屬之鄭也。春秋之大義，夷夏之辨，君臣之分而已。是故陳非主盟也，不以夷狄主中國則書會陳；鄭非主兵也，不以大夫主諸侯則書會鄭。」及盧陵李氏（廉）曰：「士縠主垂隴，趙盾主新城，而書會宋；荀偃主伐許，而書會鄭，其事一也，陳氏、許氏得之，左氏非。」〔註25〕

（二）增補部分文字

　　《春秋集傳大全》在鈔錄汪克寬《春秋胡氏傳附錄纂疏》書上經說疏文時，編者若覺得汪氏所引諸家經說疏文文義有不足處，或所引文字並不完整，則會自行從原書增補部分疏文以足其義，今舉例如下：

　　（1）《春秋經》隱公年十年：「夏，翬帥師會齊人、鄭人伐宋。」胡安國《春秋傳》：「翬不氏，先期也，始而會宋以伐鄭……故去其公子，以戒兵柄下移，制之於未亂也。」汪克寬《春秋胡氏傳附錄纂疏》徵引家氏（鉉翁）、陳氏（傅良）、高氏（閌）、王氏等四條疏文，胡廣等修纂《春秋集傳大全》

〔註23〕見《大全》卷21，頁31上；《纂疏》卷18，頁24上。
〔註24〕見《大全》卷24，頁18下；《纂疏》卷20，頁28下。
〔註25〕見《大全》卷26，頁30下；《纂疏》卷22，頁11下。

時，除全襲汪書所引外，又在高氏曰：「齊侯、鄭伯貶稱人者，齊渝瓦屋之盟，鄭乃造兵之首，《春秋》深惡之。」之後，增補「公元年及宋盟宿，四年又遇于清，和好非一日矣。今一旦以兵加之，始爲宋謀鄭，既得鄭利，今爲鄭謀宋，又欲得宋利也。唯知貪利，不復顧義也。」一段文字。〔註26〕

（2）《春秋經》莊公九年：「夏，齊小白入于齊。」經文之下，汪克寬《春秋胡氏傳附錄纂疏》引有《左傳》、《公羊傳》、程子《傳》三條疏文，《春秋集傳大全》除鈔錄汪書上的疏文外，再增補《穀梁傳》傳文一條，及在程子《傳》文後面增補：「又曰：糾與小白皆公子非當立，而小白長則當立也。今糾爭立，故皆不言子。及殺之，然後言子糾，蓋謂既已立之矣，故須以未踰年君補之。以此校之，則管仲之去糾事小白皆非正，去就輕也。非如建成既爲太子而秦王奪之，魏徵去建成而事秦王，不義之大也。」一大段文字。〔註27〕

（3）《春秋經》僖公年二十一：「春，狄侵衛。」經文之下，汪克寬《春秋胡氏傳附錄纂疏》本引有杜氏（預）、臨川吳氏（澄）及汪氏按語三條疏文，胡廣等纂輯《春秋集傳大全》時，照鈔汪氏書上全部疏文，又增引張氏（洽）疏文一條，除此之外，又在臨川吳氏疏文之後增補：「伐衛盟邢，與中國之邢齊並序則稱人，此獨侵衛，則還其本號而止稱狄。」一段吳氏疏文文字。〔註28〕

（4）《春秋經》僖公二十四年：「冬，天王出居于鄭。」《胡氏傳》：「自周無出，特書曰出者，言其自取之也。」傳文之下，汪克寬《春秋胡氏傳附錄纂疏》原有汪氏、《禮記·曲禮》、杜氏（預）、范氏（寧）、張氏（洽）等五條疏文，《春秋集傳大全》編者刪除汪氏、杜氏、范氏三條疏文，另外增補臨川吳氏（澄）曰：「天王居于狄泉，不書出者，王雖去京師，而猶在畿內也。此則去畿內而越在諸侯之國，故書出。」〔註29〕

（5）《春秋經》定公十年：「齊人來歸鄆、讙、龜陰田。」胡安國《春秋傳》：「卻裔俘，拒兵車之命，而罷享禮之設于野，由是齊侯歸三邑以謝過，故揚子《法言》曰：『仲尼用於魯，齊人章章歸其侵疆。』」傳文之下，汪克寬《春秋胡氏傳附錄纂疏》徵引揚雄之言曰：「〈寡見篇〉云云，魯不用眞儒故也，如用眞儒，無敵於天下。」胡廣等修纂《春秋集傳大全》時，在汪氏

〔註26〕見《大全》卷3，頁23下；《纂疏》卷3，頁13下。
〔註27〕見《大全》卷8，頁9下；《纂疏》卷8，頁3上。
〔註28〕見《大全》卷14，頁21上；《纂疏》卷12，頁29上。
〔註29〕見《大全》卷14，頁37上；《纂疏》卷12，頁39下。

書上所引的「〈寡見篇〉云云」之後增補：「《楊子‧寡見篇》：仲尼用於魯，齊人章章歸其侵疆。」一段文字，又在它前面增加書名《楊子》二字。〔註30〕

二、合併疏文

《春秋集傳大全》纂修時，碰到汪克寬《春秋胡氏傳纂疏》書上解釋不同字句的語辭時，或原屬同一人之經說疏文而分隸兩處者，或不同的兩條經說疏文，編纂者有時會將其合併改成一條經說疏文，舉例如下：

（1）《春秋經》桓公五年：「秋，蔡人、衛人、陳人從王伐鄭。」胡安國《春秋傳》：「按左氏奪鄭伯政，鄭伯不朝，王以諸侯伐鄭，鄭伯禦之，戰于繻葛，王卒大敗。《春秋》書王必稱天者，所章則天命也，所用則天討也。王奪鄭伯政，而怒其不朝，以諸侯伐焉，非天討也，故不稱天。」傳文之下，汪克寬《纂疏》在傳文「非天討也」句之下，引錄有《通旨》曰：「天子討而不伐，桓王伐鄭，非天子事，故不言討。」又在「故不稱天」句下亦引《通旨》曰：「錫桓伐鄭賵葬成風，皆三綱所由滅也。故書王而已，此亦不王矣。不書則無自而見，故去天以示貶，其書王，則存名號耳。」及番易萬氏（孝恭）曰：「桓王伐鄭非天討，莊王錫桓公命，襄王賵葬成風，非天命，故皆不書天。」三條疏文。《春秋集傳大全》纂修者將兩條《通旨》的疏文合併，改稱「茅堂胡氏」。〔註31〕

（2）《春秋經》僖公三十一年：「猶三望」之下，《胡氏傳》：「望，祭也。有虞氏受終而望因於類，巡守而望因於柴。」之下，《春秋集傳大全》引錄有疏文：「《書‧舜典》：『肆類于上帝，望于山川。』《蔡氏傳》：『非常祀而告祭於天，其禮依郊祀爲之，故曰類。又云：『至於岱宗，柴望秩于山川。』《傳》：『柴，燔柴以告天也。』」一條，係合併汪克寬《春秋胡氏傳附錄纂疏》於《胡氏傳》「因於類」之下所引疏文：「《書‧舜典》：『肆類于上帝，望于山川。』蔡氏傳：『非常祀而告祭於天，其禮依郊祀爲之，故曰類。」及「望因於柴」下之疏文：「《書‧舜典》：『至於岱宗，柴望秩于山川。』《傳》：『柴，燔柴以告天也。』」二條疏文而成。〔註32〕

（3）《春秋經》文公八年：「宋人殺其大夫司馬，宋司城來奔。」之下，

〔註30〕 見《大全》卷35，頁12下～13上；《纂疏》卷28，頁3下。
〔註31〕 見《大全》卷5，頁5上；《纂疏》卷5，頁4下。
〔註32〕 見《大全》卷16，頁16上；《纂疏》卷13，頁35下。

胡安國《春秋傳》:「初,宋昭公將去群公子,樂豫以爲不可,遂舍司馬以讓公子卬,則卬固昭公之黨,欲專宋政,而昭公固欲以其弟卬自衛也。夫司馬掌兵之官,不選眾舉賢,以素有威望爲國人所畏服者,使居其任,乃欲寵其私昵,鮮有不亡者矣,公子卬蕩意諸皆以官舉者。」之下,汪氏《纂疏》原引有《通旨》曰:「列國大夫未有書官者,宋卿何以書?」及程氏曰:「宋王者之後,得自命官,故獨書爾。不備書者,省詞也。因公子卬蕩意諸不任二官之職,華孫以逆族而主兵權,所謂因事之變而書之,亦猶魯知郊禘云爾。」及陳氏三條疏文,《春秋集傳大全》編修者在纂輯引錄這兩條疏文時,將程氏之言併入《通旨》之末,改稱「茅堂胡氏」。〔註33〕

　　(4)《春秋經》昭公元年:「叔弓帥師疆鄆田」經文之下,汪克寬《纂疏》分註附錄有《左傳》、《公羊傳》、《穀梁傳》、杜氏、高氏、劉氏、王氏、汪氏、劉氏等九條疏文,《春秋集傳大全》全部襲引,唯其中劉氏曰:「《左氏》云:『君子曰:莒展之不立,棄人也夫!』若是末哉君子之言也。夫展輿弒君而不譏,棄人而譏之,是謂棄人重於弒父也。藉使展輿但勿棄人,以濟其不義之身,則固以爲賢矣,不亦害天下之教乎!《公羊》云:「畏莒也。」非也。鄆本屬莒,故魯取其邑,未得其地,故因莒亂,率師而往,分明疆土,此乃欺之,非畏之也。且魯強莒小,魯安莒亂,何爲乃畏莒哉?」一條疏文,其前半部份的「左氏云……不亦害天下之教乎!」一段文字,汪氏《纂疏》書上原引錄在上一句經文「莒展輿出奔吳」之下,《春秋集傳大全》編者將它移到後面來合併在一起。〔註34〕

　　(5)《春秋經》哀公十三年:「公會晉侯及吳子于黃池。」胡安國《春秋傳》:「唐高祖稱臣於突厥,倚以爲助,劉文靖之策失矣。」傳文之下,汪克寬《春秋胡氏傳附錄纂疏》在其下引有《舉要曆》、《唐書》、范氏(祖禹)三條疏文,胡廣等修纂《春秋集傳大全》時,全襲引汪書上的疏文,卻將「范氏曰」一條疏文併入《唐書》條疏文之末,改題爲《唐書‧突厥傳》:「太宗曰:『太上皇以百姓故,奉突厥,詭而臣之,朕常痛心。』范氏祖禹曰:『唐世夷狄之害,其原起於太宗脅父臣虜,豈有脅父臣虜以得天下而可爲者乎?』〔註35〕

〔註33〕見《大全》卷17,頁47下～48上;《纂疏》卷14,頁41上。
〔註34〕見《大全》卷29,頁11上;《纂疏》卷24,頁6上。
〔註35〕見《大全》卷37,頁19上;《纂疏》卷30,頁15上。

三、移改疏文位置

　　汪克寬在《春秋胡傳纂疏》書上所引用的經說疏文，《春秋集傳大全》的編者若發覺汪氏書上所引錄的文句，和所解釋的《春秋經》經文意思不相符，或所解經義比較合乎他處的經文，則編者會在編纂時，將其經說疏文移至所當釋之經傳文句之下，茲舉例如下：

　　（1）《春秋經》隱公元年：「春王正月」下，《胡氏傳》：「或曰非天子不議禮，仲尼有聖德無其位，而改正朔可乎？曰：有是言也。不曰春秋天子之事乎，以夏時冠月，垂法後世，以周正紀事。」之下，汪克寬《春秋胡氏傳附錄纂疏》原引有朱子語：「春秋紀春無冰爲異，則固以周正紀事。」一條疏文，《大全》編者將他刪除，另行增補朱子、廬陵李氏（廉）、可堂吳氏（仲迂）及汪克寬之言。其中可堂吳氏曰：「夏承唐虞，皆以寅月爲歲首，而謂之正月，始春終冬，四時具爲一年。商革夏命，以丑月爲歲首，仍謂之十二月而未嘗改月。周革殷命，以子月爲歲首，不特改月而又改時以齊其年。〈泰誓〉云：『惟十有三年春，大會孟津。』〈武成〉云：『惟一月壬辰旁死魄，戊午師逾孟津。』春即一月，一月即子月也。《春秋》所書之春，即夏之仲冬，正月即夏之十一月也。」一段及汪氏整段按語係自《纂疏》：「隱公以明大法，父子君臣之倫正矣。」句下移來。其中可堂吳氏曰：「夏承唐虞」此段文字之前刪除二十字，之後刪除一百六十七字；汪氏之言刪除「朱子嘗云周禮有正月……豈可引彼以喻此乎！」一大段二百七十字。〔註36〕

　　（2）《春秋經》桓公十四年：「夏五」經文之下，胡安國《春秋傳》：「其事則因舊史有可損而不能益也。」句下，汪克寬《春秋胡氏傳附錄纂疏》並未引用疏文，而《春秋集傳大全》卻引有東坡蘇氏（軾）曰：「宋咸以私意改《周易》五經數十去處，多見其不知量也。」係自前面胡安國《春秋傳》：「而世或以私意改易古書者有矣」傳文句下移改而來。〔註37〕

　　（3）《春秋經》僖公二十六年：「齊人侵我西鄙，公追齊師至巂，弗及。」經文之下，胡安國《春秋傳》：「書人書侵書師，罪齊也。書追書至巂弗及，罪魯也。」句下，《春秋集傳大全》引有蜀杜氏（諤）、臨川吳氏（澄）、趙氏（匡）等三條疏文，其中蜀杜氏曰：「下文言齊師，則知稱人爲貶矣。」一段文字，汪克寬《春秋胡氏傳附錄纂疏》原引在傳文「書人書侵書師，罪齊也。」

〔註36〕見《大全》卷1，頁9；《纂疏》卷1，頁7下～8下。
〔註37〕見《大全》卷6，頁15上；《纂疏》卷6，頁12下。

之下，《春秋集傳大全》將其移改到下句之後。〔註38〕

（4）《春秋經》成公三年：「鄭伐許」經文下，胡安國《春秋傳》：「稱國以伐，狄之也。」句下，《春秋集傳大全》徵引有汪氏（克寬）曰：「據夷狄但舉號。」及何氏（休）曰：「惡鄭襄公與楚同心，數侵伐諸夏，自此之後，兵革數起，夷狄比周爲黨，故夷狄之。」疏文兩條，其中何休之言是自下面傳文「晉雖加兵，終莫之聽也。」句下移來。〔註39〕

（5）《春秋經》成公十六年：「公至自會。」經文之下，汪克寬《春秋胡氏傳附錄纂疏》在其下僅引石氏（介）一條疏文，《春秋集傳大全》在經文後則引有《公羊傳》、石氏（介）及劉氏（敞）等三條疏文，其中《公羊傳》一條係編者增補，石氏係直接襲引，而劉氏一條疏文則是自汪氏《纂疏》上一段傳文：「凡此類，雖不沒其實……所以守身應物如此，其垂訓之義大矣。」之下移改而來。〔註40〕

四、刪除疏文

《春秋集傳大全》編修者基於其纂輯中心思想與編纂目的之關係，若發覺汪克寬《春秋胡氏傳附錄纂疏》書上所引錄的文句，和其編纂原則相違背時，往往將汪書所徵引的疏解文字加以刪除。這種刪除疏文的方式，可分爲刪除整條完整疏文和刪除部分文字兩類，以下即依序舉例敘述如下：

（一）刪除完整疏文

《春秋集傳大全》的編者徵引汪克寬《春秋胡氏傳附錄纂疏》時，假若覺得汪克寬《纂疏》所徵引的前人經說，與胡安國《春秋傳》旨意有所乖違，即會將其全條經說疏文予以刪除，不予襲引，茲舉例如下：

（1）《春秋經》隱公七年：「滕侯卒。」經文下，汪克寬《纂疏》本來徵引有程子傳、杜氏（預）、張氏（洽）及汪氏按語四條疏文，《春秋集傳大全》在抄錄《纂疏》疏解文字時，將其中杜氏曰：「滕國在沛國公丘縣東南。」張氏曰：「今徐州滕縣。」及汪氏按語：「今益都路滕州。」等三條註解「滕國」所在地的疏解文字予以刪除，僅僅保留程子傳：「不名，史闕文也。」一條。

〔註38〕見《大全》卷15，頁5下；《纂疏》卷12，頁45上。
〔註39〕見《大全》卷22，頁27上；《纂疏》卷19，頁20下。
〔註40〕見《大全》卷24，頁24下；《纂疏》卷20，頁32下。

另外自行增引《左傳》、《公羊傳》、《穀梁傳》三傳傳文的解釋文字。〔註41〕

　　（2）《春秋經》桓公五年：「大雩。」胡安國《春秋傳》：「明乎《春秋》所書郊禘大雩之義，則知聖人治國如指諸掌之說矣。」傳文之下，汪克寬《纂疏》原徵引有朱子、劉氏（敞）兩條、汪氏（克寬）按語兩條、臨川吳氏（澄）、陵陽李氏等七條疏文。《春秋集傳大全》在編錄時，鈔錄朱子、劉氏（一條）、汪氏（兩條）四條疏文，另外再增引廬陵李氏（廉）一條疏文。刪除劉氏曰：「說者皆謂成王賜魯天子禮樂非也。魯惠公使宰讓請郊廟之禮於天子，天子使史角往，其後在魯實始為墨翟之學。」臨川吳氏曰：「劉氏此說蓋欲為成王解脫過舉之非，實則不然，當從程子之說所引惠公使宰讓事。今載《外紀》，其言厖誕無稽，倘使天子之禮諸侯可以請，則春秋時強僭之國挾勢援例請之者多矣，何魯惠能請而他國不敢請乎？」及陵陽李氏曰：「《外紀》所據乃姓氏雜書，其書又在戴《記》之後，不足為證。」等三條全部疏文。〔註42〕

　　（3）《春秋經》僖公二十八年：「三月，丙午，晉侯入曹，執曹伯畀宋人。」胡安國《春秋傳》雖一戰勝楚，遂主夏盟，舉動不中於禮亦多矣。徒亂人上下之分，無君臣之禮，其功雖多，道不足尚也。故曰：五伯，三王之罪人，仲尼之徒無道桓文之事者。」汪克寬《春秋胡氏傳附錄纂疏》在「無君臣之禮」下原徵引《國語‧周語》：「晉侯請殺衛成公，王曰：不可。政自上下者也，君臣皆獄，父子將獄，是無上下也。」《春秋集傳大全》將其予以刪除。又「仲尼之徒無道桓文之事者」之下，汪氏《纂疏》本來引有邵子、王氏《箋義》高郵孫氏（覺）、高氏（閌）、陸氏（淳）、汪氏按語等六條疏文，《大全》在鈔錄時，將邵子曰：「春秋之間，有功者未有大於五伯，有罪者未有大於五伯，故五伯者，功之首、罪之魁也。」高氏曰：「不言與宋人嫌與宋人并見執。」陸氏曰：「不稱晉人執者，承上晉侯入曹，不可重言晉人。」三條疏文全部予以刪除。〔註43〕

　　（4）《春秋經》襄公二十九年：「仲孫羯會晉荀盈、齊高止、宋華定、衛世叔儀、鄭公孫段、曹人、莒人、滕人、薛人、小邾人城杞。」胡安國《春秋傳》：「平王惟不撫其民，而遠屯戍于母家，周人怨思焉。〈楊之水〉所以降為國風，不得列于雅也。」傳文之後，汪克寬《春秋胡氏傳附錄纂疏》本來徵引有朱子曰：「平王不能行其威令於天下，無以保其母家，乃勞天子之民遠

────────────

〔註41〕見《大全》卷3，頁2上；《纂疏》卷2，頁26下。
〔註42〕見《大全》卷5，頁8下～9上；《纂疏》卷5，頁8上～8下。
〔註43〕見《大全》卷15，頁16下；《纂疏》卷13，頁6下。

爲諸侯戍守，故周人之戍申者，以非其職而怨思焉，則其衰懦微弱得罪於民可見矣。嗚呼！《詩》亡而後《春秋》作，其不以此也哉！」一條疏文，《春秋集傳大全》編者將「朱子曰」整條疏文全部予以刪除。〔註44〕

（5）《春秋經》襄公元年：「春，王正月，公即位。」經文之下，汪克寬《春秋胡氏傳附錄纂疏》引有《穀梁傳》：「繼正即位，正也。」及胡寧《通旨》：「內無所承，上不請命，則不書即位。在春秋時，諸侯皆不請王命矣。然承國於先君者，則得書即位以別於內復無所承者，文、成、襄、昭、哀五公是也。」《春秋集傳大全》鈔錄時，僅鈔《穀梁傳》文，而將胡氏《通旨》的疏文全部刪除不引。〔註45〕

（6）《春秋經》定公十年：「夏，公會齊侯于夾谷，公至自夾谷。」胡安國《春秋傳》：「夾谷之會，孔子相，……二三子獨率我入夷狄之俗，使寡人獲罪於魯侯，如之何？』晏子曰：『小人之謝過也以文，君子之謝過也以質，君已知過，則謝之以質爾。』於是歸鄆讙龜陰之田。」傳文之下，汪克寬《春秋胡氏傳附錄纂疏》引有何氏（休）曰：「齊侯歸謂晏子曰：『寡人獲過於魯侯，如之何？』晏子曰：『君子謝過以質，小人謝過以文，齊嘗侵魯四邑，請皆還之。』」《春秋集傳大全》修纂者將它全條疏文刪除，不予鈔錄。〔註46〕

（二）刪除部分疏文文字

所謂刪除部分疏文文字，是指《春秋集傳大全》編者在修纂引錄汪克寬《春秋胡氏傳附錄纂疏》時，將自汪氏書上所襲引的經說疏文，刪除其中部分編者所認爲不符合修纂思想宗旨的文字，茲舉例如下：

（1）《春秋經》隱公三年：「冬，十有二月，齊侯、鄭伯盟于石門。」經文之下，汪克寬《春秋胡氏傳附錄纂疏》引有《左傳》、程子《傳》、張氏（洽）及汪氏按語四條疏文，《春秋集傳大全》在鈔錄汪氏《纂疏》文字時，將汪氏按語：「濟南，今濟南路臨淄縣，今屬益都路。」全條疏文刪除，又將張氏曰：「齊國，今青州臨淄路。石門，齊地，在濟南府臨邑縣。」一條疏文，刪除其前面「齊國，今青州臨淄縣」和後面「在濟南府臨邑縣」二句解釋古今地理位置的辭句。〔註47〕

〔註44〕見《大全》卷28，頁16上；《纂疏》卷23，頁10上。
〔註45〕見《大全》卷25，頁2上；《纂疏》卷21，頁1上。
〔註46〕見《大全》卷35，頁11下；《纂疏》卷28，頁2上。
〔註47〕見《大全》卷2，頁12上；《纂疏》卷1，頁38下。

（2）《春秋經》隱公八年：「春，宋公、衛侯遇于垂。」經文之下，汪克寬《春秋胡氏傳附錄纂疏》原本徵引《左傳》、程子《傳》、杜氏（預）、汪氏按語、張氏（洽）、高氏（閌）、陳氏（傅良）等七條疏文，胡廣等在修纂《春秋集傳大全》時，除在汪氏《纂疏》所引七家疏文外，再增補《穀梁傳》、廬陵李氏（廉）兩條疏文。除此之外，又將所引程子《傳》前半段文句：「齊侯將平宋、衛於鄭，宋公以幣請於衛，請先相見，故遇于垂。」予以刪除；杜氏刪「濟陰句陽縣東北有垂亭。」一句；高氏則刪除開頭「是齊將平宋、衛於鄭」一句，然後再增補「殤公嘗從州吁之請，伐鄭以圖馮矣。州吁誅，宣公立，馮不可不終圖，而未知宣公之從否？」一段文句於前面。〔註48〕

（3）《春秋經》僖公五年：「晉侯殺其世子申生。」胡安國《春秋傳》：「申生進不能自明，退不能違難，愛父以姑息而陷之不義，讒人得志，幾至亡國，先儒以爲大仁之賊也。」傳文之下，汪克寬《春秋胡氏傳附錄纂疏》在其後引有陸氏（淳）、張子兩條疏文，《春秋集傳大全》鈔錄汪書時，將張子曰：「無無所勞而待烹，申生其恭也。」整條經說疏文予以刪除，而陸氏曰：「申生進不能自明，退不能違難，有愛父之心，而乃陷之於不義，使讒人得志，國以大亂，所謂小仁，大仁之賊也。」這條疏文，則僅鈔錄其「小仁，大仁之賊也。」一句，其餘三十五字則全部加以刪除。〔註49〕

（4）《春秋經》襄公三十年：「冬，十月，葬蔡景公。」經文之下，汪克寬《纂疏》引有劉氏（敞）曰：「《穀梁》云：『不日卒而月葬，不葬者也。卒而葬之，不忍使父失民於子也。』非也。凡不書葬者，豈失民之謂乎？」及汪氏按語：「《公羊》：『賊未討，何以書葬，君子辭也。』說者以爲弒父恥重爲中國諱，夫既明書世子弒君，又曰諱之可乎。」兩條疏文，而未徵引三傳文字。《春秋集傳大全》鈔錄汪書時，以劉氏、汪氏疏文中皆徵引有《穀梁傳》、《公羊傳》原文，遂將兩傳傳文移出另立二傳疏文條目。其後再鈔錄劉氏及汪氏之文時，即將劉氏曰：「凡不書葬者，豈失民之謂乎？」之前所引《穀梁傳》文字刪除，又因其後面僅剩「非也」二字，不成辭句，乃改移至「豈失民之謂乎」句之後，並在前面增加「穀梁之說」四字，以足成其文意。而汪克寬按語：「《公羊》云」後面則刪除「賊未討，何以書葬」二句傳文。〔註50〕

〔註48〕見《大全》卷3，頁9上；《纂疏》卷3，頁1上。
〔註49〕見《大全》卷12，頁33上；《纂疏》卷11，頁26上。
〔註50〕見《大全》卷28，頁27下；《纂疏》卷23，頁18下。

（5）《春秋經》昭公十八年：「冬，許遷于白羽。」經文之下，汪克寬《纂疏》徵引有《左傳》、張氏（洽）、杜氏（預）、《通旨》、高氏（閌）及汪氏按語等六條疏文，《春秋集傳大全》修纂者在迻錄汪氏《纂疏》書上的疏文時，刪除高氏疏文，僅鈔襲五條疏文。但是，在所鈔錄的五條疏文中，張氏疏文：「白羽一名析，楚邑。今鄧州內鄉縣。」《大全》刪除其末句：「今鄧州內鄉縣。」而汪氏按語：「昭九年，許遷于夷。十三年，楚平立。復封陳、蔡而許亦遷葉，故今自葉而遷爾。鄧州，今屬汴梁路。」《大全》則刪除其前半段：「昭九年，許遷于夷。十三年，楚平立。」及末句：「鄧州，今屬汴梁路。」然後又將本是高氏之言：「許至是三遷矣。」一句疏文合併在汪氏疏文之下。〔註51〕

（6）《春秋經》定公七年：「齊人執衛行人北宮結以侵衛。」汪克寬《春秋胡氏傳附錄纂疏》引有《左傳》、杜氏（預）、劉氏（敞）、汪氏按語、劉氏等五條疏文，胡廣等纂修《春秋集傳大全》時襲錄汪氏之書，將其所引《左傳》一條全部刪除，而劉氏（第五條）之言則刪除其前半：「《穀梁》云：『以，重辭也。衛人重北宮結。』非也。」一段疏文文句。〔註52〕

第五節　結　語

經過前面幾節對於全書的名義、撰述體例、取材來源問題、與全書徵引經說疏文情況的分析等問題進行分析討論，可以歸納出下列數點結論：

其一，就其書名及體例而言：《春秋集傳大全》是該書的正名，前人屢屢以《春秋大全》來稱呼它，實際上並不正確；勉強而言，僅能算是該書的簡稱，既不恰當，亦不符合實際全書的內容狀況。《春秋集傳大全》書名中之「春秋」二字是指《春秋經》。又書中的經文注解雖然是以胡安國的《春秋傳》為主，但編者仍在經文之下，匯錄《左傳》、《公羊傳》、《穀梁傳》三傳的全部相關傳文，而程子、朱子及諸家註解三傳的經說文字，舉凡所疏釋有發明經意者皆附在三傳的後面，因而稱為「集傳」；而在胡安國《春秋傳》傳文之下，則集錄諸儒之說有「與胡《傳》合而有相補益者」，因其意在集合諸儒經說之大成，故稱為「大全」。書名中的「春秋」、「集傳」、「大全」三項各有所指，以之作為書名，恰可

〔註51〕見《大全》卷31，頁16下～17上；《纂疏》卷25，頁23下～24上。

〔註52〕見《大全》卷34，頁30上；《纂疏》卷27，頁21下。

涵蓋書上的全部內容，實不可任意予以刪減或省略。

其二，就取材來源問題而言：前人在批評《春秋集傳大全》編纂時取材資料的來源問題上，稍有自己看法，而非純然抄襲前人意見以作爲己見者，就筆者知見所及，大約有十家。此十家之中，以明代李默最早提出，而對後世影響最大則屬清代的顧炎武、朱彝尊、《四庫全書總目》等。諸家說法幾乎都一致認爲《春秋集傳大全》「全襲」、「專襲」、「抄錄」元人汪克寬的《春秋胡氏傳附錄纂疏》而成。

其三，就全書引用資料言：《春秋集傳大全》書中所徵引的先儒，除卷首「引用先儒姓氏」表所登錄的九十二位儒者外，還有三十九位儒者及五十四種典籍未載入表中。而全書所徵引的經說疏文資料，合計總共徵引了一一六七〇條，其中《春秋集傳大全》編者自行增補的完整經說疏文有一五一四條，約佔全書總數的百分十三；若全然不論其增刪移改情形，則《春秋集傳大全》與汪氏《春秋胡氏傳附錄纂疏》書上相同的疏文資料總共有一〇一五六條，約佔全書總數的百分之八十七。兩書所徵引的經說疏文資料，其雷同率高達八成七，可證實胡廣等人編纂《春秋集傳大全》時確實是以汪氏《春秋胡氏傳附錄纂疏》作爲其參考的底本，前人所指陳抄襲汪書的說法，雖與事實眞相有許多出入，大致上仍然是可信的。

其四，就《大全》與《纂疏》資料襲引情形而言：胡廣等人奉詔纂修《春秋集傳大全》，後因被成祖所逼，急於成編，在時間緊迫下，不得已遂採元人成書作爲修纂底本依據，但胡廣等人在襲引汪克寬《春秋胡氏傳附錄纂疏》書上資料時，也並非全然照抄，仍然儘量竭其所能去進行增刪移改的工作。綜合《春秋集傳大全》書上對汪氏書所作的刪改情形有：增補經說疏文、刪除經說疏文、移改經除說疏文位置、合併經說疏文、分散經說疏文五種。《春秋集傳大全》編者在與汪氏《纂疏》書上相同的一〇一五六經說疏文當中，進行增刪移改工作，總計有：刪改部分疏文文字者有二一四條，增補部分疏文文字者有六二五條，合併疏文文字者有一一四條，分散疏文者有二十七條，移改疏文位置者有十二條，五種合計有九九二條，約佔全書總數的百分之八點五。若將此五種九九二條疏文併入編者的編纂工作中，與編者增補的完整疏文一五一四條資料合併計算，則增刪移改的經說疏文有二五〇六條，約佔全書百分之二十一點四七，全然抄襲的經說疏文則有九一六四條，約佔全書的百分之七十八點五三。由此可知《春秋集傳大全》編者在引錄之餘，仍然有

做許多的編纂工作，絕不是像顧炎武、《四庫全書總目》等人所說「全襲全襲《纂疏》成書，雖奉敕纂修，實未纂修也。」，而無絲毫纂修之勞，顧氏等人的說法有待修正，以免後人繼續盲目的襲引。

第九章 《五經大全》之評價問題及其對後世學術之影響

　　《五經大全》和《四書大全》在明成祖永樂十三年（1415）九月己酉纂修完成，成祖除親製序文冠諸卷首，讚賞該書可以「使天下之人，獲睹經書之全，探見聖賢之蘊」，也可以達到「家不異政，國不殊俗」的境地，隨即下令禮部刊刻，並在永樂十五年（1417）三月刊刻竣工，立即頒發給「六部併與兩京國子監及天下郡縣學」，以作為天下學士子弟必讀的參考用書，並列為科舉考試的標準本。《五經大全》既被定為科考用書，科場之文，為天下風俗所繫，「所重者天下莫不以為法，所棄者天下莫不以為戒」，影響明代經學發展相當的深遠。明代學者鑑於該書係成祖所頒降，稱譽讚賞者雖多，抨擊批評者亦復不少，評價相當分歧，本章擬就《五經大全》的價值與影響，及明、清以來學者對其批評，稍作說明，以試圖還其在中國學術史上應有的貢獻與地位。

第一節　前人對《五經大全》之批評

　　明成祖頒降作為天下士子應舉考試標準範本的《五經大全》，其所宗奉的各經注解皆為程頤、朱熹之學，而經說疏文中所採錄的宋、元儒者也都是程、朱門人及其後傳弟子之說，可說《五經大全》純是宋儒程、朱一派之學。宋儒崇尚懷疑精神，善於疑經改經，又喜好發議論，闡述經書義理，然明人承襲其學，以制義取士，形成明代經學與漢、唐、宋及其後的清代比較起來，顯得空疏淺薄，衰微不振，因此後世學者在探討明代經學為何會不如前後各

代的原因時，往往歸因於《五經大全》的修纂抄襲輕率，又將經學與利祿相結合，科舉考試採取八股取士制度，使得士子困於八股之中不克自拔，束書不觀，導致明代經學逐漸衰微。下文擬就《五經大全》與明代經學的衰微，及八股取士制度和經學的關係來分別作進一步的探討與說明。

一、就其與經學衰微關係而言

後世學者對《五經大全》在明代所產生的影響，自明代中期之後，不滿批評之聲已時有所聞，學者指責當時士子不讀漢、唐注疏，祝允明在（1460～1526）所撰〈貢舉私議〉一文中就說：

> 本朝惠製《大全書》俾學者遵守，亦未嘗禁使勿觀古註疏諸家也。今習之既久，至或有不知人間有所謂註疏者，愚恐愈久而古習傳經家之旨蓋至泯滅，故以為宜令學者兼習註疏，而宋儒之後為說附和者不必專主為便。〔註1〕

嘉靖（1522～1566）年間應大猷在為葉良佩所撰《周易義叢》撰寫敘言時也說：

> 程正公《易傳》、朱文公《本義》，類多采輯以為全書。逮國朝永樂間，復命儒臣輯釋義為《大全書》，由是古注疏皆廢不行，學者不無遺憾焉。〔註2〕

祝、應二氏對《五經大全》未採漢、唐古注疏之說，導致學者為應付科舉考試，避難就易，遂不讀古注疏，語氣尚稱和緩，未有過激之詞。錢謙益（1582～1664）在崇禎十二年（1639）為毛晉（1599～1659）的《新刻十三經注疏》撰寫序言時，也說：

> 我太祖高皇帝設科取士，專用程、朱；成祖文皇帝詔諸儒作《五經大全》，于是程、朱之學益大明。然而再變之後，漢、唐章句之學，或幾乎滅熄矣。〔註3〕

明末清初費密（1623～1699）的《弘道書》也有相同的看法，他說：

> 永樂得位，專用朱熹之說，始不遵祖訓，仍宋舊本，作《四書、五經大全》，命科舉以為程式，古注疏亦未嘗有詔禁止，生徒恐畏趨時，

〔註1〕 見《明文海》，卷75，頁16上。
〔註2〕 見（明）葉良佩撰：《周易義叢・敘》，頁2下。
〔註3〕 見（清）錢謙益撰：《牧齋初學集》，卷28，頁850，〈新刻十三經注疏序〉。

專習宋傳，性理浮說盛行，遞相祖受，古義盡廢，七十子所遺，漢、
唐相傳共守之實學殆絕，講議益固。〔註4〕

孫星衍（1753～1818）撰寫〈詁經精舍題名碑記〉時，也說：

有元皇慶時，猶詔令《易》、《書》、《詩》、《禮》、三《傳》，用宋注
之外，兼用古注疏。至明永樂時，胡廣等《四書、五經大全》出，
而經學遂微。自後掇科之士，率皆勦說雷同，習爲應舉之業，漢、
唐傳注從是束之高閣。〔註5〕

錢謙益、費密、孫星衍三人的說法，都認爲漢、唐相傳共守的章句之學，會
幾乎熄滅殆盡，完全是起因於《五經大全》、《四書大全》的經疏專門採用宋
儒程、朱之說，士子爲求能考取科舉進士，「恐畏趨時」，專學宋傳，因而使
漢、唐古義淪亡。近代學者劉師培的《國學發微》、馬宗霍的《中國經學史》
也持相同的意見，〔註6〕這種看法究竟正確與否，歷來可說沒有人願意去深入
討論，幾乎是撰寫到明代經學問題時，千篇一律的以抄襲顧炎武或《四庫全
書總目》的說法作爲其對此事的定論。近來林慶彰師始對前人此說提出懷疑，
並試圖提出其看法來解決此問題。林師在〈《五經大全》之修纂及其相關問題
探究〉文章中說：

《五經大全》是以元人的經說爲底本，元人的經說則是對宋人經說
的疏釋；宋人經說採擷的漢、唐古義也不少。蔡沈《書集傳》有很
多的注釋，都是轉錄自《僞孔傳》，如〈堯典〉的「稽，考也」，……
蔡沈的《書集傳》，是元人陳櫟《尚書集傳纂疏》的底本；陳氏的《纂

〔註4〕 見（清）費密撰：《弘道書》，頁20，〈道脈譜論〉。

〔註5〕 見（清）孫星衍撰：《孫淵如先生全集》，收入《平津館文稿》，卷下，頁330。

〔註6〕 劉師培說：「夫明人經學之弊，在于輯《五經、四書大全》頒爲功令，所奉者
宋儒一家之學，故古誼淪亡。」見氏撰：《國學發微》（臺北：廣文書局，1986
年1月），頁49。馬宗霍也說：「逮永樂十二年，敕胡廣、楊榮、金幼孜等，
修《五經、四書大全》，乃就前儒成編，雜爲鈔錄，而去其姓名。《周易大全》
則取材于董楷之《周易傳義附錄》、董眞卿之《周易會通》、胡一桂之《周易
本義附錄纂疏》、胡炳文之《周易本義通釋》。《書傳大全》則大旨本于陳櫟之
《尚書集傳纂疏》、陳師凱之《書蔡傳旁通》。《詩經大全》則全襲劉瑾之《詩
傳通釋》，而微變其例。《春秋大全》則全襲汪克寬之《胡傳纂疏》，而稍去其
冗。《禮記大全》則以陳澔爲宗，採掇諸儒之說凡四十二家以足之。《四書大
全》則剿劉倪士毅之《四書輯釋》，特小有增刪。自是而後，經義試士，奉此
爲則，不惟古注疏盡廢，即宋儒之書，學者亦不必寓目矣。」（臺北：臺灣商
務印書館，1979年9月），頁132～133。

疏》，又是《書傳大全》的底本。則《書傳大全》中存有不少漢、唐
時的古義，自是不爭的事實。〔註7〕

林師文中指陳《書傳大全》以陳櫟《尚書集傳纂疏》爲底本的說法，根據前面
第五章的研究，其說需稍加修正。林師文章中另外也舉《詩傳大全》抄襲元人
劉瑾《詩傳通釋》爲例證，加強說明宋人「新經學」的經說中同樣存有漢人古
義，是很明顯的事。儒家經傳典籍確實成書年代雖有爭論，但大都成書於先秦
卻不容否認。後人研究經典，不藉助於傳注，而誇言能明其義，不是自欺欺人，
則是非愚即妄，即如號稱「《春秋》三傳束高閣，獨抱遺經究終始」〔註8〕的姚
際恆，他研究《春秋》雖喜歡採取「舍傳而從經」的方法，主張排棄三傳，以
直探孔子《春秋》本經之義理，卻往往仍需藉助於三傳文字方能明白《春秋》
所言究竟爲何事，其理即在於此。〔註9〕根據前面各章對《五經大全》書中徵
引前儒經說的分析，我們可以清楚看出《周易傳義大全》徵引漢、唐人經說有
四十七條，《書傳大全》書中徵引漢、唐儒者經說二六二條，《詩傳大全》書中
徵引漢儒經說有一〇九四條，《禮記集說大全》書中所引全爲宋儒經說，並未徵
引任何一條漢儒經說，《春秋集傳大全》徵引漢、唐經說有二〇〇五條（扣除十
三經經文）。綜合《五經大全》各經所引用的漢、唐儒者經說疏文共有三四〇八
條。在《五經大全》全部總計有二七四八三條經說疏文之中，胡廣等人僅採用
三四〇八條，約佔全部總數的百分之十二點四，實際上僅佔全書的十分之一強，
由此可見《五經大全》確實是以纂輯宋儒的程、朱傳注之學爲本。對此種現象，
無怪乎何良俊會感慨於「自永樂中纂修《大全》出，談名理者唯讀宋儒之書，
古注自是廢矣。」顧炎武會說：「自八股行而古學棄，《大全》出而經說亡。」
漢、唐傳注大多被廢棄，難怪顧氏歎惋於明朝之淪亡是導因於經學古義的衰微。

二、就其與八股文關係而言

要瞭解《五經大全》與八股文之間的關係，就必須先從明代的科舉考試
談起。明代的科舉考試分爲鄉試、會試和殿試三級，每三年舉行一次，子、

〔註7〕 見林慶彰撰：《明代經學研究論集》（臺北：文史哲出版社，1994 年 5 月），頁
51～52。

〔註8〕 見韓愈撰、屈守元等校注：《韓愈全集校注》（成都：四川大學出版社，1996
年 7 月），頁 540，〈寄盧仝〉。

〔註9〕 參見張曉生撰：〈論姚際恆《春秋通論》中的「取義」與「書法」〉，《經學研
究論叢》第 4 輯（臺北：聖環圖書公司，1997 年 4 月），頁 151～176。

午、卯、酉年八月舉行鄉試，辰、戌、丑、未年二月會試。考試分三場，以初九日爲第一場，十二日爲第二場，十五日爲第三場，考試的科目，沿襲唐、宋舊制，僅稍爲改變考試的方法，專考《四子書》及《易》、《書》、《詩》、《禮》、《春秋》五經，「其文略仿宋經義，然代古人語氣爲之，體用排偶，謂之八股，通謂之制義」。〔註10〕根據《明史·選舉志》的記載說：

> 後頒科舉定式，初場試《四書》義三道，經義四道。《四書》主朱子《集註》，《易》主程《傳》、朱子《本義》，《書》主蔡氏《傳》及古註疏，《詩》主朱子《集傳》，《春秋》主左氏、公羊、穀梁三傳及胡安國、張洽傳，《禮記》主古註疏。永樂間，頒《四書、五經大全》，廢註疏不用。其後，《春秋》亦不用張洽傳，《禮記》止用陳澔《集說》。二場試論一道，判五道，詔、誥、表、内科一道。三場試經史時務策五道。〔註11〕

三場考試：第一場所考的《四書》義每道二百字以上，經義每道三百字以上。第二場的試論一道三百字以上。第三場經史時務策每道俱三百字以上。明太祖朱元璋在制訂三場考試時，雖有先後場之別，卻沒有輕重之分，其中實寓有正當美意，主要是「先之經義，以觀其窮理之學；次之論表，以觀其博古之學；終之策問，以觀其時務之學。」〔註12〕可知明太祖設八股取士之制，當初立意是相當良善的，最後何以演變成事與願違，頗值得加以探究。

　　八股文，因在考試時須依經立義，故又稱爲制義，或稱制藝，或稱經義，又因係應試時之文字，也被稱爲時文、時藝。明、清兩代官府考試時較偏重《四書》，題目亦大都取諸於《四書》，因而又被稱爲四書文。由於它規定「代古人語氣爲之」、「體用排偶」、「《四書》主朱子集註」三個條件，被後人稱作是束縛思想，殘害人材的作法。它雖然影響明、清兩代五百多年的學術界，但即使自清廷廢止至今將近百年，八股文早已失去其實際效用，仍有人以爲「八股文在中國歷史上橫行五百餘年，其危害之大，可以用『罄竹難書』這個成語來形容，要爲它說好話，似乎有些無從說起。」〔註13〕可見八股文在

〔註10〕參見（清）張廷玉等撰：《明史》（臺北：鼎文出版社，1979年12月），卷70，〈選舉志〉二，頁1693～1694。

〔註11〕見（清）張廷玉等撰：《明史·選舉志》，卷70，頁1694

〔註12〕見（明）王鏊撰：〈論制舉〉，收入（明）黃訓編：《名臣經濟編》（臺北：臺灣商務印書館，1986年3月），卷26，頁71下。

〔註13〕王凱符撰：《八股文概說》（北京：中國和平出版社，1991年8月），頁155。

一般人心目中的痛恨程度，並未因時間而有絲毫減少。

八股文係由明太祖與劉基所制定，〔註14〕初期「不過敷演傳注，或對或散，初無定式」，〔註15〕目的本在選拔人才。《四書》、《五經》是全國各類學校統一必讀的教材，通過嚴格的考試，達到朝廷「憑文而取，按格而官」的要求，這種考試方法，在後世引起頗多非議，稱譽或抨擊者兩方皆有，譽之者謂爲「自有明以來，以制義取士，迄今蓋五百年，萃五百年之英才，悉其聰明才力，研精殫思於八比之中」，〔註16〕而毀之者則說它「一傷思想，二害文學，三毀國家」，〔註17〕嚴復也說八股文有「錮智慧」、「壞心術」、「滋游手」三大害。〔註18〕近代學者論及明代學術之流弊，也往往將明代經學的衰微全歸因於明太祖實行八股取士的科舉制度方法，且迭有批評攻擊，謂其束縛思想、壟斷學術，是封建落後的表徵。實際上，八股取士之弊病，明代儒者本身也早有極清楚的瞭解，且已針對此種弊端提出嚴厲的批評，王鏊（1450～1524）就直陳科場以經義取士制度之缺失，他說：

> 今科場雖兼策論，而百年之間，主司所重，惟在經義，士子所習，
> 亦惟經義，以爲經既通，則策論可無俟乎習矣。〔註19〕

時間稍後於王鏊的，有楊慎（1488～1559）也極言明代士子專以背誦程朱語錄和朱熹《四書集注》爲務，「往往舍傳注疏釋，便讀宋儒」之書，以致文章內容空洞無物，卻絲毫不求博通經籍，他說：

> 本朝以經學取士，士子自一經之外，罕所通貫。近日稍知務博，以
> 譁名苟進，而不究本原，徒事末節。《五經》諸子則割取其碎語而誦
> 之，謂之『蠹測』；歷代諸史則抄節其碎事而綴之，謂之『策套』。

〔註14〕（清）張廷玉等撰：《明史》，卷70，〈選舉志〉二，頁1693。

〔註15〕顧炎武說：「經義之文，流俗謂之八股，蓋始於成化（1465～1487）以後。股者，對偶之名也。天順（1457～1464）以前經義之文，不過敷演傳注，或對或散，初無定式，其單句題亦甚少。」見顧氏撰：《原抄本日知錄》（臺北：文史哲出版社，1979年4月），頁479，〈試文格式〉。

〔註16〕此爲（清）江國霖之序言，見梁章鉅撰：《制義叢話》（臺北：廣文書局，1976年3月），頁1上。

〔註17〕金克木撰：《八股新論》，收入《說八股》（北京：中華書局，1994年7月），頁99。

〔註18〕（清）嚴復之語，轉引自田啓霖撰：《八股文的歷史命運》，收入《八股文觀止》（吉林：海南出版社，1994年10月），頁1200。

〔註19〕見（明）王鏊撰：《震澤長語》（臺北：臺北商務印書館，景印文淵閣四庫全書本，1986年3月）卷33，頁14上～14下，〈擬罪言〉。

其割取抄節之人已不通經涉史，而章句血脈皆失其真。有以漢人爲
唐人，唐事爲宋事者，有以一人析爲二人，二事合爲一事者。余曾
見考官程文引制氏論樂，而以制氏爲致仕。又士子墨卷引《漢書・
律歷志》：「先其筭命」作「先筭其命」，近日書坊刻布其書，士子珍
之以爲祕寶，轉相差訛，殆同無目人說詞話。噫！士習至此，卑下
極矣。〔註20〕

爲求獲取眾人博學之名譽，讀書時專門讀書坊刊刻的經史摘抄書籍。由於編
輯者知識淺薄，致所編之書，往往錯誤百出。何良俊（1506～1573）在《四
友齋叢說》一書中也說：

太祖時，士子經義皆用註疏，而參以程、朱傳註。成祖既修《五經、
四書大全》之後，遂去漢儒之說，而專以程、朱傳註爲主。夫漢儒
去聖人未遠，學有專精，其傳授豈無所據？況聖人之言廣大淵微，
豈後世之人單辭片語之所能盡。……自程、朱之說出，將聖人之言
死死說定，學者但據此略加敷演，湊成八股，便取科第，而不知孔、
孟之書爲何物矣。以此取士，而欲得天下之真才，其可得乎？鳴呼！
朝廷求士之心，其切如此，而有司取士之術，其乖如彼，余恐由今
之日以盡今之世，但用此輩布列有位，而欲致隆古之治，是猶以酖
毒愈疾，日就羸憊，必至於不可救藥而後已耳。鳴呼！惜哉！〔註21〕

何氏爲學尙博雅，其《四友齋叢說》所記載者，自經史諸子、詩文書畫、詞
曲小說，兼及釋道尊生、考俗求志等內容，無所不涉。何氏經學特重漢、唐，
強調漢儒去聖人未遠，傳授比較有根據，薄棄宋儒，因他們將聖人廣大精微
的義理拘執說死，後世「學者但據此略加敷演，湊成八股，便取科第」，是「欲
假此以爲富貴之階梯」，既非想要明經致用，也不是想知道孔、孟之道，是有
害經學發展的。王愼中（1509～1559）也闡述明代士人習舉業，名爲守專經，
實際上是茫然而不通，他說：

鳴呼！士敝于場屋之業，而固陋浮淺牿其心腑，專一經以自業，茫
焉皓首尚不能通其義，以傳於繩尺之文，又烏知所謂聖人之學哉？
〔註22〕

〔註20〕 見（明）楊愼撰：《升菴外集》，卷61，頁3，〈舉業之陋〉條。
〔註21〕 見（明）何良俊撰：《四友齋叢說》，卷3，頁1上～2上，〈經〉三。
〔註22〕 見（明）王愼中撰：《明儒言行錄》，卷6，頁31上。

稍後詹景鳳指經學與八股科舉相結合，導致當時學子讀書之目的，一切以考中進士取得功名為優先，詹氏說：

> 嘉靖中年而後，士人專以誦習時文為遐捷，不但古經傳生平目未睹見，即國朝經書中傳注義訓一切抹去，止留總語讀之，以求經書速完。如業《易》，則不復辨《詩》、《書》、《春秋》、《禮記》為何物。或教以誦《五經》諸名言，曰：「經語可用者，時文中自有之。」乃不讀。〔註23〕

在科舉影響下，讀書講求速讀速成，為達成「經書速完」的要求，非但僅習一經，不求貫通他經，甚至連《五經》其他各經的名目也不知道。演變至後來，變本加厲，所習經書皆僅讀節本，不讀全經。曹安《讕言長語》就詳細說明這種狀況，他說：

> 《周易》，人多讀《本義》，不讀《傳》，不知《傳》、《義》不可缺；《書》讀《禹貢節要》；《詩》不讀變風雅；《春秋》不詳崩薨卒葬；《禮記》：〈喪服〉、〈大記〉等多不考；《學》、《庸》多不讀〈或問〉；《論》、《孟》多不讀序說。經有節文，史有略本，百家諸氏之書，皆有纂集，以為一切目前苟且速成之計，父兄以是誇子弟，師儒以是訓學徒。近時書坊又刊時文以衒來學，不使義理淹貫，可勝嘆哉！
> 〔註24〕

《周易》只讀朱子《周易本義》，《尚書》僅讀《禹貢節要》，《詩》刪除變風變雅，《春秋》刪去「崩薨卒葬」，《禮記》刪除〈喪服〉等有關喪禮部分，「經有節文，史有略本」，在這種功利的風氣之下，士子已經完全失去「讀聖賢書，學做聖賢」的崇高理想，經學已淪落到此種地步，其衰微荒疏豈會讓人感到意外。相同的意見在明末清初的學者也有不少，顧炎武（1613～1682）在所撰《日知錄》的〈擬題〉一篇中談論到八股制義影響學子為求一躍龍門，名超孫山，專門閱讀考試重點所在，甚至僅記考試模擬範本的情形，他說：

> 今日科場之病，莫甚乎擬題。且以經文言之，初場試所習本經義四道，而本經之中，場屋可出之題不過數十。……予聞昔年《五經》之中，惟《春秋》止記題目，然亦須兼讀四傳。又聞嘉靖以前，學

〔註23〕 見（明）詹景鳳撰：《詹氏小辨》，卷30，頁30。
〔註24〕 見（明）曹安撰：《讕言長語》（臺北：臺北商務印書館，景印文淵閣四庫全書本，1986年3月），頁5下。

臣命《禮記》題，有出〈喪服〉以試士子之能記否者。百年以來，〈喪
服〉等篇皆刪去不讀，今則并〈檀弓〉不讀矣。《書》則刪去〈五子
之歌〉、〈湯誓〉、〈盤庚〉、〈西伯戡黎〉、〈微子〉、〈金縢〉、〈顧命〉、
〈康王之誥〉、〈文侯之命〉等篇不讀。《詩》則刪去淫風變雅不讀。
《易》則刪去〈訟〉、〈否〉、〈剝〉、〈遯〉、〈明夷〉、〈睽〉、〈蹇〉、〈困〉、
〈旅〉等卦不讀。止記其可以出題之篇，及此數十題之文而已。讀
《論》惟取一篇，披《莊》不過盈尺，因陋就簡，赴速邀時。昔人
所須十年而成者，以一年畢之。昔人所待一年而習者，以一月畢之。
成於勦襲，得於假倩。卒而問其所未讀之經，有茫然不知為何書者。
故愚以為八股之害等於焚書，而敗壞人材，有甚於咸陽之郊所坑者
但四百六十餘人也。〔註25〕

而年歲稍晚於顧炎武的顧景星（1621～1687）在崇禎十七年（1644）上給明
思宗崇禎皇帝的〈復經學議〉中說：

高皇帝既定海內，恐士不醇一，悉置諸家傳注，以程、朱之《易》、《詩》，
蔡沈之《書》，陳澔之《禮》，胡安國之《春秋》立學官，非是則不名
正學，取途既狹，末流相沿，而五經之學益荒矣。《周禮》、《儀禮》、
《爾雅》、《左氏》、《公》、《穀》不以取士，猶廢之也。治《易》則不
求理數，治《詩》則不辨事物，治《禮》則諱凶喪，治《書》則略〈禹
貢〉、〈顧命〉，治《春秋》則刪叛弒，一經之文，一家之說如此，況
其他乎？先皇帝詔有能《五經》應式者優異之，士間有應者，然而仍
科舉八股之業，於經實無所得。嗟乎！弊亦至此。〔註26〕

顧炎武和顧景星二人所分別指出的情形，與曹安的說法大致是相同的，由此
可以清楚看到明代科舉考試採取八股制義，演變到中、晚明時，已完全失去
明太祖當初制定科舉程式時的理想，弊端叢生，已經淪為士子獲取利祿的工
具，毫無經學教化的功能。《五經》都有刪除部分篇章，僅選擇少數篇目作為
考試出題的重點。原本規定只讀宋儒程朱理學之書，取途雖狹，尚讀全經，
而「末流相沿」，士人為求僥倖中試，讀書已完全不顧經書內容為何，各經皆

〔註25〕 見（明）顧炎武撰，黃汝成集釋：《日知錄集釋》（石家莊：花山文藝出版社，
　　　　 1990 年 8 月），卷 19，〈擬題〉條，頁 476～477。
〔註26〕 見（清）顧景星撰：《白茅堂全集》（清康熙間原刊本），卷 27，頁 9 上，〈復
　　　　 經學議〉。

讀選本。及至後來，變本加厲，乾脆連《五經》本文都不讀，只讀一些「高頭講章」純粹為科舉考試而設的參考書及作文範本。顧炎武就曾批評這種流弊對經學所造成的無比傷害，他說：

> 今日科場之病，莫甚乎擬題。且以經文言之，初場試所習本經義四道，而本經之中，場屋可出之題不過數十。富家巨族延請名士，館於家塾，將此數十題各撰一篇，計篇酬價，令其子弟及僮奴之俊慧者記誦熟習。入場命題，十符八九，即以所記之文抄謄上卷，較之風簷結構，難易迥殊。《四書》亦然。發榜之後，此曹便為貴人，年少貌美者多得館選，天下之士靡然從風，而本經亦可不讀矣！〔註27〕

顧氏又說：

> 國初三場之制，雖有先後，而無重輕，乃士子之精力多專於一經，略於考古。主司閱卷，復護初場所中之卷，而不深求求其二三場。夫昔之所謂三場，非下帷十年，讀書千卷，不能有此三場也。今則務於捷得，不過於《四書》一經之中，擬題一二百道，竊取他人之文記之。入場之日，抄謄一過，便可僥倖中式，而本經之全文有不讀者矣。率天下而為欲速成之童子，學問由此而衰，心術由此而壞。〔註28〕

竊取他人所預先擬撰之文一二百道，事先背熟，考試時照抄一遍，便可僥倖中試，科舉考試既有此種速成的方法，此風相沿成習，靡然從風，一般士人當然不肯再「三更燈火五更雞」式的苦讀，學術風氣之衰敗事屬必然，無庸置疑。難怪廖燕（1644～1705）會據此痛批明太祖朱元璋所制定的以八股取士之法，是與秦始皇焚書坑儒相類似的政策，而手段卻更高明，權謀心術更加精細，廖氏說：

> 自漢、唐、宋歷代以來，皆以文取士，而有善有不善，得其法者惟明為然。明制：士惟習四子書，兼通一經，試以八股，號為制義，中式者錄之。士以為爵錄所在，日夜竭精敝神以攻其業。自《四書》一經外，咸束高閣，雖圖史滿前，皆不暇目，以為妨吾之所為，於是天下之書不焚而自焚矣。非焚也，人不復讀，與焚無異也。〔註29〕

〔註27〕 見（明）顧炎武撰，黃汝成集釋：《日知錄集釋》，卷19，頁476，〈擬題〉條。

〔註28〕 見（明）顧炎武撰，黃汝成集釋：《日知錄集釋》，卷19，頁475，〈三場〉條。

〔註29〕 見（清）廖燕撰：《二十七松堂集》（臺北：中央研究院中國文哲研究所籌備處影印日本文久二年刊本，1995年6月），卷1，頁13上，〈明太祖論〉。

明代制義取士法，特重《四書》經義，利祿所在，士人「日夜竭精敝神以攻其業」，致其它書籍無人閱讀，達到不禁而自滅，廖氏將其比爲焚書之陽謀，與秦始皇焚書之舉無異，眞可謂痛惡科舉八股取士制度至極點矣。

諸家所論，齦齦至辨，論定明代經學衰微完全起因於八股取士，遂群起而攻之，必欲置八股於死地，如此才能拯救經學的的命運，楊晉龍就批評此種論調的人說：

> 他們反對的理由都相似，似乎不讀全經就不知道理，所以士行不佳，於是世教因此而衰，因而非要求學子讀全經不可，而對這類刪節本深惡痛絕，非去之而後快不可，不過近人吳廷燮（1865～1947）的看法不同，他認爲「讀刪節者，究勝於不讀」，就像許多清末學者多方抨擊科舉制度一樣，似乎科舉制度廢除後，學子就會更有學問，不再爲了要參加考試，遂受科舉影響而只讀科舉參考書，結果則楊鍾義（1865～1939）說得很清楚：「科舉既廢，士多荒經。誠不如貢舉盛行，雖鄉曲之士，於肄習舉業之時，猶得聞《春秋》大義」。〔註30〕

楊氏舉清末民初吳、楊二人之言，說明清末廢除八股取士制度後，學子並未因此消除淺陋之弊，也並未因此展書而觀，崇尚實學，卻反而更加不讀書，遑論研習儒家經典，可見前賢將明代學風的衰頹全諉咎給八股取士，恐非盡當。實際在清代黃中堅就已經對前人的說法深不以爲然，黃氏說：

> 自漢以來，皆以言取士，而議者獨咎明制。至謂八股一日不廢，則人材一日不出。嗚呼！亦甚矣。愚以爲八股之不可不變者其勢也；因八股而議明制之失則非也。原夫有明立法之初，實取歷代之法而折衷之，其爲具蓋至備也。是故其用八股也，則經術之遺，而帖括之式也。其用判語也，則因於唐；其用策論也，則因於漢、宋；其用詔表也，則因於詩賦之駢麗。夫先之以經義，以觀其理學；繼之以論，以觀其器識；繼之以判，以觀其斷讞；繼之以表，以觀其才華；而終之以策，以觀其通達乎時務。以是求士，豈不足以盡士之才，士果有能與其選者，豈不足以當公卿之任，而佐理國家之治，故曰折衷至善，而爲具之至備者，無如明制也。世之論者，徒見其

〔註30〕見楊晉龍撰：《明代詩經學研究》（臺北：臺灣大學中國文學研究所博士論文，1997 年 6 月），頁 276～277。

末流之弊，而遂以有明之制爲敗壞人才之具，此豈通論哉？〔註31〕
黃氏認爲八股取士制，吸收前代取士方法之長處，是歷代考試方法中至善至備者，但因明制所舉拔者是全才，而人才各有所偏，畢竟偏才者眾，全才者寡，於是「士皆盡力於八股，而其他但取辦於臨時，以應故事」，導致「應舉者之日淪於空疏，而不復以通今博古爲事」，況且「八股之制，行之已三百餘年，士子之心思才力，畢竭於其中，不可復有所加矣」，〔註32〕士人只見其制度有流弊，遂取爲批評明人不學的口實，恐非持平之論。稍後的何倬（1661～1722）也認爲清人貶薄八股取士過甚其詞，非通達之論，他說：

> 至於閱三百有餘歲，英雄豪傑樹功名、釣祿位，舉出其中，而謂是爲卑卑不足道，果通論乎？自元以八股取士，明踵其事，以至於今，推而褒之者十九，薄而貶之者十一，至國初毛子大可（奇齡）貶之尤深，然如明之王文成（守仁）、于忠肅（謙）功業赫赫照人，雖三代大臣何以遠過，而其進身皆不出八比，又可薄而貶之乎！〔註33〕

何氏舉明代王守仁（1472～1528）、于謙（1398～1457）爲例作說明，王、于二人這般功業彪炳的英雄豪傑，一樣是出身於八股制度之下，誰說科舉八股取士之業，只壞人心術，出不了人才，誰說場屋之業，只會固陋浮淺士子心腑，前人都問題簡單化而將其貶抑過甚。

由以上清人對八股時文的評論分析，可知明、清兩代學者所認定的明代經學衰落的講法，實際上並不可盡信，近代學者夏咸淳就針對此點提出反駁意見，夏氏說：

> 經學研究自漢迄清，有明一代最不發達。皮錫瑞說：『論宋、元、明三朝之經學，元不及宋，明又不及元』，『故經學至明爲積衰時代』，原因是明代以科舉取士。但清代也以科舉、八股取士，爲什麼經學復振，成就超過任何一個朝代呢？顯然時文取士還不是有明一代經學極衰的根本原因。明代經學衰弱與學術重心的轉移有關。嘉靖以來，一些出類拔萃的學者把研究的重點放到經學之外的學科，對與『百姓日用』有關的學問用力尤勤，於是出現了一批大科學家，而

〔註31〕見（清）黃中堅撰：〈制科策〉，收入《清經世文編》（北京：中華書局，1992年4月），卷57，〈禮政四〉，頁6。
〔註32〕（清）黃中堅撰：〈制科策〉，收入《清經世文編》，卷57，〈禮政四〉，頁6。
〔註33〕見《制義叢話》，卷1，頁12下。

不是大經師。〔註34〕

夏氏舉明、清兩代都同樣在科舉考試採用八股取士制度為例說明，卻何以造成明代經學衰微淺陋，而清代經學卻復盛，「成就超過任何一個朝代」，很明顯可看出單純的以八股「時文取士」作為解釋明、清經學演變的原因，是太過於將問題簡單化，恐怕無法切合重心所在。夏氏以為經學衰落的根本關鍵，應該「與學術重心的轉移」到注重百姓日用之學有關，因而造就像李時珍（1518～1593）、徐光啓（1562～1633）、宋應星、徐宏祖（1586～1641）、朱載堉等一大批傑出的科學家，夏氏的話最能清楚說出明代經學衰落的原因，。

從以上的分析可知，前人往往將明代經學的衰微，歸咎於八股取士制度所造成，並不恰當。實際上，首先是因嘉靖以後，學者研究學問的重心轉移到關注百姓日用之學，研究與社會民生經濟相關的問題，從而促進科學技術的發展。其次，是與當時科舉考試的出題方式有關，八股文或制義所出的題目，限定「以經言命題」，題目或一句、或數句，或一節、或全章，以闡揚其文中義理為宗旨，「但行之幾百年，幾無不習見之題」，〔註35〕必然會產生互相蹈襲的考古題出現，考試有考古題，則坊間自然就會有專門針對考試而設的模擬講章之類的考試範本出現，如此造成士子專門投機取巧的去閱讀經書的刪節範本而不讀本書。其後出題的主考官為避免考生專門閱讀考古題目，因此「典文者設心欲窘舉子，以所不知用顯己能，其初場出經書題，往往深求隱僻，強截句讀，破碎經文，於所不當連而連，不當斷而斷，遂使學者無所據依，施功於所不必施之地，顧其綱領體要處反忽略焉。以此科場題目數倍於前，學者竭精神、窮目力，有所不能給。」〔註36〕主考官如此想盡辦法的鑽牛角尖出題目，以考倒學子為能事，致有「深求隱僻，強截句讀，破碎經文，於所不當連而連，不當斷而斷」的情況產生，考生為求中第，當然更會無所不用其極的去猜題，尋找考官可能的出題方法，士子當然不肯安下心來好好讀書。士子專門耗費精力於無益的時文猜題之上，無暇研讀本經，經學程度當然低落，長此以往，明代的經學自然就衰微不振。

〔註34〕 見夏咸淳撰：《晚明士風與文學》（北京：中國社會科學出版社，1994年7月），頁163～164。
〔註35〕 （清）嚴復之語，轉引自田啓霖撰：《八股文的歷史命運》，收入《八股文觀止》，頁1192。
〔註36〕 （明）丘濬撰：《大學衍義補》（臺北：臺灣商務印書館，1986年3月），卷9，頁20下。

第二節 《五經大全》之價值

前人每每論及《五經大全》，總以爲該書係全然以剿竊成編，用來欺罔皇帝之作，不值得一觀，並無絲毫價值，只可用以覆甕罷了。吾人今日評估《五經大全》之存在，認爲其書依然有其價值，實不宜隨意去盲從前人含有主觀意識的批評。綜合而言，《五經大全》在學術上的價值，主要有以下幾點，茲依序分述如下：

一、宋、元人經說之總匯

明成祖編纂典籍，喜好旁搜博採，彙聚群書，包羅古今相關書本典籍資料，以集歷代之大成。成祖在永樂三年開始編纂的《永樂大典》，就是一部卷帙浩繁、搜羅宏博的大型圖書，其規模囊括百家，統馭萬類，依成祖的編纂目標是「凡書契以來經史子集百家之書，至於天文、地志、陰陽、醫卜、僧道、技藝之言，備輯爲一書，毋厭浩繁。」〔註37〕可知他理想之大，企圖要將天下古今各種典籍，搜羅無遺，不厭浩繁，統合編纂在一起，成爲有史以來最大的類書。

明代自朱元璋建國以來，所實施的教育政策，基本上是以理學作爲「一道德」、「同風俗」的手段，明成祖爲徹底推行這種教化方針與理念，命令胡廣等去編纂專門闡釋《四書》、《五經》經義的《五經大全》、《四書大全》和《性理大全》等三部大書。各部《大全》的編纂規模雖不若《永樂大典》那般古今兼采，廣博宏富、鉅細靡遺，卻也是明成祖繼《永樂大典》之後所纂輯的另一套大型圖書典籍，該書依照成祖的指示，在《五經》、《四書》的「傳注之外，諸儒議論有發明餘蘊者」、「采其切當之言，增附於下」、「務極精備」，〔註38〕據此可知《五經大全》編修的目的在「集諸家傳注而爲《大全》，凡有發明經義者取之，悖於經旨者去之」，各經皆徵引纂輯歷代儒者的有關經說來疏釋《五經》的義理，其中《周易傳義大全》引用一百五十三位先儒的五千三百三十六條經說疏文，《書傳大全》徵引一百四十二位儒者三千零六條經說疏文，《詩傳大全》徵引九十六位先儒的五千三百五十五條經說疏文，《禮記集說大全》則引錄六十三位先儒二千一百一十六條經說疏文，《春秋

〔註37〕明成祖〈永樂大典御製序〉之文，轉引自顧力仁撰：《永樂大典及其輯佚書研究》（臺北：文史哲出版社，1985年9月），頁186。

〔註38〕參見《明太宗實錄》（臺北：中央研究院歷史語言研究所，1964年4月），卷158，頁2上。

集傳大全》全書則徵引一百三十一位儒者一萬一千六百七十條經疏文，五部《大全》所徵引的宋、元以前先儒的經說，合計共有二萬七千四百八十三條，在爲數如此眾多而龐大的經說資料中，基本上是以宋、元兩朝儒者的經說被採集的最多，幾乎宋、元兩代有名儒者的經說都被徵錄引用。由此點來看，《五經大全》可說是宋、元諸儒經注的統編，也是纂輯宋、元人經說之總匯，也爲後世想要研究閱讀宋、元兩代儒者對《五經》的經文意見及其經學思想者，提供相當便利的經說資料。

二、可供輯佚及校勘

　　《五經大全》編修的目的在「集諸家傳注而爲《大全》，凡有發明經義者取之，悖於經旨者去之」，總匯宋、元儒者經說於一編。由於《五經大全》編纂時僅是在「諸儒議論有發明餘蘊者」、「采其切當之言，增附於下」，是諸家經說的彙編本，不重在發揮纂修者之意見，故全書均抄襲前儒成說，不加按語。而且編者在襲引諸家經說資料時，皆詳細注明諸儒的郡號籍貫及姓氏，以示互相區別。因此，就「成一家之言」的著作觀點來看，《五經大全》似乎並無什麼價值。但若從它保存宋、元人經說資料的觀點來講，恰好彰顯該書有極佳的輯佚及校讎的功用。程元敏先生纂輯宋代王安石的《三經新義》（《周禮新義》、《尚書新義》、《詩經新義》）時，即曾使用《書傳大全》及《詩傳大全》二書上所徵引的王安石經說資料，以作爲其參校的輔本。另外，如元儒陳櫟（1252～1334）起初在元成宗大德七年（1303）先作《書解折衷》一書，認爲「朱子說《書》，謂『通其可通，毋強通其難通』，而蔡氏於難通罕闕焉，宗師說者固多，異之者亦不少。予因訓子，遂撮朱子大旨及諸家之得經本意者句釋於下，異同之說低一字折衷之，《語錄》所載及他可採之說，與夫未盡之蘊，皆列於是。惟以正大明白爲主，一毫穿鑿奇異悉去之。」〔註39〕因而書中頗多遵循朱子說法來糾正蔡沈《書集傳》之缺失，等到元仁宗延祐制定科舉程式後，《尚書》主蔡沈《書集傳》，於是在延祐三年（1316）改編作《書蔡氏傳纂疏》，專門疏通蔡沈《書集傳》之文，「於蔡《傳》有所增補，無所駁正，與其舊說迥殊」。〔註40〕《書解折衷》後來遂亡佚，今僅存〈書解折衷

〔註39〕　參見陳櫟撰：《定宇集》（臺北：臺灣商務印書館，1986 年 3 月），卷 1，頁 3
　　　　　上～3 下，〈書解折衷自序〉。
〔註40〕　（清）紀昀等撰：《四庫全書總目》（臺北：藝文印書館，1979 年 12 月），卷

自序〉一文於所撰《定宇集》中。然《書傳大全》卻有殘存幾條陳櫟之經說疏文，不見於《書蔡氏傳纂疏》書上，當係出《書傳大全》編者採自陳櫟《書解折衷》一書，如《書集傳·舜典》：「帝曰龍，朕塈讒說殄行，震驚朕師，命汝作納言，夙夜出納朕命，惟允」，蔡《傳》：「周之內史，漢之尚書，魏晉以來所謂中書門下者，皆此職也」句下，《書傳大全》有新安陳氏（櫟）曰：

> 自孔《註》出納朕命以爲聽下言納於上，受上言宣於下，蔡《傳》
> 又分命令政教敷奏復逆以配出納，然終於朕命二字欠通，竊意欲其
> 審君命之當否，當者出之，否者納之，惟至於允當而止，如後世批
> 敕審覆之官，庶於出納朕命文義明順也。〔註41〕

陳櫟此段文字，在所撰的《書蔡氏傳纂疏》書上未見，而分別記載於元人董鼎的《書蔡氏傳輯錄纂註》及《書傳大全》二書上，應當是陳櫟《書解折衷》書上的文字，原書雖佚，卻因被《書傳大全》等書收錄，而得以見該書的吉光片語。

《春秋集傳大全》在〈桓公〉六年：「秋，八月，壬午，大閱。」經文之下，徵引有程子《春秋傳》的文字，曰：

> 爲國之道，武備不可廢，必於農隙講肄，保民守國之道也。無事而
> 爲之，妄動也。有警而爲之，教之不素，豈所以保其國乎？盛夏大
> 閱，妨民害人，失政之甚。其不言公，蓋懼鄭畏齊，爲國講武，非
> 公之私欲也。〔註42〕

此段文字，根據今傳本《二程集》收錄的《春秋傳》爲：

> 爲國之道，武備不可廢，必於農隙講肄，保民守國之道也。盛夏大
> 閱，妨農害人，失政之甚。無事而爲之，妄動也。有警而爲之，教
> 之不素，何以保其國乎？〔註43〕

將兩書的文字持以相校，就會發現《春秋集傳大全》的文字順序與《二程集》所錄的文字並不完全相同，且最後面多出「其不言公，蓋懼鄭畏齊，爲國講武，非公之私欲也」十九個字。

又《春秋集傳大全》在〈桓公〉八年：「冬，十月，雨雪。祭公來，遂逆

12，書類二，頁2下～3上，《尚書集傳纂疏》題要條。
〔註41〕 見《書傳大全》，卷1，頁58上。
〔註42〕 見《春秋集傳大全》，卷5，頁12上。
〔註43〕 見《河南程氏經說·春秋傳》，卷4，頁1105。

王后于紀。」經文之下，引有程子曰：

> 此祭公受命逆后，卻因過魯遂行朝會之禮，聖人深罪之，故先書其
> 來。使若以朝魯爲主，而逆后爲遂也。問或說逆王后亦使魯爲主如
> 何，曰築王姬之館，單伯送王姬之類，皆是魯爲主，蓋只是王姬下
> 嫁，則同姓諸侯爲主，如逆王后，無使諸侯爲主之理。〔註44〕

根據今傳《二程集》所錄的《春秋傳》文字則作：

> 祭公受命逆后，而至魯先行私禮，故書來，而以逆后爲遂事也，責
> 其不虔王命，而輕天下之母也。〔註45〕

兩段文字的差異如此之大，可知兩書所據程子經說資料的板本來源不同，程
子《春秋傳》雖屬未完成之書，〔註46〕但其生平論述《春秋》之言論必不少，
從此條經說資料顯示今本所錄的《春秋傳》文字尚有許多缺漏，足徵《春秋
集傳大全》引錄宋、元人經說疏文，非但具有蒐採保存之功，還可供後世輯
佚及校勘之用，則其書之存在，仍有它不可抹滅的地方。

三、反映朱學之眞貌

　　朱熹是集兩宋理學之大成的人物，他的學說融會貫通北宋周敦頤、二
程、邵雍、張載五子的學術思想，使之更精深細密，一生致力於著述和講學
兩項工作。他的學生遍居各地，人數眾多。他著述宏富，包羅經史子集四部
典籍。晚年時，詆毀程學者漸多，兵部侍郎林栗更公然彈劾朱子爲「本無學
術，徒竊張載、程頤之緒餘，爲浮誕宗主，謂之道學，妄自推尊」。〔註47〕
及宋寧宗即位（1195），韓侂胄用事，朱熹憂其擅權害政，上疏痛斥竊權之
失，觸犯韓侂胄之忌諱，因而貶斥朱學爲僞學，朱黨爲逆黨，嚴加禁止。士
人應科舉，文章稍涉經訓義理者，立刻被罷黜。六經、《論語》、《孟子》、《大
學》、《中庸》之書，全部變成禁書。等到韓侂胄伐金失敗被誅，僞學之禁才
解除。宋寧宗嘉定元年（1208）賜諡曰文，因此，被世人尊稱爲朱文公。
　　南宋淪亡之後，蒙元入主中原，諸帝對朱子之學頗爲重視。元仁宗皇慶

〔註44〕見《春秋集傳大全》，卷5，頁24下。
〔註45〕見《河南程氏經說・春秋傳》，卷4，頁1107。
〔註46〕根據《二程集・春秋傳》在「桓公」九年：「冬，曹伯使其世子射姑來朝」經
　　　　文下，所引程《傳》：「取危亂之道也」下，編者有按語曰：「先生作《春秋傳》
　　　　至此而終。」可知程子才剛開始撰寫《春秋傳》不久就逝世。
〔註47〕參見《宋史紀事本末》，卷80，頁15，〈道學崇黜〉。

二年（1313）詔定科舉條例，延祐二年（1315）時，更規定《四書》採用朱熹的《四書章句集注》，《詩經》用朱子《詩集傳》，《周易》用程子《易傳》和朱子《易本義》，《尚書》採用蔡沈《書集傳》，《春秋》採用胡安國《春秋傳》及三傳，《禮記》則採用古注疏。《四書》、《周易》、《詩經》三種經書直接使用朱子的注解，蔡沈是朱子的學生，胡安國之學出自程子，《五經》有四經使用程朱之學，可見程朱一派的學術思想進一步受到政府重視提倡的情形。程朱之學被元人官學化後，基於科舉現實面的影響，元人大量為程朱經說作疏解，更進一步將其有系統、有組織的強化內容，使程朱之學影響力加強，勢力更龐大。

入明以後，明人幾乎是毫無條件的全盤接受元人傳承的朱學系統。等到明成祖永樂十二年（1414）詔敕胡廣等纂修《五經大全》、《四書大全》、《性理大全》三部《大全》，《五經、四書大全》的經注已經全部改成程朱之學，朱學真正成為天下之人家傳戶誦、沾溉無窮的學術主流，不許別人稍有違逆非議，明末陳鼎《東林列傳・高攀龍傳》就說：

> 我太祖高皇帝即位之初，首立太學，命許存仁為祭酒，一宗朱氏之學，令學者非《五經》孔、孟之書不讀，非濂、洛、關、閩之學不講。成祖文皇帝益張而大之，命儒臣輯《五經、四書大全》及《性理全書》，頒布天下。饒州儒士朱季友詣闕上書，專詆周、程、張、朱之說，上覽而怒曰：「此儒之賊也。」命有司聲罪杖遣，悉焚其所著書曰：「毋誤後人。」於是邪說屏息，迄今二百餘年，庠序之所教，制科之所取，一稟於是。〔註48〕

可知明成祖維護朱學、提倡朱學的決心與程度。即使到明代末期，帝王仍然依循著祖訓，明思宗在崇禎十四年（1641）八月詔諭就說：

> 朕覽我聖祖命儒臣纂輯《五經、四書大全》，其中作述傳註引證等項，惟宋儒周子、兩程子、朱子、張子、邵子為多，可見理學大明於宋，而周、程諸子大有功於聖門。〔註49〕

程朱之學經過明代帝王的極力宣揚，使明成祖「家孔、孟而戶程、朱」的理想，成為明代社會的普遍現象。因此，從《五經大全》的編纂完成，可以反

〔註48〕見《東林列傳》，卷2，頁14上～14下。

〔註49〕見（清）孫承澤撰：《春明夢餘錄》（臺北：大立出版社，1980年10月），卷21，〈文廟〉，頁37下～38上。

映出明代朱學的眞實面貌。

第三節　《五經大全》對後世學術之影響

一、對後世學術之影響

　　《五經大全》作爲有明一代將近三百年科舉考試的標準用書，對當時的學術思想與文化教育產生極爲深遠而重大的影響。雖然它在後世的評價大都是負面的，自明末清初以來的學者，對它連番的指責與抨擊，將該書全部予以否定，視之爲毫無價值的覆甕之作，但無論後世學者如何以鄙視的態度去看待它，如何去詬詈它，它對明、清兩代學術思想的發展所產生的影響，卻是不容否認。

　　明成祖認爲「六經者，聖人爲治之跡也。六經之道明，則天地聖人之心可見，而至治之功可成；六經之道不明，則人之心術不正，而邪說暴行侵尋蠹害」，編纂《五經大全》則可「使天下之人獲睹經書之全，探見聖賢之蘊，由是窮理以明道，立誠以達本，脩之於身，行之於家，用之於國，而達之天下，使家不異政，國不殊俗，大回淳古之風，以紹先王之統，以成熙皞之治。」〔註50〕修纂刊刻完成後，馬上降頒給「六部併與兩京國子監及天下郡縣學」，科舉八股以之爲本，從此以後，「尊之者貴，悖之者賤」，〔註51〕天下幾乎全籠罩在宋儒理學勢力之下。

　　明英宗正統（1436～1449）年間，彭勗曾經想要刪正《五經、四書大全》，後來因〈大全序〉是出自明成祖御製而作罷，而另外編撰《書傳通釋》，專門採取諸儒之說切要者，附在《書傳》之下。〔註52〕其後萬曆年間（1573～1619），張溥（1602～1641）也專門爲科舉考試的學子們編纂《五經註疏大全合纂》一書，以方便他們閱讀。陳繼儒（1558～1639）在〈詩經註疏大全集序〉認爲「《詩》至註疏而漢、唐具矣，《大全》而宋具矣」，〔註53〕推崇《詩傳大全》

〔註50〕參見《明太宗實錄》，卷168，頁3下，〈御製序〉。

〔註51〕見袁枚撰：《小倉山房詩文集》（上海：上海古籍出版社，1988年3月），卷19，頁1560，〈答尹村書〉。

〔註52〕參見明陸容撰：《菽園雜記》（臺北：臺灣商務印書館，1986年3月），卷3，頁14上。

〔註53〕見明陳繼儒：《陳眉公先生全集》（明崇禎間華亭陳氏家刊本），卷5，頁20上，〈詩經註疏大全序〉。

在《詩經》學上的地位。馮夢龍（1574～1646）編撰《春秋衡庫》、《春秋定旨參新》時，在書前的「發凡」中說：「《大全》中諸儒議論，儘有勝胡氏者，然業已宗胡，自難並收，以亂耳目，惟與胡傳相發明者，間錄」〔註54〕雖強調係宗胡安國《春秋傳》，書中經注仍大都取自《春秋集傳大全》。清初陳啓源（？～1689）撰《毛詩稽古編》時，也在其〈序例〉中強調說：「《集傳》、《大全》，今日經生尙之」。〔註55〕清代康熙三十七年（1698）陸隴其（1630～1692）的學生席永恂仍強調明代尊崇朱子之學，「命采諸儒之說，萃爲《大全》，又推廣朱子之言以發明孔、孟之道也，自明以至於本朝，家有其書，人習其業」，〔註56〕而康熙、乾隆兩朝命儒臣所纂輯的《御纂七經》，雖然書中經常有批評《五經大全》缺失的地方，然而其書無論是在體例、內容等各方面，卻往往都是參考《五經大全》編纂而成，處處可見《五經大全》對它的影響。由此可見《五經大全》對後世學術的影響力，即使到清代仍處處存在。

二、對明代經學教育之影響

　　教育爲一個國家的百年大計，影響國家的政治、社會、經濟、文化等各層面的發展至深且鉅，是國家能否長治久安最重要的關鍵之一。因此我國歷朝歷代的統治者都相當注重教育的興辦。明代的學校，非但是培養人才的主要教育機構，另外也擔負社會善良風俗的教化任務。主要分爲中央的國學（即南、北兩京國子監）及地方的府學、州學和縣學兩種。

　　明太祖朱元璋由於早年失學，學識所知有限，因而自建國以來，即極爲重視教育的作用，並一再強調「治國以教化爲先，教化以學校爲本」的觀念，除聘請知名儒者問道及教授其子弟外，並廣設學校，以作爲培育國家未來各階層人材的準備。太祖曾在洪武二年（1369）六月丁卯，諭令國子學官時強調說：「治天下以人材爲本，人材以教導爲先。」〔註57〕接著就在十月辛卯，

〔註54〕 參見馮夢龍撰：《春秋衡庫》，《馮夢龍全集》（南京：江蘇古籍出版社，1993年3月），頁1，〈發凡〉。

〔註55〕 清陳啓源撰：《毛詩稽古編》，《孔子文化大全》（濟南：山東友誼書社，1991年10月），頁1，〈發凡〉。

〔註56〕 見清陸隴其編：《四書大全》（清刊本，國家圖書書館漢學研究中心藏有日本內閣文庫影印本），〈席永恂序〉，頁1上～1下。

〔註57〕 見（清）陳治本等編：《四書大全》（臺北：臺灣學生書局影印明萬曆壬寅秣陵周氏大有堂刊本，1986年6月），卷6，〈諭國子學官〉，頁33上。

命令天下府郡縣皆設立學校，在詔書中同樣也提到：「古昔帝王育人材，正風俗，莫先於學校。」〔註58〕可清楚瞭解朱元璋對興辦教育的重視程度與教化人材的目的，務在使士人達到能經明行修，博古通今，文質相符的境地，以爲將來君用之資。而想要達成此種目標，則必需要「讀聖賢之書，明聖賢之道」，而聖賢之書則以《五經》、《四書》爲最緊要，朱元璋就曾對大臣特別強調其重要性，他說：

> 道之不明，由教之不行也。夫《五經》，載聖人之道者也，譬之菽粟布帛，家不可無。人非菽粟布帛，則無以爲衣食；非《五經》、《四書》，則無由知道理。〔註59〕

因而於洪武十四年（1381）三月辛丑及十九年（1386）三月辛巳，兩次頒賜《五經》、《四書》於北方學校，以作爲平日講習學道的根本。

明成祖即位後，也秉承明太祖的祖訓，繼續提倡儒學，興辦學校教育，培養人才，以作爲朝廷的儲備人材。成祖在永樂十年（1412）三月丙申，就曾對禮部大臣強調學校單位是社會風俗教化的根本，其重要性自然不容輕忽，他說：

> 學校，風化所繫，人性之善，蠻夷與中國無異，特在上之人作興之耳。〔註60〕

因此，明成祖爲曉諭天下學者，編纂刊刻《五經、四書、性理大全書》，將其頒發給「六部併兩京國子監及天下郡縣學」，方便天下士子吸收學習孔孟聖賢的精義。

國子監的教育內容，在明代有相當嚴格的規定，主要以儒家的孔孟經典爲教本。在洪武、建文年間，士子「所習自四子本經外，兼及劉向《說苑》及律令、書、數、《御製大誥》」，〔註61〕所指的『四子本經』即《四書》和《五經》。而各地方的府學、州學和縣學，其學校的教育內容，大致上與國子監所授相同，唯一不同之處，在地方官學於《五經》僅選擇一種即可，其餘各經可不讀。但自明成祖編成《五經、四書大全》，並於永樂十五年（1417）頒發全國各級學校，情形爲之改變，程、朱等人對於《四書》、《五經》的注解和

〔註58〕參見錢伯城等主編：《全明文》第一冊，（上海：上海古籍出版社，1992年12月），卷19，〈命郡縣立學校詔〉，頁355。

〔註59〕見《皇明寶訓・大明太祖高皇帝寶訓》，卷2，〈尊儒術〉，頁3下。

〔註60〕見《皇明寶訓・大明太宗文皇帝寶訓》，卷3，〈興學〉，頁13上。

〔註61〕見（清）張廷玉等撰：《明史》，卷69，〈選舉志〉頁1677。

意見，一躍成爲學子們的必讀教科書，科舉考試也以它作爲出題範圍，在功名利祿的引誘下，學士日夜誦習者皆是《五經、四書大全》，導致程朱理學變成明代一統全國各地學校教育的局面，也從此確立程朱之學在明、清學術上的統治地位。

三、對宗朱學之強化

朱熹爲人好古敏求，是兩宋最博學多聞的人，舉凡儒家經籍，他都有極精深的研究，爲宋代學術史上集大成的人物。他將〈大學〉、〈中庸〉兩篇自《禮記》中抽出，與《論語》、《孟子》合稱爲《四書》，並爲它殫精竭慮的從事訓釋注解的工作，提升《四書》在儒家學術上的地位至與《五經》平行。在《五經》研究方面，除《春秋》、《禮記》二經無所作外，其餘各經均有專著傳世。

朱熹之學在南宋時曾遭反對人士詆毀爲『假道學』，毫無學術，係欺世盜名，因而在韓侂冑（1151～1202）掌權之際，被誣爲『僞學』而加以禁絕。朱子逝世以後，眾多的弟子分散各地，或聚徒講學，傳播老師的學說，或鼓吹程朱理學思想，在學術界形成一股相當大的影響力。

元代對中國經學發展上的貢獻，主要是表現在元仁宗皇慶二年（1313）恢復停辦將近半世紀的科舉考試，並將程朱學術思想正式立爲官學，使理學真正定於一尊。但是元代因係異族統治漢民族，在科舉中漢人和南人遭受到的民族歧視情形相當嚴重，程朱理學雖然被政府列爲官學，但因科舉所設科目少，錄取人數也少，漢人和南人即使科考錄取，所授的官爵品秩也相當低，朝廷在管理國家的理念及選拔上層的仕宦官員的傳統，依舊並沒有採用儒家學說及儒士，而是由胥吏代儒士，故其對程朱理學統治地位的確立，仍有待明成祖來完成。〔註62〕等到明太祖洪武十七年（1384）三月重訂科舉程式，即採用劉基的建議，大略承襲元代科制，宗法程朱之學來作爲取士標準。但是朱元璋取士時何以一定要選擇程朱理學呢？李焯然先生認爲明太祖推崇儒學，實際上是鑑於蒙元的蔑棄禮義，其作法「大抵與復興漢文化有關」，並非故意要去提倡程朱理學，他說：

> 明初制定科舉之制，以元朝的科舉程式爲藍本，採取程朱經注可說

〔註62〕參見毛佩琦、李焯然撰：《明成祖史論》（臺北：文津出版社，1994年7月），頁264。

是順其自然。而且，程朱之學確也是支配著明初的思想界，誠如《明史‧儒林傳》所說：「原夫明初諸儒，皆朱子門人之支流餘裔，師承有自，矩矱秩然。」明初的發展，有其歷史淵源，並非太祖的政策使然，而太祖也沒有刻意的去提倡程朱理學。……興起於宋代的新儒學在太祖洪武朝並未受到政府的特別對待，官方也沒有提到定程朱理學爲國家的理念。明代國家理念的成立，是明成祖一手促成的。〔註63〕

李氏所說的「國家理念」是指儒學在政治上的地位受官方許可承認，以作爲整個國家共同的思想根源。朱元璋驅除蒙元異族，恢復漢民族的統治地位，也爲恢復傳統的儒家禮樂文化，因而「令學者非《五經》、孔孟之書不讀，非濂、洛、關、閩之學不講」，〔註64〕「經義皆用註疏，而參以程、朱傳註」。〔註65〕朱元璋恢復儒學，以孔孟之書爲經典，並選擇當時學術界的主流程朱註解作爲輔翼，乃理勢之必然，實不足爲奇。

　　明成祖朱棣即位，爲了避免「天下士所爲學，言人人殊，俗異而政無統」〔註66〕狀況的發生，特別諭令儒臣胡廣等纂輯諸儒對《五經》、《四書》的傳注及其發明，編爲《五經、四書、性理大全》，這部《大全》的內容廢棄古注疏不用，一以程朱學術思想爲準，修成後刊板頒給全國的郡縣學校，作爲教誨學子的教科書，也用作科舉考試的的標準本，凡是不符合朱學範疇，一律被視爲異端而加以排斥。上節所引陳鼎《東林列傳‧高攀龍傳》中所敘述朱季友的事情，發生在永樂二年（1403）七月，朱氏只因「專詆周、程、張、朱之說」，即已遭到杖責聲罪、抄家焚書的命運。〔註67〕當時《五經大全》尚未編纂，命運已然如此悲慘，更遑論在《大全》欽定頒發後，更是無人敢對

〔註63〕見毛佩琦、李焯然撰：《明成祖史論》，〈思想篇〉，頁266。

〔註64〕參見（明）陳鼎撰：《東林列傳》（臺北：臺灣商務印書館，1986年3月），卷2，頁14上，〈高攀龍傳〉。

〔註65〕見（明）何良俊撰：《四友齋叢說》（明華亭何氏市原刊本），卷3，頁1上。

〔註66〕參見（清）傅維鱗編纂的《明書》（臺北：華正書局影印畿輔叢書本，1974年10月），卷62，〈學校志〉，頁1231。

〔註67〕有關朱季友之事，陳治本等編纂的《皇明寶訓》也有類似的記載，「永樂二年七月壬戌，饒州鄱陽縣民朱季友進書，詞理謬妄，毀謗聖賢，禮部尚書李至剛、翰林學士解縉等請置於法。上曰：『愚民若不治之，將邪說有誤後學。』即遣行人押還鄉里，會布政司按察司及府縣官杖之一百，就其家搜檢所著文字，悉毀之，仍不許稱儒教學。」（《皇明寶訓》，卷3，頁15下～16上）

程朱之學的得失有所置喙論斷。明英宗正統年間（1436～1449）南畿提學御史彭勖，因為永樂間修纂的《五經四書大全》編選時討論欠精當，所引諸儒說法有與朱子《集註》相違背的，曾加以刪正改寫，卻因為《大全》書前有明成祖御製序文而作罷。〔註68〕另外在明憲宗成化二十年（1484），江蘇無錫也有士人陳公懋因不滿朱子《四書集註》，而予以刪改進呈，也同樣遭到焚毀判刑的命運。〔註69〕可知明成祖為藉學術教化來達到他統一思想的目的，並不允許士子對其有所異議。程朱的學術思想在官方刻意保護之下，獲得獨尊的地位，從此天下學校所教授、所修習的課程，完全出自明成祖頒發的這套《五經、四書大全》。士子對朱學可說既不敢違背，也不敢懷疑，使朱學在明代學術史上能「合萬途於一軌，會萬理於一原」，「使家不異政，國不殊俗」，眞正達到「家孔、孟而戶程、朱」的地步。

〔註68〕 參見（明）陸容撰：《菽園雜記》（臺北：臺灣商務印書館，1986 年 3 月），卷3，頁 14 上。

〔註69〕 （明）徐三重所撰的《採芹錄》：「成化二十年，無錫人陳公懋刪改朱子《四書集註》進呈，命毀之，仍遞回有司治罪。」見徐氏撰：《採芹錄》（臺北：臺灣商務印書館，1986 年 3 月），卷 2，頁 4 下。

第十章 結 論

綜合前面各章的論述，我們可以得到以下幾點結論：

第一，就修纂的動機及目的而言：明成祖以藩王藉口「靖難」，起兵叛變，奪取其姪建文帝朱允炆之帝位，即位之後，對反對他或不服從者大肆殺戮，手段殘酷毒辣，造成士子心裡惶惶不安，他爲求安撫憂懼不安的心理，遂假藉雅好儒術，崇尚文化，積極的進行編纂圖書工作，除了藉此炫耀其文治，以期能在歷史上留名。並可「以修書來承繼道統」，「以取得正統之地位」，試圖弭平其得位不正之譏，況且纂修圖書可以藉此牢籠文人，收攬民心，消靡其心中不滿的情緒，眞可謂一舉數得而別有用心的作法。

第二，就修纂人來說：前人陳陳相襲皆以爲《五經、四書大全》的纂修者僅有胡廣、楊榮、金幼孜等四十二人而已，未嘗有異說。經過詳細之考察，實際參與纂修工作者，除胡廣等人外，至少尚有劉三吾、王暹、宋琰、陳敬宗、許敬軒、吳餘慶等六人，在當時實際參與纂修工作，事後卻未被列入纂修名單當中。恐怕眞正參與者應不僅僅只此數目。至於從四十八位修纂儒臣的職位履歷來看，大約可分爲四類：一類係當時之高官顯要。其次爲翰林院之修撰、編修或檢討。三爲政府各單位之人員。四爲各地方之儒學教授、學正、教諭與訓導。這四類纂修人員，遍及當時上至閣部大臣、方面大員或碩學鴻儒，下至九品之府學教授及不入流品之地方儒學教官，符合明成祖「舉朝臣及在外教官有文學者同修」之意。其中以翰林院及刑部人員最多，翰林院人員本係科舉登第優秀者簡選進入，多文學才識之士，參與修纂工作，頗適合其才學。而刑部主事參與纂修者，皆係永樂二年（1403）登第而被選入文淵閣讀書，以儲備將來受朝廷重用者，參與修纂《大全》，正好可以發揮其

才學。

　　第三，就《周易傳義大全》來說：其取材來源，明、清兩代學者都認定是全襲董楷《周易傳義附錄》、董眞卿《周易會通》、胡一桂《易本義附錄纂註》、胡炳文《周易本義通釋》四人之書而成。根據詳實統計得知，《周易傳義大全》的編纂是以董眞卿的《周易會通》爲底本，而輔以胡炳文的《周易本義通釋》一書，另外編者再自行增補百分之二十五點一九的宋、元人《易》說疏文編纂而成。《周易會通》的體例與《周易傳義大全》最相似。《周易傳義大全》書上所徵引總數五三三六條經說疏文，與董氏《周易會通》相同的共有三千一百八十五條，約佔全書總數百分之五十九點六九；另外編者從他書增補的完整疏文者有二千一百五十一條，約佔全書總數的百分之四十點三一。所增補的先儒《易》說之中，以元人胡炳文的《周易本義通釋》被引用八百零七條最多，約佔全書百分之十五點一二。董眞卿《周易會通》與胡炳文《周易本義通釋》兩書合起來共被《周易傳易大全》徵引三千九百九十二條，約佔全書百分之七十四點八一。再者，《周易傳義大全》的編纂在全書中徵引一百五十三位儒者及五種書籍，總共五千三百三十六條的經說疏文。其中「引用先儒姓氏」表僅登錄一百三十六位先賢儒者，徵引三千七百九十五條經說疏文，另外有被引用一千五百三十三條經說疏文的十七位儒者，未被載入「引用先儒姓氏」表中。由此可知，李默、朱彝尊、《四庫全書總目》等明、清學者對於《周易傳義大全》編纂取材來源的問題，看法都不甚正確，實有加以修正之必要，以免繼續誤導後學。

　　第四，《書傳大全》書前凡例並未明言經說資料抄錄自何書，前儒對於《書傳大全》取材的說法，眾說紛紜，明人或謂全襲陳櫟之書，或以爲是全錄自董鼎之書。清吳任臣首倡抄襲自陳櫟、陳師凱二陳氏，稍後朱彝尊、《四庫全書總目》承襲此說，世人皆深信不疑，幾乎已成爲定論。經過筆者實際持內府本《書傳大全》和董鼎《書蔡氏傳輯錄纂註》、陳櫟《書蔡氏傳纂疏》、陳師凱《書蔡氏傳旁通》三書詳細比對，結果發現《書傳大全》所鈔錄的經說疏文與董鼎書相同的有二千二百七十五條，佔全書經說疏文的百分之七十五點六六，高達四分之三，可知《書傳大全》修纂取材來源主要是以董鼎《書蔡氏傳輯錄纂註》爲參考底本。另外再兼採陳櫟《書蔡氏傳纂疏》、吳澄《書纂言》、陳雅言《書義卓躍》等書的經說資料作爲輔助。至於朱彝尊、《四庫全書總目》等所指陳的陳師凱《書蔡氏傳旁通》一書，《書傳大全》實際上根

本一條經說資料都未參考。前人的說法，全都不甚正確，有需要加以修正。

　　第五，就《詩傳大全》來說：《詩傳大全》的取材來源，實際上是以劉瑾的《詩傳通釋》爲參考底本進行修纂，輔以編者增補刪飾而成的。《詩傳大全》全書總共徵引五千三百五十五條經說疏文，和劉瑾《詩傳通釋》書上的經說疏文完全相同者有四千四百四十七條，佔全書總數的百分之八十三點〇四；而《詩傳大全》編者自行增補刪改的經說疏文則有九百零八條，僅佔全書總數的百分之十六點九六。《詩傳大全》在卷首〈凡例〉中曾明白說明修纂徵引的七十二位歷代儒者，但是實際統計全書所引用的經說疏文當中，可以發現全書徵引的七十二位儒者共徵引四千四百零一條經說疏文。除〈凡例〉所列的七十二人以外，書中尚有二十三位儒者姓名並未被載入，共徵引四百四十九條經說疏文。除此之外，也有以書籍名稱引用者，有包括《左傳》等在內的五十八種書籍，合計共四百零三條經說疏文。更改劉瑾《詩傳通釋》書上所註的元代地名有三十九處，及未標出姓氏里籍或書籍名稱，而僅鈔錄歷史事實資料者五條，未標示出處的解說音義疏解五十八條。明、清學者李默、顧炎武等人的說法是大致可以相信的。只是顧氏諸人認爲《詩傳大全》是「全襲元人劉瑾《詩傳大全》」、「但改其中『愚按』二字爲『安成劉氏曰』」、「僅刪去數條」、「大約於其太冗蔓者略刪數條，而餘文如故」等誇大而不務實際的情緒性評論文字，實皆有加以修正之必要。

　　第六，就《禮記集說大全》來說：其書的經說取材來源，前人大都以爲是抄襲元人陳澔《禮記集說》一書之外，又另行增補宋、元儒者四十二家之說，這種說法實際上是錯誤的，《禮記集說大全》實際取材來源係以宋人衛湜《禮記集說》一書爲本，進行刪削損益而成。《禮記集說大全》全書所徵引的二千一百二十一條宋、元經說疏文中，與衛湜《禮記集說》書上完全相同者總共有二千零七條，約佔全書疏文的百分之九十四點六三，而纂修者自行增補者僅有一百一十四條，佔全書疏文的百分之五點三七。《禮記集說大全》全書所引錄的前儒經說疏文，除抄襲書前〈凡例〉所列周敦頤、司馬光等四十二人之說外，經過筆者實際統計比對，顯示引錄的前儒經說共有六十三家之多，人數多出二十一家，皆是《禮記集說大全》編纂者自行增補的，遠超出清人所習知認定的數目。朱彝尊、《四庫全書總目》等人的說法，是絕對不可信的。列名參考引用書目的四十二家的經說疏文，在書中僅被徵引七百條，佔全書總數百分之三十三，約爲全書三分之一；反而是《禮記集說大全》編

者所自行增引的二十一家經說疏文，合計共被徵引一千四百二十一條，約佔全書總數的百分之六十七，約當三分之二。

第七，就《春秋集傳大全》來說：前人都說《春秋集傳大全》是以元人汪克寬的《春秋胡氏傳附錄纂疏》為底本進行刪飾而成。根據《春秋集傳大全》書中所引用的儒者，除卷首「引用先儒姓氏」表所登錄的九十二位儒者外，還有三十九位儒者及五十四種典籍未載入表中。全書徵引的經說疏文資料，總共有一萬一千六百七十條。假如不論其增刪移改情形，則《春秋集傳大全》與汪氏《春秋胡氏傳附錄纂疏》相同的疏文資料總共有一萬零一百五十六條，約佔全書總數的百分之八十七，雷同率高達八成七。而《春秋集傳大全》編者自行增補的完整經說疏文有一千五百一十四條，約佔全書總數的百分之十三；可證實胡廣等人編纂《春秋集傳大全》時確實是以汪氏《春秋胡氏傳附錄纂疏》作為其參考的底本，前人所指陳抄襲汪書的說法，雖與事實真相有許多出入，大致上仍然是可信的。

第八，就其與明代經學的衰微來說：清代以來的學者普遍認為《五經大全》書中徵引的經說疏文，捨棄漢、唐古注疏，而全部抄錄宋、元儒者的經說，導致古學盡遭廢棄，古義因而淪亡。根據統計資料顯示，以《春秋集傳大全》和《詩傳大全》徵引的漢、唐經說古義較多，次為《書傳大全》、《周易傳義大全》，至於《禮記集說大全》則是乾脆都不引用，總計《五經大全》所保存的漢、唐經說古義只佔全部的百分之十二點四，可說相當的少，在宋、元人刻意鄙棄漢、唐經說的風氣下，明人承傳其學術，難怪經學也會逐漸衰微。至於顧炎武等人說明代實行八股取士制度，致士人只讀八股範本或經書節本，經學風氣自然衰落，顧氏之言實際只看到明代士子「藉聖賢之言為梯榮釣寵之術」問題表象，倒果為因，痛詆時文，其說法並不一定正確。真實的原因，首先應當是明代學者研究學問的重心轉移到關注百姓日用之學，專門研究與社會民生經濟相關的問題，因而促進明代科學技術的發展，造就大批一流的科學家出現。其次，是跟當時科舉考試的出題方式有關，八股文或制義所出的題目，限定「以經言命題」，題目或一句、或數句，或一節、或全章，以闡揚其文中義理為宗旨，但實行太久，幾百年下來，自然會經常出現的考古題，考試領導教學，試題常有考古題，等於變相鼓勵士子專門投機取巧去閱讀專門針對考試而模擬出來的講章類的範本，如此自然造成士子不讀全經，經學自然也就衰微不振。

　　第九，就其書之價值及對後世之影響來說：前人普遍認爲《五經大全》全部是剽竊前儒成編，並無絲毫價值。實際上，正因其博采宋、元儒者經說，「集諸家傳注而爲《大全》」成爲宋、元諸儒經注的統編總匯。搜羅宏富，宋、元儒者的經說資料，往往因被《五經大全》採錄而保存下來，可以提供後世輯佚及校勘之用。另外，《五經大全》的出現，標幟朱學統治時代的來臨，藉此也反映出朱子學術在明、清兩代發展的面貌。再者，前人雖因《五經大全》編纂資料是剽竊前儒而成，迭遭抨擊，明、清兩代經學的傳衍與發展，卻仍深深受到它的影響。因此，論及《五經大全》的價值與影響，絕不可因爲清代學者過激之辭，就輕易的一概加以抹殺。

重要參考書目

一、經　部

1. 《周易注疏》，（唐）孔穎達等撰，臺北，藝文印書館，影印《十三經注疏》本，1979 年 3 月。

2. 《大易粹言》，（宋）曾穜撰，南宋建安劉叔剛刊本。

3. 《周易本義》，（宋）朱熹撰，臺北，廣學社印書館，1975 年 9 月。

4. 《周易傳義附錄》，（宋）董楷撰，臺北，大通書局，影印《通志堂經解》本，1972 年 9 月。

5. 《周易傳義附錄》，（宋）董楷撰，臺北，臺灣商務印書館影印《文淵閣四庫全書》本，1986 年 3 月。

6. 《周易本義附錄纂注》，（元）胡一桂撰，臺北，大通書局，影印《通志堂經解》本，1972 年 9 月。

7. 《易纂言》，（元）吳澄撰，明萬曆四十二年談自省等南京刊本。

8. 《周易本易通釋》，（元）胡炳文撰，明嘉靖元年邵武知府潘旦刊本。

9. 《周易本義通釋》，（元）胡炳文撰，臺北，大通書局影印《通志堂經解》本，1972 年 9 月。

10. 《周易經傳集程朱解附錄纂註》，（元）董眞卿撰，明洪武二十一年建安虞氏務本堂重刊本。

11. 《周易會通》，（元）董眞卿撰，臺北，臺灣商務印書館，影印《文淵閣四庫全書》本，1986 年 3 月。

12. 《周易會通》，（元）董眞卿撰，臺北，大通書局，影印《通志堂經解》本，1972 年 9 月。

13. 《周易傳義大全》，（明）胡廣等撰，明內府刊本。

14. 《周易傳義大全》，（明）胡廣等撰，明建陽安正堂刊黑口本。

15. 《周易傳義大全》，（明）胡廣等撰，明書林善敬堂刊《五經大全》本。

16. 《易經大全》，（明）胡廣等撰，臺北，成文出版社《無求備齋易經集成》影印明建陽坊刊《五經大全》本，1976 年不著出版月。《周易大全》，（明）胡廣等撰，臺北，臺灣商務印書館影印《文淵閣四庫全書》本，1986 年 3 月。

17. 《周易折中》，（清）李光地纂，臺北，眞善美出版社影印清同治六年浙江刊本，1971 年 6 月。

18. 《易學哲學史》，朱伯崑，臺北，藍燈文化事業股份有限公司，1991 年 9 月。

19. 《周易研究史》，廖名春等撰，長沙，湖南出版社，1991 年 7 月。

20. 《周易知識通覽》，朱伯崑主編，濟南，齊魯書社，1993 年 12 月。

21. 《宋象數易學研究》，劉瀚平撰，臺北，五南圖書出版公司，1994 年 2 月。

22. 《周易漫談》，張善文撰，臺北，頂淵文化事業有限公司，1998 年 4 月。

23. 《尚書注疏》，（唐）孔穎達等撰，臺北，藝文印書館影印《十三經注疏》本，1979 年 3 月。

24. 《尚書全解》，（宋）林之奇撰，臺北，臺灣商務印書館影印《文淵閣四庫全書》本，1986 年 3 月。

25. 《朱文公訂正門人蔡九峰書集傳》，（宋）蔡沈傳，北京，中華書局影印《古逸叢書》三編本，1987 年 9 月。

26. 《書經集傳》，（宋）蔡沈撰，臺北，世界書局，1981 年 11 月五版。

27. 《書蔡氏傳纂疏》，（元）陳櫟撰，明山陰祁氏澹生堂傳鈔元泰定間梅溪書院刊本。

28. 《書蔡氏傳旁通》，（元）陳師凱撰，元至正五年，建安余氏勤有堂刊本。

29. 《書集傳音釋》，（元）鄒季友撰，明初刊黑口本。

30. 《尚書輯錄纂註》，（元）董鼎撰，元至正十四年建安翠巖精舍刊本。

31. 《書傳會選》，（明）劉三吾撰，明刊黑口本。

32. 《書傳會選》，（明）劉三吾撰，明趙府味經堂刊本。

33. 《書傳會選》，（明）劉三吾撰，臺北，臺灣商務印書館影印《文淵閣四庫全書》本，1986 年 3 月。

34. 《書傳大全》，（明）胡廣等傳，明內府刊本。

35. 《書傳大全》，（明）胡廣等傳，明書林善敬堂刊《五經大全》本。

36. 《申學士校正古本官板書傳大全》，（明）胡廣等傳，明建邑書林余氏刊本。

37. 《書傳大全通釋》，（明）彭勖撰，明宣德十年守中書堂刊本。

38. 《書經大全》，（明）胡廣等撰，臺北，臺灣商務印書館影印《文淵閣四庫全書》本，1986 年 3 月。

39. 《尚書古文疏證》，（清）閻若璩撰，上海，上海古籍出版社影印清眷西堂刊本，1987 年 12 月。

40. 《清代尚書學》，古國順撰，臺北，文史哲出版社，1981 年 7 月。

41. 《尚書集釋》，屈萬里撰，臺北，聯經出版事業公司，1983 年 2 月。

42. 《尚書今註今譯》，屈萬里撰，臺北，臺灣商務印書館，1971 年 10 月。

43. 《尚書新證》，于省吾撰，臺北，崧高書社，1985 年 4 月。

44. 《尚書引論》，張西堂撰，臺北，崧高書社，1985 年 9 月。

45. 《尚書學史》，劉起釪撰，北京，中華書局，1989 年 6 月。

46. 《尚書源流及傳》本，劉起釪撰，瀋陽，遼寧大學出版社，1997 年 3 月。

47. 《尚書流衍及大義探討》，李振興撰，臺北，文史哲出版社，1982 年 6 月。

48. 《尚書學述，李振興撰》，臺北，東大圖書公司，1994 年 5 月。

49. 《敦煌殘卷古文尚書校注》，吳福熙撰，蘭州，甘肅人民出版社，1992 年 12 月。

50. 《尚書虞夏書新解》，金景芳、呂紹綱撰，瀋陽，遼寧古籍出版社，1996 年 6 月。

51. 《尚書論文集》，于大成、陳新雄主編，臺北，西南書局，1979 年 9 月。

52. 《尚書漫談》，部積意、胡鳴撰，臺北，頂淵文化事業有限公司，1998 年 4 月。

53. 《詩經注疏》，（唐）孔穎達等撰，《十三經注疏》本，臺北，藝文印書館，1979 年 3 月。

54. 《詩經集傳》，（宋）朱熹撰，臺北，世界書局，1981 年 11 月五版。

55. 《詩經集傳》，（宋）朱熹撰，成都，巴蜀書社，1989 年 7 月。

56. 《詩說》，（宋）劉克撰，上海，上海古籍出版社，《續修四庫全書》影印宋刻本，1996 年。

57. 《詩疑》，（宋）王柏撰，上海，上海古籍出版社，《續修四庫全書》影印清康熙通志堂經解本，1996 年。

58. 《詩傳注疏》，（宋）謝枋得撰》，（清）吳長元重輯，上海，上海古籍出版社，《續修四庫全書》影印清乾隆五十年鮑氏《知不足齋叢書》本，1996 年。

59. 《呂氏家塾讀詩記》，（宋）呂祖謙撰，臺北，臺灣商務印書館，《四部叢刊續編》本，1976 年 6 月。

60. 《詩童子問》，（宋）輔廣撰，臺北，臺灣商務印書館影印《文淵閣四庫

全書》本，1986 年 3 月。

61. 《詩緝》，（宋）嚴粲撰，臺北，廣文書局，1989 年 8 月四版。

62. 《詩集傳附錄纂疏》，（元）胡一桂撰，上海，上海古籍出版社，《續修四庫全書》影印元泰定四年翠巖精舍刻本，1996 年。

63. 《詩集傳名物鈔音釋纂輯》，（元）羅復撰，上海，上海古籍出版社，《續修四庫全書》影印元至正十一年雙桂書堂刻本，1996 年。

64. 《詩傳通釋》，（元）劉瑾撰，臺北，臺灣商務印書館，影印《文淵閣四庫全書》本，1986 年 3 月。

65. 《詩經解頤》，（明）朱善撰，明刊黑口本。

66. 《詩解頤》，（明）朱善撰，臺北，臺灣商務印書館，影印《文淵閣四庫全書》本，1986 年 3 月。

67. 《詩傳大全》，（明）胡廣等撰，明內府刊本。

68. 《詩傳大全》，（明）胡廣等撰，明書林善敬堂刊《五經大全》本。

69. 《詩經大全》，（明）胡廣等撰，德壽堂刊本。

70. 《詩經大全》，（明）胡廣等撰，臺北，臺灣商務印書館，影印《文淵閣四庫全書》本，1986 年 3 月。

71. 《葉太史參補古今大方詩經大全》，（明）葉向高撰，明建邑書林余氏刊本。

72. 《詩經說約》，（明）顧夢麟撰，臺北，中央研究院中國文哲研究所籌備處，1996 年 6 月。

73. 《詩經的歷史公案》，李家樹撰，臺北，大安出版社，1990 年 11 月。

74. 《詩經詮釋》，屈萬里撰，臺北，聯經出版事業公司，1983 年 2 月。

75. 《詩經注析》，程俊英、蔣見元撰，北京，中華書局，1991 年 10 月。

76. 《詩經研究史概要》，夏傳才撰，臺北，萬卷樓圖書有限公司，1993 年 7 月。

77. 《詩經引論》，滕志賢撰，南京，江蘇教育出版社，1996 年 12 月。

78. 《詩經的文化精神》，李山撰，北京，東方出版社，1997 年 6 月。

79. 《詩經漫談》，陳節撰，臺北，頂淵文化事業有限公司，1997 年 8 月。

80. 《禮記集說》，（宋）衛湜撰，藍格舊鈔本。

81. 《禮記集說》，（宋）衛湜撰，臺北，大通書局，影印《通志堂經解》本，1972 年 9 月。

82. 《禮記纂言》，（元）吳澄撰，明刊黑口本。

83. 《禮記集說》，（元）陳澔撰，明正統十二年司禮監刊本。

84. 《禮記集說》，（元）陳澔撰，臺北，世界書局，1990 年 9 月。

85. 《禮記集說大全》，（明）胡廣等撰，明內府刊本。

86. 《禮記集說大全》，（明）胡廣等撰，明內府刊《五經大全》本。

87. 《禮記集說大全》，（明）胡廣等撰，明書林善敬堂刊《五經大全》本。

88. 《張翰林校正禮記大全》，（明）胡廣等撰，明坊刊本。

89. 《禮記大全》，（明）胡廣等撰，臺北，臺灣商務印書館，影印《文淵閣四庫全書》本，1986 年 3 月。

90. 《禮記集解》，（清）孫希旦撰，臺北，文史哲出版社，1990 年 8 月。

91. 《禮記訓纂》，（清）朱彬撰，北京，中華書局，1996 年 6 月。

92. 《禮記質疑》，（清）郭嵩燾撰，長沙，岳麓書社，1992 年 4 月。

93. 《禮記校證》，王夢鷗撰，臺北，藝文印書館，1976 年 12 月。

94. 《儒行研究》，胡楚生撰，臺北，華正書局，1986 年 3 月。

95. 《禮記漫談》，劉松來撰，臺北，頂淵文化事業有限公司，1997 年 8 月。

96. 《春秋劉氏傳》，（宋）劉敞撰，臺北，大通書局，影印《通志堂經解》本，1972 年 9 月再版。

97. 《春秋胡氏傳》，（宋）胡安國撰，臺北，臺灣商務印書館，《四部叢刊》，1979 年。

98. 《春秋胡傳》，（宋）胡安國撰，成都，巴蜀書社，1989 年 4 月。

99. 《春秋後傳》，（宋）陳傅良撰，臺北，大通書局，影印《通志堂經解》本，1972 年 9 月再版。

100. 《春秋集註》，（宋）張洽撰，臺北，大通書局，影印《通志堂經解》本，1972 年 9 月再版。

101. 《春秋諸傳會通》，（元）李廉撰，臺北，大通書局，影印《通志堂經解》本，1972 年 9 月再版。

102. 《春秋胡氏傳纂疏》，（元）汪克寬撰，元至正八年建安劉叔簡日新堂刊本。

103. 《春秋屬辭》，（元）趙汸撰，臺北，大通書局，影印《通志堂經解》本，1972 年 9 月再版。

104. 《春秋集傳大全》，（明）胡廣等撰，明內府刊本。

105. 《春秋集傳大全》，（明）胡廣等撰，明書林善敬堂刊《五經大全》本。

106. 《春秋大全》，（明）胡廣等撰，臺北，臺灣商務印書館，影印《文淵閣四庫全書》本，1986 年 3 月。

107. 《春秋四傳私考》，（明）徐浦撰，影鈔明萬曆丁丑蒲城徐氏家刊本。

108. 《春秋衡庫》，（明）馮夢龍撰，明天啟五年刊本。

109. 《春秋三傳比義》，傅隸樸撰，臺北，臺灣商務印書館，1983 年 5 月。

110. 《春秋宋學發微》，宋鼎宗撰，臺北，文史哲出版社，1986 年 9 月增訂再版。

111. 《春秋左傳學史稿》，沈玉成、劉寧撰，南京，江蘇古籍出版社，1992 年 6 月。

112. 《左氏春秋義例辨》，陳槃撰，臺北，中央研究院歷史語言研究所，1993 年 5 月重訂再版本。

113. 《清代公羊學》，陳其泰撰，北京　東方出版社，1997 年 4 月。

114. 《左傳漫談》，郭丹撰，臺北，頂淵文化事業有限公司，1997 年 8 月。

115. 《經義考》，（清）朱彝尊撰，京都，中文出版社，1978 年 8 月。

116. 《經解入門》，（清）江藩撰，天津，天津市古籍書店，1990 年 6 月。

117. 《經學歷史》，（清）皮錫瑞撰，北京，中華書局，1989 年 9 月。

118. 《經學源流考》，甘鵬雲撰，臺北，維新書局，1983 年 1 月。

119. 《中國經學史》，馬宗霍撰，臺北，臺灣商務印書館，1979 年 9 月。

120. 《中國經學史》，本田成之撰、孫俍工譯，臺北，古亭書屋，1975 年 4 月。

121. 《周予同經學史論著選集》（增訂本），朱維錚編，上海，上海人民出版社，1996 年 7 月。

122. 《中國經學發展史論》（上冊），李威熊撰，臺北，文史哲出版社，1988 年 12 月。

123. 《經學簡史》，何耿鏞撰，廈門，廈門大學出版社，1993 年 12 月。

124. 《經今古文學問題新論》，黃彰健撰，臺北，中央研究院歷史語言研究所，1982 年 11 月。

125. 《西漢經學與政治》，湯志鈞等撰，上海，上海古籍出版社，1994 年 12 月。

126. 《西漢經學源流》，王葆玹撰，臺北，東大圖書公司，1994 年 6 月。

127. 《兩漢經學史》，章權才撰，上海，廣東人民出版社，1990 年 12 月。

128. 《魏晉南北經學朝史》，章權才撰，廣州，廣東人民出版社，1996 年 8 月。

129. 《宋代經學之研究》，汪惠敏撰，臺北，師大書苑有限公司，1989 年 4 月。

130. 《明代經學研究論集》，林慶彰撰，臺北，文史哲出版社，1994 年 5 月。

131. 《清初的群經辨偽學》，林慶彰撰，臺北，文津出版社，1990 年 3 月。

132. 《清代經學史通論》，吳雁南主編，昆明，雲南大學出版社，1993 年 12 月。

133. 《近代經學與政治》，湯志鈞撰，北京，中華書局，1989 年 8 月。

134. 《經學史論集》，湯志鈞撰，臺北，大安出版社，1995 年 6 月。

135. 《經學史》，安井小太郎等撰，連清吉、林慶彰合譯，臺北，萬卷樓圖書有限公司，1996 年 10 月。

136. 《中國儒學思想史》，張豈之主編，西安，陝西人民出版社，1990 年 4 月。

137. 《中國儒學史》，趙吉惠等主編，鄭州，中州古籍出版社，1991 年 6 月。

138. 《經學通論》，（清）皮錫瑞撰，北京，中華書局，1989 年 4 月。

139. 《經學通志》，錢基博撰，臺北，臺灣中華書局，1978 年 9 月。

140. 《經學通論》，劉百閔撰，臺北，國防研究院，1970 年 3 月。

141. 《經學纂要》，蔣伯潛撰，長沙，嶽麓書社，1990 年 12 月。

142. 《經學提要》，朱劍芒撰，長沙，嶽麓書社，1990 年 12 月。

143. 《經學概論》，楊成孚撰，天津，南開大學出版社，1994 年 5 月。

144. 《經學常談》，屈守元撰，成都，巴蜀書社，1992 年 7 月。

145. 《十三經概論》，夏傳才撰，臺北，萬卷樓圖書有限公司，1995 年 6 月。

146. 《群經要義》，陳克明撰，北京，東方出版社，1996 年 12 月。

147. 《經學研究論叢》（第一輯），林慶彰主編，臺北，聖環圖書公司，1994 年 4 月。

148. 《經學研究論叢》（第二輯），林慶彰主編，臺北，聖環圖書公司，1994 年 10 月。

149. 《經學研究論叢》（第三輯），林慶彰主編，臺北，聖環圖書公司，1995 年 4 月。

二、史 部

1. 《史記》，（漢）司馬遷撰》，（宋）裴駰等注，臺北，宏業書局，1978 年 8 月再版。

2. 《漢書》，（漢）班固撰》，（唐）顏師古注，臺北，鼎文書局，1981 年 2 月四版。

3. 《後漢書》，（宋）范曄撰，唐李賢注，臺北，鼎文書局，1979 年 11 月。

4. 《北史》，（唐）李延壽撰，臺北，洪氏出版社，1975 年 1 月。

5. 《隋書》，（唐）魏徵等撰，臺北，洪氏出版社，1974 年 7 月。

6. 《宋史》，（元）脫脫等撰，臺北，鼎文書局，1991 年 2 月。

7. 《元史》，（明）宋濂等撰，臺北，國防研究院，1967 年 5 月。

8. 《元代史，周良霄、顧菊英撰，上海，上海人民出版社，1993 年 10 月。

9. 《明史》，（清）張廷玉等撰，臺北，鼎文書局，1979 年 12 月。

10. 《明太宗實錄》，（明）夏原吉等撰，臺北，中央研究院歷史語言研究所，1964 年 4 月。

11. 《明史紀事本末》，（清）谷應泰撰，臺北，三民書局，1985 年 9 月。

12. 《國榷》，（明）談遷撰，臺北，鼎文書局，1978 年 7 月。

13. 《明史竊》，（明）尹守衡撰，臺北，華世出版社，1978 年 4 月。

14. 《明史稿》，（清）王鴻緒編，臺北，文海出版社，1973 年 11 月。

15. 《明書》，（清）傅維麟纂，臺北，華正書局，影印《畿輔叢書》本，1974 年 10 月。

16. 《明通鑑》，（清）夏燮撰，臺北，宏業書局，1974 年 9 月。

17. 《明史》（上、下），南炳文、湯綱撰，上海，上海人民出版社，（上）1985 年 10 月，（下）1991 年 7 月。

18. 《皇明寶訓》，（明）陳治本等編，臺北，臺灣學生書局，影印明萬曆壬寅秣陵周氏大有堂刊本，1986 年 6 月。

19. 《國朝獻徵錄》，（明）焦竑輯，臺北，臺灣學生書局，1965 年 1 月。

20. 《殿閣詞林記》，（明）廖道南撰，臺北，臺灣商務印書館，影印《文淵閣四庫全書》本，1986 年 3 月。

21. 《明名臣琬琰錄》，（明）徐紘編，臺北，臺灣商務印書館，影印《文淵閣四庫全書》本，1986 年 3 月。

22. 《今獻備遺》，（明）項篤壽撰，臺北，臺灣商務印書館，影印《文淵閣四庫全書》本，1986 年 3 月。

23. 《東林列傳》，（清）陳鼎撰，臺北，臺灣商務印書館，影印《文淵閣四庫全書》本，1986 年 3 月。

24. 《明儒言行錄》，（清）沈佳撰，臺北，臺灣商務印書館，影印《文淵閣四庫全書》本，1986 年 3 月。

25. 《閩中理學淵源考》，（清）李清馥撰，臺北，臺灣商務印書館，影印《文淵閣四庫全書》本，1986 年 3 月。

26. 《天府廣記》，（清）孫承澤撰，臺北，漢京文化事業公司，1984 年 7 月。

27. 《永樂皇帝》，商傳撰，北京，北京出版社，1989 年 3 月。

28. 《明成祖傳》，晁中辰撰，北京，人民出版社，1993 年 9 月。

29. 《永樂皇帝大傳》，毛佩琦撰，瀋陽，遼寧出版社，1994 年 8 月。

30. 《明實錄研究》，謝貴安撰，臺北，文津出版社，1995 年 1 月。

31. 《明大誥研究》，楊一凡撰，南京，江蘇人民出版社，1988 年 12 月。

32. 《明清史講義》，孟森撰，臺北，里仁書局，1982 年 9 月。

33. 《明史論集》，李洵、李樹田主編，吉林，吉林文史出版社，1993 年 6 月。

34. 《明史管見》，黃冕堂撰，濟南，齊魯書社，1985 年 3 月。

35. 《古史續辨》，劉起釪撰，北京，中國社會科學出版社，1991 年 8 月。

36. 《永樂大典及其輯佚書研究》，顧力仁撰，臺北，文史哲出版社，1985 年 7 月。

37. 《明代的儒學教官》，吳智和撰，臺北，臺灣學生書局，1991 年 3 月。

38. 《明代教育管理制度》，張建仁撰，臺北，文津出版社，1993 年 5 月。

39. 《明清文化史散論》，馮天瑜撰，武昌，華中工學院出版社，1984 年 2 月。

40. 《中國書院史》，李國鈞主編，長沙，湖南教育出版社，1994 年 6 月。

41. 《皇明經世文編》，（明）陳子龍、徐孚遠等編，明崇禎刊本。

42. 《清經世文編》，（清）賀長齡、魏源等編，北京，中華書局，1992 年 4 月。

43. 《文獻通考經籍考》，（元）馬端臨撰，上海，華東師範大學出版社，1985 年 6 月。

44. 《文淵閣書目》，（明）楊士奇等撰，《明代書目題跋叢刊》，北京，書目文獻出版社，1994 年 1 月。

45. 《國史經籍志》，（明）焦竑撰，《明代書目題跋叢刊》，北京，書目文獻出版社，1994 年 1 月。

46. 《南廱志經籍考》，（明）梅鷟撰，《明代書目題跋叢刊》，北京，書目文獻出版社，1994 年 1 月。

47. 《內閣藏書目錄》，（明）張萱等撰，《明代書目題跋叢刊》，北京，書目文獻出版社，1994 年 1 月。

48. 《明太學經籍志》，（明）郭磐撰，《明代書目題跋叢刊》，北京，書目文獻出版社，1994 年 1 月。

49. 《行人司重刻書目》，（明）徐圖撰，《明代書目題跋叢刊》，北京，書目文獻出版社，1994 年 1 月。

50. 《秘閣書目》，（明）錢溥撰，《明代書目題跋叢刊》，北京，書目文獻出版社，1994 年 1 月。

51. 《晁氏寶文堂書目》，（明）晁瑮撰，《明代書目題跋叢刊》，北京，書目文獻出版社，1994 年 1 月。

52. 《世善堂藏書目錄》，（明）陳第撰，《明代書目題跋叢刊》，北京，書目文獻出版社，1994 年 1 月。

53. 《汲古閣校刻書目》，（明）毛晉撰，《明代書目題跋叢刊》，北京，書目

文獻出版社，1994 年 1 月。

54. 《菉竹堂書目》，（明）葉盛撰，《明代書目題跋叢刊》，北京，書目文獻出版社，1994 年 1 月。

55. 《澹生堂藏書目》，（明）祁承㸁撰，《明代書目題跋叢刊》，北京，書目文獻出版社，1994 年 1 月。

56. 《萬卷堂書目》，（明）朱睦㮮撰，《明代書目題跋叢刊》，北京，書目文獻出版社，1994 年 1 月。

57. 《古今書刻》，（明）周弘祖撰，《明代書目題跋叢刊》，北京，書目文獻出版社，1994 年 1 月。

58. 《近古堂書目》，不著撰人，《明代書目題跋叢刊》，北京，書目文獻出版社，1994 年 1 月。

59. 《濮陽蒲汀李先生家藏目錄》，（明）李廷相撰，《明代書目題跋叢刊》，北京，書目文獻出版社，1994 年 1 月。

60. 《百川書志》，（明）高儒撰，《明代書目題跋叢刊》，北京，書目文獻出版社，1994 年 1 月。

61. 《脈望館書目》，（明）趙琦美撰，《明代書目題跋叢刊》，北京，書目文獻出版社，1994 年 1 月。

62. 《玄賞齋書目》，（明）董其昌撰，《明代書目題跋叢刊》，北京，書目文獻出版社，1994 年 1 月。

63. 《趙定宇書目》，（明）趙用賢撰，《明代書目題跋叢刊》，北京，書目文獻出版社，1994 年 1 月。

64. 《徐氏家藏書目》，（明）徐渤撰，《明代書目題跋叢刊》，北京，書目文獻出版社，1994 年 1 月。

65. 《千頃堂書目》，（清）黃虞稷撰，書目叢編本，臺北，廣文書局，1967 年。

66. 《四庫全書總目》，（清）紀昀等撰，臺北，藝文印書館，1979 年 12 月五版。

67. 《《續修四庫全書》總目提要（經部）中國科學院圖書館整理，北京，中華書局，1993 年 7 月。

68. 《讀書敏求記》，（清）錢曾撰，北京，中華書局，1990 年 4 月。

69. 《愛日精廬藏書志》，（清）張金吾撰，北京，中華書局，1990 年 4 月。

70. 《善本書室藏書志》，（清）丁丙撰，北京，中華書局，1990 年 3 月。

71. 《儀顧堂題跋》，（清）陸心源撰，北京，中華書局，1990 年 3 月。

72. 《皕宋樓藏書志》，（清）陸心源撰，臺北，廣文書局，1968 年 3 月。

73. 《鄭堂讀書記》，（清）周中孚撰，臺北，臺灣商務印書館，1978 年 8 月

臺一版。

74. 《增訂四庫簡明目錄標注》,(清)江標撰,臺北,世界書局,1961 年 10 月。

75. 《郋園讀書志》,(清)葉德輝撰,臺北,明文書局,1990 年 12 月。

76. 《藏園訂補邵亭知見傳本書目》,(清)莫友芝撰,傅增湘訂補,北京,中華書局,1993 年 6 月。

77. 《木犀軒藏書題記及書錄》,(清)李盛鐸撰,北京,北京大學出版社,1985 年 12 月。

78. 《藏園群書經眼錄》,傅增湘撰,北京,中華書局,1983 年 9 月。

79. 《普林斯頓大學葛思德東方圖書館中文善本書志》,屈萬里撰,《屈萬里全集》本,臺北,聯經出版事業公司,1994 年 7 月。

80. 《中國善本書提要》,王重民撰,臺北,明文書局,1984 年。

81. 《宋人傳記資料索引》,昌彼得等編,臺北,鼎文書局,1984 年 4 月增訂二版。

82. 《元人傳記資料索引》,王德毅等編,北京,中華書局,1987 年 9 月。

83. 《明人傳記資料索引》,昌彼得等編,臺北,國立中央圖書館,1978 年。

84. 《經學研究論著目錄(1912～1987)》林慶彰主編,臺北,漢學研究中心,1989 年 12 月。

85. 《經學研究論著目錄(1988～1992)》林慶彰主編,臺北,漢學研究中心,1995 年 6 月。

86. 《中國近代史文獻必備書目》,姚佐綬等編,北京,中華書局,1996 年 3 月。

87. 《山東文獻書目》,王紹曾主編,濟南,齊魯書社,1993 年 12 月。

88. 《四庫全書纂修考》,郭伯恭撰,臺北,臺灣商務印書館,1972 年 3 月臺二版。

89. 《四庫全書纂修之研究》,吳哲夫撰,臺北,國立故宮博物院,1990 年 6 月。

90. 《四庫全書纂修研究》,黃愛平撰,北京,中國人民大學出版社,1989 年 1 月。

91. 《四庫全書薈要纂修考》,吳哲夫撰,臺北,國立故宮博物院,1976 年 12 月。

92. 《制義叢話》,(清)梁章鉅撰,臺北,廣文書局,1976 年 3 月。

93. 《八股文概說》,王凱符撰,北京,中國和平出版社,1991 年 8 月。

94. 《說八股》,啟功撰,北京,北京師範大學出版社,1992 年 7 月。

95. 《說八股》,啟功、張中行、金克木撰,北京,中華書局,1994 年 7 月。

96. 《清代的八股文》，鄧雲鄉撰，北京，中國人民大學出版社，1994 年 3 月。

97. 《明代登科錄彙編》，屈萬里主編，臺北，臺灣學生書局，1969 年 12 月。

98. 《中國考試制度史》，鄧嗣禹撰，臺北，臺灣學生書局，1967 年 5 月。

99. 《中國考試制度史》，沈兼士撰，臺北，臺灣商務印書館，1972 年 3 月二版。

100. 《中國考試制度史》，謝青、湯德用主編，合肥，黃山書社，1995 年 2 月。

101. 《中國考試制度史資料選編》，楊學爲等主編，合肥，黃山書社，1992 年 8 月。

102. 《中國文官制度史》，楊樹藩撰，臺北，黎明文化事業公司，1982 年 8 月。

103. 《清代科舉制度之研究》，黃光亮撰，嘉新水泥公司文化基金會，1976 年 10 月。

104. 《歷代刻書考述》，李致忠撰，成都，巴蜀書社，1990 年 4 月。

105. 《歷代刻書概況》，上海新四軍歷史研究會印刷印鈔分會編，上海，印刷工業出版社，1991 年 9 月。

106. 《中國古籍板本學》，曹之撰，武昌，武漢大學出版社，1992 年 5 月。

107. 《二十二史箚記》，（清）趙翼撰，臺北，仁愛書局，1984 年 9 月。

108. 《史學方法論》，杜維運撰，臺北，三民書局，1992 年 7 月增訂十二版。

三、子 部

1. 《性理大全書》，（明）胡廣等撰，明永樂內府刊本。

2. 《宋元學案》，（清）黃宗羲撰，《黃宗羲全集》本，杭州，浙江古籍出版社，1992 年 8 月。

3. 《明儒學案》，（清）黃宗羲撰，臺北，華世書局，1987 年 2 月。

4. 《明代思想史》，容肇祖撰，臺北，臺灣開明書店，1978 年 10 月。

5. 《宋明理學研究，張立文撰，北京，中國人民大學出版社，1985 年 7 月。

6. 《胡文穆雜著》，（明）胡廣撰，臺北，臺灣商務印書館，影印《文淵閣四庫全書》本，1986 年 3 月。

7. 《菽園雜記》，（明）陸容撰，臺北，臺灣商務印書館，影印《文淵閣四庫全書》本，1986 年 3 月。

8. 《四友齋叢說》，（明）何良俊撰，明華亭何氏原刊本。

9. 《玉堂叢語》，（明）焦竑撰，臺北，漢京文化事業有限公司，1984 年 7

月。

10. 《詹氏小辨》，（明）詹景鳳撰，明萬曆間王元偵校刊本。

11. 《讕言長語》，（明）曹安撰，臺北，臺灣商務印書館，影印《文淵閣四庫全書》本，1986 年 3 月。

12. 《譚精雋》，（明）徐伯齡撰，臺北，臺灣商務印書館，影印《文淵閣四庫全書》本，1986 年 3 月。

13. 《震澤長語》，（明）王鏊撰，臺北，臺灣商務印書館，影印《文淵閣四庫全書》本，1986 年 3 月。

14. 《井觀瑣言》，（明）鄭瑗撰，臺北，臺灣商務印書館，影印《文淵閣四庫全書》本，1986 年 3 月。

15. 《採芹錄》，（明）徐三重撰，臺北，臺灣商務印書館，影印《文淵閣四庫全書》本，1986 年 3 月。

16. 《原抄本日知錄》，（清）顧炎武撰，臺北，文史哲出版社，1979 年 4 月。

17. 《日知錄集釋》，（清）顧炎武撰、黃汝成集釋，石家莊，花山文藝出版社，1990 年 8 月。

18. 《春明夢餘錄》，（清）孫承澤撰，臺北，大立出版社，1980 年 10 月。

19. 《潛邱箚記》，（清）閻若璩撰，臺北，臺灣商務印書館，影印《文淵閣四庫全書》本，1986 年 3 月。

20. 《九九消夏錄》，（清）俞樾撰，北京，中華書局，1995 年 6 月。

21. 《國學發微》，劉師培撰，臺北，廣文書局，1986 年 1 月。

22. 《讀史札記》，呂思勉撰，臺北，木鐸出版社，1983 年 9 月。

23. 《國史舊聞》，陳登原撰，臺北，明文書局，1984 年 3 月。

24. 《繹史齋學術文集》，楊向奎撰，上海，上海人民出版社，1983 年 5 月。

25. 《愛晚廬隨筆》，張舜徽撰，長沙，湖南教育出版社，1991 年 2 月。

26. 《訒庵學術講論集》，張舜徽撰，長沙，嶽麓書社，1992 年 5 月。

27. 《清儒學記》，張舜徽撰，濟南，齊魯書社，1991 年 11 月。

28. 《先秦儒學新論》，李耀仙撰，成都，巴蜀書社，1991 年 12 月。

29. 《朱學論集》，陳榮捷撰，臺北，臺灣學生書局，1982 年 4 月。

四、集 部

1. 《溫國文正司馬公文集》，（宋）司馬光撰，《四部叢刊》本，臺北，臺灣商務印書館，1979 年 1 月。

2. 《二程集》，（宋）程顥、程頤撰，臺北，漢京文化事業有限公司，1983 年 9 月。

3. 《藍田呂氏遺著輯校》，（宋）呂大臨等撰，陳俊民輯校，北京，中華書局，1993 年 11 月。

4. 《金華黃先生文集》，（元）黃溍撰，《四部叢刊》本，臺北，臺灣商務印書館，1979 年 1 月。

5. 《圭齋文集》，（元）歐陽玄撰，《四部叢刊》本，臺北，臺灣商務印書館，1979 年 1 月。

6. 《清容居士集》，（元）袁桷撰，《四部叢刊》本，臺北，臺灣商務印書館，1979 年 1 月。

7. 《兩京類稿》，（明）楊榮撰，明正統十三年建安楊氏家刊本。

8. 《楊文敏公集》，（明）楊榮撰，明正德十年建安楊氏重刊本。

9. 《金文靖公集》，（明）金幼孜撰，金昭伯編，明成化四年新淦金氏家刊本。

10. 《東里文集》，（明）楊士奇撰，明正統間刊本。

11. 《東里文集續編》，（明）楊士奇撰，明天順五年廬陵楊導編刊本。

12. 《靜齋詩集》，（明）黃約仲撰，明嘉靖十七年莆田黃獻可刊本。

13. 《東墅詩集》，（明）周述撰，明景泰二年廣州府通判周錞編刊本。

14. 《抑菴文集》，（明）王直撰，明景泰五年應天府丞陳宜刊本。

15. 《澹然居士文集》，（明）陳敬宗撰，明嘉靖間刊本。

16. 《續刻蔀齋公文集》，（明）林誌撰，明萬曆間福州林氏活字本。

17. 《芳洲文集》，（明）陳循撰，明萬曆二十一年陳以躍建安刊本。

18. 《淇園編》，（明）陳道潛撰，清刊本。

19. 《少石集》，（明）陸釴撰，明萬曆八年鄞縣陸氏家刊本。

20. 《祝氏詩文集》，（明）祝允明撰，臺北，國立中央圖書館編印，1971 年 6 月。

21. 《王遵嚴家居集》，（明）王慎中撰，臺北，臺北市閩南同鄉會影印嘉靖三十一年句吳書院刊本，1975 年 3 月。

22. 《賜閒堂集》，（明）申時行撰，明萬曆末年申氏家刊本。

23. 《震川先生集》，（明）歸有光撰，臺北，源流出版社，1983 年 4 月。

24. 《何翰林集》，（明）何良俊撰，臺北，國立中央圖書館編印，1971 年 6 月。

25. 《大泌山房集》，（明）李維楨撰，明萬曆間金陵刊本。

26. 《焦氏澹園集》，（明）焦竑撰，臺北，偉文圖書出版社，影印明萬曆三十四年內黃黃雲蛟刊本，1976 年 9 月。

27. 《歇庵集》，（明）陶望齡撰，臺北，偉文圖書出版社，影印明萬曆三十

八年山陰王應遴刊本，1976 年 9 月。

28. 《容臺文集》，（明）董其昌撰，明崇禎三年華亭董氏家刊本。

29. 《高子遺書》，（明）高攀龍撰，明崇禎五年嘉善錢士升等刊本。

30. 《李太僕恬致堂集》，（明）李日華撰，明末刊本。

31. 《天傭子集》，（明）艾千子撰，臺北，藝文印書館，1980 年 10 月。

32. 《張岱詩文集》，（明）張岱撰，上海，上海古籍出版社，1991 年 5 月。

33. 《牧齋初學集》，（清）錢謙益撰，上海，上海古籍出版社，1985 年 9 月。

34. 《牧齋有學集》，（清）錢謙益撰，上海，上海古籍出版社，1996 年 9 月。

35. 《黃宗羲全集》，（清）黃宗羲撰，杭州，浙江古籍出版社，1994 年 6 月。

36. 《寒松堂集》，（清）魏象樞撰，太原，山西人民出版社，1992 年 8 月。

37. 《曝書亭集》，（清）朱彝尊撰，臺北，臺灣商務印書館，1986 年 3 月。

38. 《三魚堂文集》，（清）陸隴其撰，臺北，臺灣商務印書館，1986 年 3 月。

39. 《蒿菴集》，（清）張爾岐撰，濟南，齊魯書社，1991 年 4 月。

40. 《憺園文集》，（清）徐乾學撰，清康熙三十六年崑山徐氏冠山堂刊本。

41. 《二十七松堂集》，（清）廖燕撰，臺北，中央研究院中國文哲研究所籌備處影印日本文久二年刊本，1995 年 6 月。

42. 《白茅堂全集》，（清）顧景星撰，清康熙間原刊本。

43. 《有懷堂文稿》，（清）韓菼撰，清康熙四十二年刊本。

44. 《穆堂初稿》，（清）李紱撰，清道光十一年珊城阜祺堂重刊本。

45. 《王巳山先生文集》，（清）王步青撰，清乾隆間敦復堂刊本。

46. 《恆齋詩文集》，（清）李文炤撰，清乾隆間刊本。

47. 《呂晚村先生文集》，（清）呂留良撰，臺北，臺灣商務印書館，1977 年 3 月臺一版。

48. 《戴名世集》，（清）戴名世撰，北京，中華書局，1986 年 2 月。

49. 《施愚山集》，（清）施閏章撰，合肥，黃山書社，1992 年 11 月。

50. 《方苞集》，（清）方苞撰，上海，上海古籍出版社，1983 年 5 月。

51. 《小倉山房詩文集》，（清）袁枚撰，上海，上海古籍出版社，1988 年 3 月。

52. 《抱經堂文集》，（清）盧文弨撰，北京，中華書局，1990 年 6 月。

53. 《惜抱軒詩文集》，（清）姚鼐撰，上海，上海古籍出版社，1992 年 11 月。

54. 《孟鄰堂文鈔》，（清）楊椿撰，民國三十一年潢川孫海波據清嘉慶間刊本影印本。

55. 《費氏遺書三種》,(清)費密撰,清光緒三十四年大關唐氏成都怡蘭堂刊本。

56. 《鮚埼亭集》,(清)全祖望撰,臺北,華世出版社,1977 年 3 月。

57. 《研經室集》,(清)阮元撰,北京,中華書局,1993 年 5 月。

58. 《孫淵如先生全集》,(清)孫星衍撰,臺北,臺灣商務印書館,1968 年 12 月。

59. 《敬孚類稿》,(清)蕭穆撰,合肥,黃山書社,1992 年 6 月。

60. 《春在堂全書》,(清)俞樾撰,臺北,環球書局,1968 年 10 月。

61. 《尊聞室賸稿》,陳天倪撰,北京,中華書局,1997 年 6 月。

62. 《冷廬文藪》,王重民撰,上海,上海古籍出版社,1992 年 12 月。

63. 《注史齋叢稿》,牟潤孫撰,臺北,臺灣商務印書館,1990 年 6 月。

64. 《明代文學批評研究》,簡錦松撰,臺北,臺灣學生書局,1989 年 2 月。

65. 《晚明士風與文學》,夏咸淳撰,北京,中國社會科學出版社,1994 年 7 月。

66. 《明代文學復古運動研究》,廖可斌撰,上海,上海古籍出版社,1994 年 12 月。

五、學位及單篇論文

1. 《明代前期八股文形構研究》,鄭邦鎮撰,臺灣大學中國文學研究所博士論文,1987 年 6 月。

2. 《明成祖與永樂政治》,朱鴻撰,臺灣師範大學歷史研究所博士論文,1988 年 2 月。

3. 《明人疑經改經考》,陳恆嵩撰,東吳大學中國文學研究所碩士論文,1988 年 5 月。

4. 《五經正義研究》,張寶三撰,臺灣大學中國文學研究所博士論文,1992 年 6 月。

5. 《宋代三禮學研究》,吳萬居撰,政治大學中國文學研究所博士論文,1995 年 6 月。

6. 《元代春秋學研究》,簡福興撰,高雄師範大學國文研究所博士論文,1997 年 1 月。

7. 《明代詩經學研究》,楊晉龍撰,臺灣大學中國文學研究所博士論文,1997 年 6 月。

8. 〈朱熹蔡沈師弟子《書序辨說》版本徵孚〉,程元敏撰,《經學研究論叢》第 3 輯,臺北,聖環圖書公司,1995 年 4 月。

9. 〈兩宋春秋學之主流〉，牟潤孫撰，《大陸雜誌》第 5 卷第 4、5 期合刊，1952 年 8、9 月，收入注史齋叢稿。

10. 〈元代之易學〉，徐芹庭撰，《孔孟學報》第 39 期，1980 年 4 月。

11. 〈元代春秋學撰著分類考述〉，劉明宗撰，《書目季刊》第 27 卷第 1 期，1993 年 6 月。

12. 〈元代的經學〉，蔡信發撰，《孔孟月刊》第 27 卷第 7 期，1989 年 3 月。

13. 〈明代的經學〉，蔡信發撰，《孔孟月刊》第 27 卷第 12 期，1989 年 8 月。

14. 〈朝鮮銅字本四書五經大全考〉，邵元沖撰，《東方雜誌》第 24 卷第 4 號，1927 年 2 月。

15. 〈四書五經大全和新十三經新疏〉，劉百閔撰，《國魂》345 期，1974 年 8 月。

16. 〈程朱理學何時成爲統治階級的統治思想〉，唐宇元撰，《中國史研究》，1989 年第 1 期，1989 年。

17. 〈程朱理學在南宋金元時期的傳播及其統治地位的確立〉，周良霄撰，《文史》37 期，1993 年 2 月。

18. 〈朝鮮舊抄本《詩集傳》考索——兼論《詩傳大全》流傳於朝鮮之概況〉，阮廷焯撰，《大陸雜誌》第 82 卷第 3 期，1991 年 3 月。

19. 〈《五經大全》之修纂及其相關問題探究〉，林慶彰撰，《中國文哲研究集刊》，創刊號，1991 年 3 月。

20. 〈論《詩傳大全》與《詩傳通釋》的差異〉，楊晉龍撰，《中國文哲研究集刊》第 8 期，1996 年 3 月。

21. 〈《詩傳大全》來源問題探究〉，楊晉龍撰，《明代經學國際研討會論文集》，臺北，中央研究院中國文哲研究所籌備處，1996 年 6 月。

22. 〈《五經大全》纂修人考述〉，陳恆嵩撰，《經學研究論叢》第 3 輯，臺北，聖環圖書公司，1995 年 4 月。

23. 〈《書傳大全》取材來源探究〉，陳恆嵩撰，《明代經學國際研討會論文集》，臺北，中央研究院中國文哲研究所籌備處，1996 年 6 月。

24. 〈《禮記集說大全》修纂取材來源探究〉，陳恆嵩撰，《東吳中文研究集刊》第 4 期，臺北，東吳大學中國文學研究所學會，1997 年 4 月。

25. 〈明代官修《大全》散論〉，曾貽芬撰，《史學史研究》，1996 年第 2 期，1996 年 6 月。

26. 〈晚明經學的復興運動〉，林慶彰先生撰，《書目季刊》第 18 卷第 3 期，1984 年 12 月。

27. 〈八股文「守經遵註」的考察——舉《欽定四書文》四題八篇爲例〉，鄭邦鎮撰，《第一屆清代學術研討會論文集》，1989 年 11 月。

28. 〈晚明時期儒學的演變與影響〉，步近智撰，《中國史研究》，1989 年第 1 期，1989 年。

29. 〈明代專制文化政策下的圖書出版情形〉，張璉撰，《漢學研究》第 10 卷 第 2 期，1992 年 12 月。

30. 〈明代北京的刻書〉，張秀民撰，《文獻》第 1 輯，1979 年 12 月。

31. 〈明代南京的刻書〉，張秀民撰，《文物》第 11 期，1980 年 11 月。